项目管理

Project Management

骆 珣 主编

北京理工大学出版社
BEIJING INSTITUTE OF TECHNOLOGY PRESS

版权专有　侵权必究

图书在版编目(CIP)数据

项目管理/骆珣主编. —北京：北京理工大学出版社，2018.8 重印

（高等院校工业工程专业系列规划教材）

ISBN 978 - 7 - 5640 - 0655 - 6

Ⅰ. 项… Ⅱ. 骆… Ⅲ. 项目管理 Ⅳ. F224.5

中国版本图书馆 CIP 数据核字(2006)第 001814 号

出版发行 / 北京理工大学出版社
社　　址 / 北京市海淀区中关村南大街 5 号
邮　　编 / 100081
电　　话 / (010) 68914775（办公室）68944990（批销中心）68911084（读者服务部）
网　　址 / http://www.bitpress.com.cn
经　　销 / 全国各地新华书店
印　　刷 / 三河市华骏印务包装有限公司
开　　本 / 787 毫米×1092 毫米　1/16
印　　张 / 14.5
字　　数 / 335 千字
版　　次 / 2018 年 8 月第 1 版第 13 次印刷　　　　　责任校对 / 张　宏
定　　价 / 40.00 元　　　　　　　　　　　　　　　　责任印制 / 王美丽

图书出现印装质量问题，本社负责调换

序 言

工业工程（Industrial Engineering）是一门工程技术与管理技术相结合的综合性工程领域的学科，在社会经济发展和生产建设中起着重要作用。总体来说，工业工程以降低成本、提高质量和生产率为导向，采用系统化、专业化和科学化的方法，综合运用多种学科的知识，对人员、物料、设备、能源和信息所组成的集成系统进行规划、设计、评价、创新和决策等工作，把目标定位为建立更有效、更合理的综合优化系统。

随着科学技术和社会经济建设的飞速发展，现代工业工程以大规模工业生产及社会经济系统为研究对象，在制造工程学、管理科学和系统工程学等学科基础上逐步形成和发展，成为不同于一般工程领域的一个综合性很强的交叉工程领域。应用社会科学及经济管理知识，以工程技术的手段和方法解决系统的管理问题，是现代工业工程的主要研究方向之一。因此，工业工程也具有明显的管理特征。

工业工程领域的特点是强调"系统观念"和"工程意识"，重视研究对象的"统筹规划、整体优化和综合原理"。目前，随着科学技术和社会经济建设的飞速发展，工业工程学科的意义和作用越发凸现出来。国内众多高校加强了工业工程专业的建设，编著出版一套有特色的、适合本专业教学的优秀教材成为迫切的需要。

北京理工大学出版社针对这种情况，组织了强大的教师队伍编写本套以面向工业工程专业为主的教材。我们把"遵循科学规律，紧跟时代脉搏，追求质量为上"作为指导思想，把出版适合于专业教学的、具有特色的精品教材作为奋斗目标。本套教材的编写力求符合精品教材的规范要求，在内容编排上要紧跟学科发展的进程，充分反映工业工程专业的交叉性、拓展性、目的性、人本性和综合优化性等特点。

本工业工程专业的系列教材将为培养德、智、体全面发展的，适应国家建设和科技发展需要的，既有扎实的工程技术和计算机技术基础，又掌握现代管理科学与系统科学理论和方法的，能熟练应用工业工程知识的，能够对企事业生产工作系统和流程进行规划、设计、评价和创新的，懂技术又擅长管理的复合型高级专门人才作出贡献。

本套系列教材的出版得到北京理工大学出版社的大力支持，我们在此谨表示衷心感谢！

吴祈宗
2005 年 10 月

前　言

作为管理学的重要分支，项目管理最早出现于20世纪30年代的美国，它是伴随着建设和管理大型项目的需要而不断发展起来的。20世纪60年代，在西方发达国家，项目管理广泛应用于航空航天、国防工程、建筑工程、科学研究和生产实践中。20世纪80年代以后，由于项目管理本身强大的跨行业适用特性以及两大国际性项目管理研究体系的努力推广，项目管理被广泛运用到许多行业中，如软件业、制造业、金融业、保险业、计算机业、电信业等，甚至政府机关和一些国际组织也把项目管理作为其中心运作模式，以提高工作和管理效率。进入20世纪90年代后，随着现代科学技术的飞速发展，管理科学领域内部发生革新与知识结构重组，项目管理的理论与方法也不断发展，并日趋成熟，成为集多领域知识为一体的综合性交叉学科，成为现代企业、政府部门和各类组织的最新管理模式，在社会上也得到越来越多人的青睐，并被各行各业广泛应用。

我国加入WTO以后，尤其随着北京2008年奥运会的临近，市场竞争日益激烈，项目无处不在。如何与世界的先进项目管理接轨，按照世界通用的项目管理模式对项目进行管理已成为我国企业快速、健康发展的"瓶颈"。所以，学习项目管理知识和方法，已不仅是每一位项目管理者履行职责的能力需求，而且已成为我们开拓思维方法、提高工作效率的必修课。

本书参阅了大量的相关资料和论著，广泛吸收国内外先进理论和科学方法，全面、系统地介绍了项目管理领域的知识和方法。该书的特点是实用性强、通俗易懂，适合大专院校工业工程、管理工程、项目管理和其他管理专业的本科生和研究生使用，同时也可供项目管理研究与从业人员参考。

本书共分九章。第一章项目管理概述，介绍了项目管理发展历程、项目和项目管理；第二章项目组织、经理与团队，介绍了项目组织、项目经理与项目团队；第三章项目管理过程，介绍了项目启动过程、项目规划过程、项目执行过程、项目控制过程和项目收尾过程；第四章项目范围管理，介绍了项目范围规划、项目范围定义、项目范围核实和项目范围控制；第五章项目时间管理，介绍了项目活动定义、项目活动排序、项目活动时间估算、项目进度计划编制和项目进度控制；第六章项目成本管理，介绍了资源需求规划、成本估算、成本预算和成本控制；第七章项目质量管理，介绍了项目质量规划、实施质量保证、实施质量控制和质量管理体系；第八章项目采购管理，介绍了项目采购规划、项目招标投标、项目合同管理、项目采购合同收尾和索赔；第九章项目风险管理，介绍了项目风险管理规划、项目风险识别、项目风险评估、项目风险应对和项目风险监控。

本书由骆珣主编，第一、三和六章由骆珣编写；第二章由骆珣和王晓庆编写；第四章由卢继平和骆珣编写；第五章由卢继平、廖艳编写；第七章由卢继平编写；第八章由卢继平和张淑玲编写；第九章由骆珣和尹莉莉编写。附录由尹莉莉和孙俊芳编写；李全兴和杜聪为章后的习题和案例资料的收集做出了贡献，张明星、周悦和徐璐为本书的校对以及文字整理做了大量的工作，全书由骆珣统稿。

本书在编写过程中，参阅并吸收了大量资料和公开发表的有关人员的研究成果，在此对他们的工作、贡献表示衷心的感谢。由于项目管理是一门不断发展的学科，加之作者的水平有限，错误或疏漏之处在所难免，敬请读者批评指正。

骆珣

2005 年 8 月

第一章 项目管理概述

第一节 项目管理发展历程 / 1
第二节 项目 / 5
第三节 项目管理 / 9
本章小结 / 12

第二章 项目组织、经理与团队

第一节 项目组织 / 13
第二节 项目经理 / 23
第三节 项目团队 / 28
本章小结 / 33
案例研究 / 34

第三章 项目管理过程

第一节 概述 / 37
第二节 项目启动过程 / 38
第三节 项目规划过程 / 42
第四节 项目执行过程 / 47
第五节 项目控制过程 / 49
第六节 项目收尾过程 / 53
本章小结 / 58
案例研究 / 58

第四章 项目范围管理

第一节 概述 / 61
第二节 项目范围规划 / 63
第三节 项目范围定义 / 64

I

第四节　项目范围核实 / 68
　　第五节　项目范围控制 / 70
　本章小结 / 73
　练习与讨论 / 73
　案例研究 / 73

第五章　项目时间管理

　　第一节　概述 / 75
　　第二节　项目活动定义 / 76
　　第三节　项目活动排序 / 78
　　第四节　项目活动时间估算 / 85
　　第五节　项目进度计划编制 / 86
　　第六节　项目进度控制 / 94
　本章小结 / 95
　练习与讨论 / 96
　案例研究 / 97

第六章　项目成本管理

　　第一节　概述 / 98
　　第二节　资源需求规划 / 101
　　第三节　成本估算 / 104
　　第四节　成本预算 / 108
　　第五节　成本控制 / 110
　本章小结 / 118
　练习与讨论 / 119
　案例研究 / 120

第七章　项目质量管理

　　第一节　概述 / 123
　　第二节　项目质量规划 / 127
　　第三节　实施质量保证 / 133
　　第四节　实施质量控制 / 134
　　第五节　质量管理体系 / 146
　本章小结 / 147
　练习与讨论 / 147
　案例研究 / 148

第八章 项目采购管理

第一节　概述 / 149
第二节　项目采购规划 / 151
第三节　项目招标投标 / 158
第四节　项目合同管理 / 162
第五节　项目采购合同收尾 / 167
第六节　索赔 / 168
本章小结 / 171
练习与讨论 / 171
案例研究 / 172

第九章 项目风险管理

第一节　概述 / 178
第二节　项目风险管理规划 / 185
第三节　项目风险识别 / 190
第四节　项目风险评估 / 199
第五节　项目风险应对 / 203
第六节　项目风险监控 / 209
本章小结 / 211
练习与讨论 / 212
案例研究 / 212

附录：练习与讨论答案 / 214

参考文献 / 219

第一章
项目管理概述

Chapter 1 Project Management Outline

■ **本章主要内容**
- 项目管理发展历程
- 项目
- 项目管理

■ **本章核心概念**
- 项目 Project
- 项目管理 Project Management
- 利益关系人 Project Stakeholder
- 项目生命期 Project Life Cycle
- 可交付成果 Deliverable
- 里程碑 Milestone

■ **本章学习目标**
- 了解项目管理的发展阶段及特点
- 理解项目的相关概念
- 理解项目管理的概念、特征、要素及知识领域

第一节 项目管理发展历程

项目管理产生迄今，主要经历了三个阶段：传统的项目管理阶段、现代项目管理阶段以及项目管理的最新阶段。各阶段的特点详见表1-1。

表1-1 项目管理发展阶段及特点

发展阶段	经历时期	特 点	主要应用领域
传统的项目管理阶段	20世纪50年代到80年代	关注工期和项目的成本；提倡计划的应用；出现了大量优化技术	军事、建筑、航天项目等大型项目
现代项目管理阶段	20世纪80年代到90年代	突破了人们传统概念上对项目的理解；项目管理开始普及，并具有各种不同的模式	制造业、信息产业、IT行业等
项目管理的最新阶段	20世纪90年代以后	项目管理在一些非传统的项目环境下如在政府部门、学校、金融部门等进行应用	应用于各个领域

一、国际项目管理的发展历程

（一）传统的项目管理阶段

理论界普遍认为项目管理是在二战期间和战后发展起来的。二战期间由于战争需要，美国启动了研制原子弹的"曼哈顿计划"。由于工程巨大，技术复杂，又因为战争期间分秒必争的时间要求，迫使美国军方使用新的方法来对此项目进行进度、预算和质量的管理。在此期间，德国、日本也将项目管理的理念用到武器开发项目中去。这些被认为是项目管理的雏形。

二战结束后，项目管理在世界范围内以美国为中心迅速发展起来。1957年美国杜邦公司和兰德公司共同开发了一套系统的计划管理方法CPM（关键路径法）；1958年美国海军特种计划局在研制"北极星"导弹核潜艇的过程中发明并使用了项目管理技术PERT（计划评审技术）。随即美国国防部创造了WBS（工作分解结构）和EVM（已获价值管理）的项目管理思想和方法；1966年，在"阿波罗登月计划"中，美国在PERT的基础上开发了随机型的网络技术GERT（图表评审技术），用于计算阿波罗系统最终的发射时间，从而大大扩展了项目管理的应用范围。

20世纪80年代前，项目管理实践活动仍然只局限于军事、建筑、航天等少数行业的大型工程领域。因此，20世纪50年代到80年代被学术界称为传统的项目管理时期。

在这个阶段，由于新颖的项目管理方法在"曼哈顿计划"和"阿波罗计划"等著名工程中取得了巨大成功，很快引起了全世界的重视。世界许多学者由此对项目管理产生了巨大兴趣，他们组织在一起研究项目管理的相关理论，逐渐形成了以下两个项目管理研究体系：

1. 欧洲国家建立的侧重实践的国际性项目管理学术组织IPMA

IPMA（International Project Management Association）——国际项目管理协会，它是欧洲主要国家于1965年在瑞士注册的以促进全球项目管理发展为宗旨的非盈利性项目管理研究组织。其成员代表各个国家的项目管理研究组织，负责协调国际间具有共性的项目管理需求，推动理论研究和理论发展，提供项目管理国际标准和认证，组织培训和教育，举办各类研讨会等。IPMA提供自己的专业人才资格认证，即IPMA国际认证，分为A（工程主任）、B（项目经理）、C（项目管理工程师）、D（项目管理技术员）四个级别。

2. 美国建立的注重知识性的项目管理学术组织PMI

PMI（Project Management Institute）——美国项目管理协会于1969年成立，成员以企业、大学、研究机构的专家为主。它致力于向全球推行项目管理，是全球最大的由研究人员、学者、顾问和经理组成的项目管理专业组织。通过PMI认证的专业项目管理人才称为PMP（Project Management Professional）。

（二）现代项目管理阶段

20世纪80年代以后，由于项目管理本身强大的跨行业适用特性以及两大国际性项目管理研究体系的努力推广，项目管理被广泛运用到除军事、建筑、航空工程以外的许多行业中，如软件业、制造业、金融业、保险业、计算机业、电信业等，甚至政府机关和一些国际组织也把项目管理作为其中心运作模式，以提高工作和管理效率。许多大型跨国公司和机构，如AT&T、Bell、IBM、ABB、NCR、Motorola、Morgan Stanley、美国白宫行政办公室、世界银行、美国能源部等，在其运营的核心部门都采用项目管理。

这一时期也是现代项目管理理论的多产时期。1983年，PMI在其《项目管理季刊》中发表了有关《道德、标准和认证》的专题报道，首次将项目管理知识体系规范为一项标准。该报告标准部分的题目是《项目管理知识体系》(PMBOK)。1996年8月，PMI意识到，一本书无法覆盖整个知识体系，因此，随即发表了PMBOK指南，用于定义一般公认的过程，并以之作为项目管理实践的标准。1996年版的PMBOK的内容编排以项目管理的过程为导向，即：以五个项目管理过程和九个知识领域为导向。在此前出版的相关书籍中，曾称这些管理过程和知识领域为职能。另外，1996年版纳入了项目综合管理的内容，将其作为第九个知识领域。1999年，美国国家标准协会（ANSI）将1996年版PMBOK认证为美国的国家标准（ANSI/PMI99-001-2000），并于2001年再次通过认证。

（三）项目管理的最新阶段

进入20世纪90年代以后，随着知识经济时代的来临和信息、通信等高新技术的迅猛发展，项目管理在理论和实践上都发生了巨大的变化。

传统的在制造业经济下建立起来的管理原则已不能适应迅猛发展的信息时代的要求，因为在制造业经济环境下，强调的是预测能力和重复性活动，管理的重点很大程度上在于制造过程的合理性和标准化。而在信息经济环境里，事物的独特性取代了重复性过程，信息本身也是动态的、不断变化的，灵活性成了新秩序的代名词。由于项目管理不仅能够较好地实现灵活性，而且可以最大限度地利用内外资源，从根本上提高中层管理人员的工作效率，因此，项目管理逐渐成为企业的一种重要的管理手段，得到了广泛的应用。与此同时，金融、制药、信息产业等不同类型的项目应用大大丰富了项目管理的内容。在知识经济时代，知识在项目中发挥着更为重要的作用，知识型项目的特点与传统的建筑业等项目的特点全然不同。这一类项目经常处于一种模糊的状态，项目的工作经常很难给出精确的定义，传统的项目管理工具已经不能解决这些项目面临的问题。

为了适应新的项目管理实践的发展，2000年版PMBOK在1996年版的基础上做了进一步修订。其中最为突出的修改点在于：2000年版PMBOK新增了一张过程图，表示39个项目管理过程与5个项目管理组及9个项目管理知识领域的关系，同时还对项目风险管理一章进行了补充。

自2001年2月起，美国项目管理协会（PMI）开始进行PMBOK第三版的修订工作，直到2004年10月，第三版的PMBOK才正式出版。第三版PMBOK新增了7个项目管理过程，对先前版本的13个项目管理过程进行了重新命名，同时删除了先前版本中的2个项目管理过程，总计增加了5个项目管理过程。

二、我国项目管理的发展

我国的项目管理起步比较晚。1960年，我国著名数学家华罗庚教授最早从国外引进网络计划技术，并结合我国的"统筹兼顾，全面安排"的指导思想推出了"统筹法"。我国项目管理学科的发展就是起源于华罗庚推广的"统筹法"，中国项目管理学科体系也是由于统筹法的应用而逐渐形成的。

1982年，在我国利用世界银行贷款建设的鲁布格水电站饮水导流工程中，日本建筑企业运用项目管理方法对这一工程的施工进行了有效的管理，取得了很好的效果。基于鲁布格工程的经验，1987年国家计委、建设部等有关部门联合发出通知，在一批试点企业和建设单位要求采用项目管理施工法，并开始建立中国的项目经理认证制度。1991年，建设部进一步提出把试点工作转变为全行业推进的综合改革，全面推广项目管理和项目经理负责制。比如在二滩水电站、三峡水利枢纽建设和其他大型工程建设中，都采用了项目管理这一有效手段，并取得了良好的效果。20世纪90年代以后，国际型工程公司、项目法人负责制、建设监理制、投标招标制在我国的应用推广也促进了规范的项目管理在我国的迅速发展。2000年1月1日开始，我国正式实施全国人大通过的《中华人民共和国招标投标法》，这个法律涉及项目管理的诸多方面，为我国项目管理的健康发展提供了法律保障。

在项目管理理论研究和人才培养、资格认证方面，我国的起步也比较晚。20世纪70年代末期，一些高校才开始这方面的研究。1991年6月，在华罗庚教授创立的中国优选法统筹法与经济数学研究会的基础上，许多致力于中国特色项目管理研究的专业学者和专家成立了我国第一个跨学科的项目管理专业学术组织——中国优选法统筹法与经济数学研究会项目管理研究委员会（Project Management Research Committee, China，简称PMRC），PMRC的成立是中国项目管理学科体系走向成熟的标志。

基于美国PMBOK标准，PMRC建立了适合我国国情的中国项目管理知识体系（Chinese Project Management Body of Knowledge，简称为C-PMBOK）。C-PMBOK的研究工作开始于1993年。1994年，由PMRC常务副主任、西北工业大学钱福培教授负责的课题组向国家自然科学基金委员会提出立项申请，并获准正式开始了"我国项目管理知识体系结构的分析与研究"。在此基础上，PMRC成立了专家小组负责起草C-PMBOK，并于2001年5月正式推出了《中国项目管理知识体系》，建立了符合中国国情的《国际项目管理专业资质认证标准》（C-NCB），C-PMBOK和C-NCB的建立标志着中国项目管理学科体系的成熟。

与其他国家的PMBOK相比较，C-PMBOK的突出特点是以生命周期为主线，以模块化的形式来描述项目管理所涉及的主要工作及其知识领域。基于这一编写思路，C-PMBOK将项目管理的知识领域共分为88个模块。由于C-PMBOK模块结构的特点，使其具有了各种知识组合的可能性，特别是对于结合行业领域和特殊项目管理领域知识体系的构架非常实用。

十几年来，PMRC先后组织召开了三次项目管理国际论坛、三次全国性项目管理学术会议，并先后指导北京金柏公司、西安华鼎公司等企业开发了基于互联网平台的国产化项目管理软件十余种，出版项目管理专题学术资料6种。

2002年12月14—16日，第一届中国项目管理发展高峰会在北京国际会议中心召开，进一步促进了项目管理在我国的发展。2004年1月10—12日和10月29—30日，又分别召开了第二届和第三届中国项目管理发展高峰会。目前，中国项目管理发展高峰会已逐渐成为具有全国品牌影响力的项目管理专业盛会。

在飞速发展的知识经济时代，项目管理已成为各国经济发展的重要构成要素。目前中国正处于经济快速增长的关键时期，国内大型项目不断上马，很多正在进行的重大工程，如西部大开发、西气东输、西电东送、南水北调、青藏铁路、北京2008奥运会、上海交通运输建设、京沪高速铁路、生物环境保护、城乡电网改造、东北工业结构调整和技术改造等蕴涵了巨大的项目管理市场商机。所有这些无不说明了我国项目管理新时代的到来，未来几十年会是项目管理人才施展才华的年代。

思 考 题

1. 项目管理的发展主要经历了哪些阶段？
2. 项目管理发展的每个阶段各有什么特点？

第二节 项 目

一、项目的概念

项目是在特定的环境中为满足某种事先确定的要求而有待完成的一项任务或努力。具体地说，项目是在一定的组织机构内，利用有限资源（如人力、物力、财力等）在规定的时间内所要完成的任务或努力。

项目侧重于过程，它是一个动态的概念，如我们可将一座核电站的建设过程视为项目，但不可将核电站本身称之为项目。

许多组织及学者都曾对项目这一概念进行过定义，其中具有代表性的有：

（1）美国的项目管理协会（Project Management Institute-PMI）认为，项目是为创造特定产品或服务的一项有时限的任务（其中，"时限"指每个项目都有明确的起点和终点；"特定"指一个项目所形成的产品或服务在关键特性上不同于其他相似的产品和服务）。

（2）德国标准化委员会认为，项目是指在总体上符合如下条件的唯一性任务：
① 具有预定的目标；
② 具有时间、财务、人力和其他限制条件；
③ 具有专门的组织。

（3）Harold Kerzner博士认为，项目是具有以下条件的任何活动和任务的序列：
① 有一个将根据某种技术规格完成的特定的目标；
② 有确定的开始和结束日期；
③ 有经费限制；
④ 消耗资源（如资金、人员、设备）。

（4）R·J·格雷厄姆认为，项目是为了达到特定目标而调集到一起的资源组合，它与常规任务之间关键的区别是：项目通常只做一次；项目是一项独特的工作努力，即按某种规范及应用标准导入或生产某种新产品或某项新服务。这种工作努力应当在限定的时间、成本费用、人力资源及资财等项目参数内完成。

（5）J.R. Meredith & S.J.Mantel, Jr. 认为，项目是具有以下特性的必须完成的特殊的有限任务：
① 目的性；
② 相互依赖性；
③ 独特性；
④ 冲突性；
⑤ 生命周期。

虽然上述定义的叙述不尽相同，但它们均从不同程度上揭示了项目的本质特征，如：具有明确的起止时间；具有预定目标；受到资源的限制；需要计划、执行和控制；是一次性的活动。

因此，我们认为项目是在一定的时间、资源、环境等约束条件下，为了达到特定的目标所做的一次性任务或努力。

二、项目的特征

项目与日常运作（Ongoing Operations）有着本质的不同。日常运作是连续不断、周而复始的重复活动，如制造企业的生产车间每天所加工的同一种零部件。项目则是具有以下特征的独一无二的任务：

（1）一次性。这是项目最主要的特征。项目有明确的开始时间和结束时间。项目的一次性并不在于持续时间的长短，有些项目可能会持续几年甚至更长，但是任何项目都是有始有终的。

（2）独特性。项目所形成的产品、服务或完成的任务都具有一定的独特之处，与其他项目在一些关键特征上，如时间期限、费用和性能质量等方面具有差别。

（3）目的性。项目实施过程中的各项工作都是为实现项目的预定目标而进行的。项目目标包括两个方面：一是度量项目工作本身的目标；二是度量项目产出物的目标。

（4）整体性。项目是由一些活动有机组成的集合，而不是一项相互孤立的活动。

（5）制约性。任何项目都会在一定程度上受到资源的制约，包括人力资源、财力资源、物力资源、时间资源、信息资源和技术资源等。如果一个项目在资源方面受到了严重的制约，则该项目成功的可能性就会减小。

三、项目生命期

项目作为一种提供独特产品和服务的一次性活动是有始有终的，项目从始至终的整个过程就构成了一个项目的生命期。美国项目管理协会（PMI）对项目生命期的定义为："项目是分阶段完成的一项独特性任务，一个组织在完成一个项目时会将项目划分成一系列的项目阶段，以便更好地管理和控制项目，更好地将组织运作与项目管理结合在一起。项目的各个阶段放在一起就构成了一个项目的生命期。"最为典型的项目生命期划分如表1–2所示。

表1–2 典型的项目生命期

名　称	主　要　内　容
启动阶段	确定需求目标；项目立项；可行性研究；项目批准；建立项目组织；确定项目经理等
规划阶段	初步设计；估算费用和进度；订立合同条款；详细规划和设计等
执行阶段	项目实施；项目监理；项目控制等
收尾阶段	项目收尾；文档整理；项目交接；项目评价等

项目生命期划分的四个阶段具体是：

第一个阶段是启动阶段。项目启动阶段是批准一个项目的阶段，在这个阶段主要的工作任务是：项目识别、项目团队或组织根据客户需求提出需求建议书、项目立项，其形成的文字资料主要有项目建议书或可行性研究报告。

第二个阶段是规划阶段。项目规划阶段主要是界定并改进项目目标，从各种被选方案中选择最好的方案，以实现项目事先预定的目标。这一阶段主要的工作任务是：解决如何、何时、由谁来完成项目的目标等问题，即制定项目计划书，确定项目工作范围，进行项目工作分解；估算各个活动所需的时间和费用，做好进度安排和人员安排；建立质量保证体系等。

第三个阶段是执行阶段。项目执行阶段是协调人员和其他资源来执行计划。这一阶段主要的工作任务是：具体实施解决方案，执行项目的计划书；跟踪执行过程和进行过程控制；采购项目所需资源；合同管理；实施计划；进行进度控制、费用控制和质量控制等。

第四个阶段是收尾阶段。当项目的目标已经实现，或者项目的目标不可能实现时，项目就进入了收尾阶段。这一阶段的主要工作包括：范围确认、质量验收、费用决算和审计、整理项目资料与验收、项目交接与清算等。

但是，项目生命期的阶段划分并不唯一。最为典型的就是如上的四阶段划分法。根据项目的不同，有些项目的生命期可以划分得很笼统，而有的则划分得很详细。如有些项目的生命期可以分为五个、九个甚至更多阶段，建设类项目生命期与非建设类项目生命期的阶段划分就相差很大。

在项目实现的过程中，项目生命期的各个阶段的资源投入情况、项目风险程度、利益关系人对项目的可控性均有所不同。一般而言，典型的项目生命期都有如下特征：

（1）项目资源的投入具有波动性。在项目初期阶段，项目投入的资源和人员方面的需求比较低，花费的时间也比较少。进入项目的执行阶段后，项目的各种活动数量迅速增加，无论是人力、物力和财力的投入都急剧增加，达到最高峰，而在项目收尾阶段，项目所需资源投入水平亦随之下降，直到项目终止。项目生命期中资源的投入与时间的关系如图 1-1 所示。

（2）项目风险程度逐渐变小。在项目的初期阶段，一般都存在许多不确定因素，风险和不确定性较高，项目成功的概率最低。随着项目的进展，不确定因素逐渐减少，项目成功的概率通常会逐步增加。

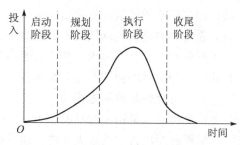

图 1-1　资源的投入与时间的关系图

（3）利益关系人对项目的控制力逐渐变弱。利益关系人对项目的成本费用和项目最终产出物特征的影响在项目开始时是最高的，随着项目的进展，利益关系人的影响力就会逐步降低。在项目的结束阶段，项目变更和改正错误所需要的花费将随着项目的推进而不断增加，从而使利益关系人对项目的控制力逐渐减到最弱。

此外，项目生命期和产品生命期的含义是不同的，如一种新产品的研发工作可称为一个项目，作为研发项目有它自己的生命期（启动、执行、控制、收尾），而新产品研发成功推向市场的工作只是该新产品生命期中的一个阶段。新产品生命期是由研发、设计、制造、销售、使用直至报废全过程所组成的。

四、利益关系人

在项目的生命期过程中，许多组织或个人的利益会受到项目活动或结果的影响，这样的组织或个人就是项目的利益关系人，即是指参与项目，并与项目存在利益关系的组织或个人。

通常，项目的利益关系人可以从下列人员或组织中识别，如图 1-2 所示。

（1）客户，也称为委托人，即项目最终成果的需求者和使用者，也是项目实施的资金提供者。

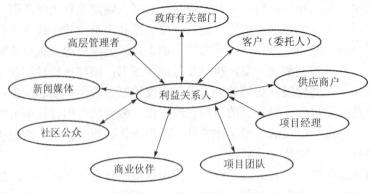

图 1-2 项目利益关系人

(2) 项目经理，即对保证按照客户的需求完成项目全面负责的个人。

(3) 项目团队，即完成项目工作的集体。

(4) 供应商，即为项目提供原材料、设备、工具、服务等资源的个人或组织。

(5) 其他与项目有利益关系的组织或个人。如：政府有关部门、新闻媒体、商业伙伴、社区公众等。

由于不同的利益关系人对项目的期望和要求不同，他们不可避免地具有不同的利益区域，如客户希望尽量降低项目的造价，供应商则希望提高所供资源的价格，项目组织（承包商）更关心的是如何降低成本、提高承包合同价。对利益关系人进行分析的目的，是为了深入了解他们对项目的需求、利益、影响等，以便针对他们的利益、问题和需要进行沟通。只有这样才能很好地协调利益关系人各方的利益冲突，确保项目获得成功。

五、可交付成果和里程碑

可交付成果是指可度量的、可核实的工作成果。

里程碑即项目中的重大事件，通常指一个主要可交付成果的完成。它是项目进程中的重要标记，是在计划阶段应该重点考虑的关键点。里程碑既不占用时间也不消耗资源。

一般来说，启动阶段结束时，批准可行性研究报告是第一个里程碑，其可交付成果就是可行性研究报告；规划阶段结束时，批准项目计划是第二个里程碑，其可交付成果就是项目计划文件；执行阶段结束时，项目完工是第三个里程碑，其可交付成果就是有待交付的完工产品（基本完成的项目）或文件、软件等；收尾阶段结束时，项目交接是最后一个里程碑，其可交付成果就是完工产品和项目文件。

项目的里程碑图见图 1-3。

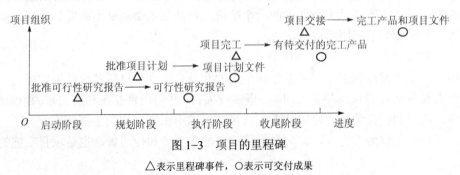

图 1-3 项目的里程碑

△表示里程碑事件，○表示可交付成果

思考题

1. 什么是项目？项目有哪些特点？
2. 典型的项目生命期包括哪些阶段？
3. 试列举某一居民区建造一个超市的利益关系人有哪些？

第三节　项目管理

一、项目管理的概念

许多学者都给项目管理下过精辟的定义，其中有代表性的有如下几种：

美国项目管理协会（PMI）编著的《项目管理知识体系指南》认为，项目管理就是把各种知识、技能、手段和技术应用于项目活动之中，以达到项目的要求。项目管理是通过启动、规划、执行、控制和收尾等项目管理过程来实现的。

毕星、翟丽主编的《项目管理》认为，项目管理是通过项目经理和项目组织的努力，运用系统理论和方法对项目及其资源进行计划、组织、协调、控制，旨在实现项目的特定目标的管理方法体系。

白思俊主编的《现代项目管理》认为，项目管理就是以项目为对象的系统管理方法，通过一个临时性的专门的柔性组织，对项目进行高效率的计划、组织、指导和控制，以实现项目全过程的动态管理和项目目标的综合协调与优化。

邱菀华等编著的《项目管理学》认为，项目管理就是运用科学的理论和方法，对项目进行计划、组织、指挥、控制和协调，实现项目立项时确定的目标。

刘荔娟主编的《现代项目管理》认为，项目管理是指项目管理者按照客观规律的要求，在有限资源条件下，运用系统工程的观点、理论和方法，对项目涉及的全部工作进行管理。

综上所述，本书认为项目管理是以项目及其资源为对象，运用系统的理论和方法对项目进行高效率的计划、组织、实施和控制，以实现项目目标的管理方法体系。即：

（1）项目管理的目的是实现项目的目标——提供符合客户要求的产品或服务，其任务是对项目及其资源进行计划、组织、协调和控制。需要注意的是，项目管理的任务与项目的任务含义是不同的。

（2）项目管理的主体是项目经理，项目管理的客体是项目本身。项目经理受客户的委托，在时间有限、资金约束的情况下实现项目目标，独立进行计划、调配、协调和控制，使组织成员成为一个工作配合默契、具有积极性和责任心的高效群体。

（3）项目管理的职能是计划、组织、协调和控制。

二、项目管理的特征

项目管理与日常管理相比，有如下不同之处：

（1）项目管理具有创造性。项目的一次性特点，决定了每实施一个项目都要具有创新性。项目管理的创造性包括两个方面：一是项目管理是对于项目所包含的创新的管理；二是项目管理必须通过管理创新来实现对项目的有效管理，因为任何一个项目的管理都没有一成不变的模式和方法可以直接利用。

（2）项目管理具有复杂性。项目一般由多个部分组成，工作跨越多个组织、多个学科、多个行业，可供参考的经验很少甚至没有，不确定因素很多，而项目管理要在各种约束条件下实现项目目标，这些条件决定了项目管理的复杂性。项目管理的复杂性远远高于一般生产管理。

（3）项目管理需要专门的组织、团队和项目经理。项目一般由多个部分组成，工作涉及多个组织、学科和行业，所以项目管理通常要跨越部门的界限，在工作中将会遇到许多不同部门的人员，因此，需要建立一个不受现存组织约束的项目组织，组建一个由不同部门专业人员组成的项目团队。项目经理应在有限的资源和时间的约束下，运用系统的观点、科学合理的方法对与项目相关的所有工作进行有效的管理，从而可以看出项目经理对项目的成败起着非常重要的作用。

三、项目管理要素

项目管理的要素随着项目管理的发展，也从最初的三要素逐渐发展为四要素、五要素，进而发展为六要素。以下是它们所包括的内容。

项目管理三要素，也称为项目管理的铁三角，它包括质量、进度和成本。项目管理的目的就是追求进度快、质量合格和成本低的有机统一体。

项目管理四要素是在三要素的基础上扩展的，它除了包括质量、进度和成本三项以外，还将项目的范围添加进来，目的是使得质量、范围可以与成本、进度相互协调。例如范围增减、质量改变均会引起成本和进度的相应变化。

项目管理五要素包括质量、进度、成本、范围和组织。在这五个要素中，范围与组织是必不可少的，没有范围就无法做项目计划，没有组织就无法实施项目。

项目管理六要素包括工作范围、进度、成本、质量、组织和客户满意度。因为客户满意度是项目管理的核心。

四、项目管理的知识领域

按照美国项目管理协会提出的方法，可以将项目管理划分为如下九个知识领域，如表1–3所示。它们分别从不同的管理职能和领域描述了现代项目管理者需要掌握的知识、方法、工具和技能以及相应的管理实践。

（1）项目整体管理是指识别、确定、结合、统一与协调各项目管理过程组内不同过程与项目管理活动所需进行的各种过程和活动，其目的是保证项目各要素间的相互协调。

（2）项目范围管理是指对项目所要完成的工作范围进行管理和控制的过程和活动的总和，其目的是保证包括所有需要完成的工作。

（3）项目时间管理是指在项目的进展过程中，为了确保项目能够在规定的时间内按时实现项目的目标，对项目活动的进度及日程安排所进行的管理过程，其目旨在提供一个有效的进度计划。

（4）项目成本管理是指为保证项目实际发生的成本低于项目的预算成本所进行的管理过程和活动，其目的是改变所需资源和保持预算控制。

（5）项目质量管理是指为了保证项目的可交付成果能够满足客户的需求，围绕项目的质量进行的计划、协调、控制等活动，其目的是确保满足功能需要。

（6）项目人力资源管理是指项目团队的组建和管理的各个过程，其目的是合理进行人力资源的开发和使用。

（7）项目沟通管理是指根据项目的目标而及时与恰当地生成、搜集、传播、存储、检索和最终处置项目信息所需的过程，以确保项目内外的有效沟通。

（8）项目风险管理是指通过风险识别、风险评估去认识项目风险，并以此为基础合理地使用各种管理方法、技术和手段对项目风险实行有效控制，妥善处理风险事件所造成的不利后果，以最低的成本保证项目总体目标实现的管理过程，其目的是分析和减轻潜在的风险。

（9）项目采购管理是指为达到项目的目标而从项目组织的外部获取所需的货物和服务的过程。它由项目采购规划、项目招标投标、项目采购合同管理、项目采购合同收尾、索赔一系列具体的管理工作过程组成。其目的是从项目外部获取必需的各种资源。

表1–3 项目管理的工作过程与知识领域的关系

过程 知识领域	启动	规划	执行	监控	收尾
项目整体管理	制定项目章程 制定项目初步范围说明书	制定项目管理计划	指导与管理项目执行	监控项目工作 整体变更控制	项目收尾
项目范围管理		范围规划 范围定义		范围核实 范围控制	
项目时间管理		活动定义 活动排序 活动资源估算 活动持续时间估算 制定进度表		进度控制	
项目成本管理		成本估算 成本预算		成本控制	
项目质量管理		质量规划	实施质量保证	实施质量控制	
项目人力资源管理		人力资源规划	项目团队组建 项目团队建设	项目团队管理	
项目沟通管理		沟通规划	信息发布	绩效报告 利益关系人管理	
项目风险管理		风险管理规划 风险识别 定性风险分析 定量风险分析 风险应对规划		风险监控	
项目采购管理		采购规划 发包规划	询价 卖方选择	合同管理	合同收尾

思考题

1. 什么是项目管理？怎样理解这一概念？它与一般的管理有何不同？
2. 项目管理的特征主要有哪些？
3. 项目管理六要素主要包括哪几方面？
4. 项目管理的知识领域主要包括哪几方面？

本章小结

- 项目是为完成某一独特的产品、服务或任务所做的一次性努力。项目的基本特征主要有一次性、独特性、目的性、整体性、制约性。
- 利益关系人是指参与项目，并与项目存在利益关系的个人或组织。其主要包括客户、项目经理、项目团队、供应商、其他与项目有利益关系的组织或个人等。
- 项目的生命期即一个项目从始至终的整个过程。最为典型的项目生命期划分为四个阶段，即启动阶段、规划阶段、执行阶段、收尾阶段。
- 项目管理的含义主要体现在三方面：第一，项目管理的目的是实现项目的目标——提供符合客户要求的产品或服务，其任务是对项目及其资源进行计划、组织、协调、控制；第二，项目管理的主体是项目经理，项目管理的客体是项目本身；第三，项目管理的职能是计划、组织、协调和控制。
- 项目管理的特征主要有：创造性、复杂性、需要专门的组织和团队、项目经理的作用非常重要。
- 项目管理的要素主要有范围、进度、成本、质量、组织和客户满意度。
- 项目管理的知识领域主要包括：项目整体管理、项目范围管理、项目时间管理、项目成本管理、项目质量管理、项目人力资源管理、项目沟通管理、项目风险管理和项目采购管理。

第二章

项目组织、经理与团队

Chapter 2　Project Organization, Manager and Team

- 本章主要内容
  - 项目组织
  - 项目经理
  - 项目团队
- 本章核心概念
  - 职能型组织结构 Functional Organization
  - 弱矩阵型组织结构 Weak Matrix Organization
  - 平衡矩阵型组织结构 Balanced Matrix Organization
  - 强矩阵型组织结构 Strong Matrix Organization
  - 项目型组织结构 Projectized Organization
- 本章学习目标
  - 掌握项目组织结构的类型及其各自的优缺点
  - 了解选择项目组织应考虑的因素
  - 了解项目经理的职责以及应具备的素质与能力
  - 了解项目团队的特征及其发展
  - 了解影响项目团队绩效的因素

第一节　项目组织

一、概述

在项目管理的过程中，项目组织作为完成一个项目主要工作的相关利益主体，所起的作用是非常重要的。项目组织的主要目的是充分发挥项目管理功能，提高项目管理的整体效率，最终达到项目确定的目标。因此，项目组织是开展项目管理工作的基础，也是项目正常实施的保证体系。项目（软件的开发、新产品的研制、某工程的设计等）一经立项，就必须处理好三个问题：一是项目的组织结构设计；二是项目经理任命和项目团队成员选择；三是本项目组织与项目组织外部资源之间的关系。

1. 组织与组织结构

从结构论的角度讲，组织是为了达到某些特定的目标，通过分工与合作，由不同层次的权力和责任制度所构成的人的集合；从管理的角度讲，组织是管理的一种职能，是通过设计和维持组织内部的结构和相互之间的关系，使人们为实现组织的目标而有效地协调工作的过程。从管理角度所说的组织也就是组织结构。

组织结构也称为组织形式，反映了生产要素相结合的结构形式，即管理活动中各职能的横向分工和层次划分。其贯穿管理活动的全过程，并随着组织活动的需要而变化。

组织结构通常具有复杂性、规范性、集权与分权性这三个基本特征。组织结构中的复杂性是指机构内各要素之间的差异性，它包括组织内的专业分工程度、垂直领导的层级数、组织内人员及各部门地区分布情况等；组织结构中的规范性是指一个组织内的纪律、规章制度、工作程序、生产过程及产品的标准化程序等；组织结构中的集权与分权性是指组织内的决策权力的集中与分散程度。组织结构的这三个特性揭示了组织结构的真正内涵，它们是组织结构外在表现形式的决定因素，它们直接决定着组织框架的设计、调整和变革。

2. 项目组织

项目组织是为完成特定的项目任务而建立起来的从事项目具体工作的组织。在项目中，管理人员一般要通过组织才能取得项目所需要的资源。

项目本质上是暂时性任务，持续期长短不等，可能短至数月，也可能长达数年，因而项目组织是在项目生命期内临时组建的，是暂时的组织。就项目这种一次性任务而言，项目组织建设同样包括从组织设计、组织运行、组织更新到组织终结这样一个生命期。项目管理是在有限的时间、空间和预算范围内将大量物资、设备和人力组织在一起，按计划实现项目目标的一个管理过程。建立合理的项目组织是保障项目管理顺利实施的前提之一。

项目组织具有临时性、灵活性的特点：

（1）项目组织具有临时性。项目组织是为完成特定的项目目标而建立的，因此，它要适应项目的一次性的特点。任何项目组织都要经历建立、发展和解散的过程。随着项目的立项，项目组织也随之成立；在项目的计划、执行与控制的过程中，项目组织都是不断发展的；直到项目的收尾阶段，项目组织才面临着解散。一般说来，项目完成之后，项目组织就解散或者投入到别的项目中，与原项目对应的项目组织已经不复存在。

（2）项目组织具有灵活性。项目要有机动灵活的组织形式和用人机制与之相适应，项目组织应是一个灵活、充满活力的机体，不应存在"来了走不得"、"定了变不得"、"不用去不得"、"用的进不得"的状况。

3. 项目组织的设计原则

建立项目组织的目的是集合各方的力量，完成项目的任务，实现项目目标。项目是在资源有限的情况下实施和进行的，它要求项目管理人员从项目启动之初就必须进行组织设计、项目成本预算等工作。虽然根据项目的不同生产工艺、不同的内外部条件，可以设计不同的项目组织形式，但所遵循的组织原则是共同的，即：

（1）目标性原则。项目组织设计时必须反映公司的目标和计划，因目标设事，因事设机构、定编制，按编制设岗位、定人员，以职责定制度、授权力。

（2）整体性原则。项目是由众多子系统组成的一个大系统，各个子系统之间、子系统内部各部门之间都存在着大量的结合部，这就要求项目组织必须恰当地分层和设置部门，以业务工作系统化原则为指导，周密考虑多方关系，将组织结构建设成一个严密、封闭的系统，实行合理分工、和谐协作，顺利完成项目管理总目标。

（3）指挥统一原则。项目组织的设计必须保证决策指挥的统一。组织结构中要有合理的层次、位置，安排合适的人员，并且使其保持相应的决策权和指挥权。

（4）人尽其才原则。项目组织设计时必须创造人尽其才的环境。如果不能充分发挥每个人的专长，压抑员工的主动性与创造精神，组织的目标是很难实现的。

（5）利于控制原则。项目组织的设计必须有利于全过程及全局的控制。失控是失败的先兆，保持控制才能实现目标，此时应该注意信息的沟通。

（6）适应性原则。项目组织的设计必须适应项目的性质和规模要求。项目组织是为了更有效地实现项目的任务而采取的一种组织手段，这种组织手段必须服从项目目的。

（7）重要性原则。必须考虑项目在公司中的地位与重要性，由于公司拥有的资源是有限的，通常公司要同时承担几个项目，每个项目都处于不同的生命期，且每个项目对公司效益的影响程度不同。因此要考虑团体、部门、组织、公司之间的互相作用和互相依赖，重点关注处于关键时期、且对公司整体影响程度较大的项目。

4. 项目组织的设计流程

项目组织的建立是一个确定项目目标、项目内容并进行组织结构设计的过程，其具体流程如图 2-1 所示。

（1）确定合理的项目目标。一个项目的目标包括规模、时间、质量等很多方面，这些方面的内容是互相影响的。因此，项目的实施者同委托方进行讨论，明确主要矛盾，确定一个合理的、科学的项目目标是项目工作开展的基础，同时也是选择组织结构的重要基础。

（2）确定项目工作内容。为了使项目工作更具有针对性，在确定合理的项目目标的同时，项目工作内容也应得到相应的确认。确定项目具体工作内容时，围绕项目工作目标与任务进行分解，一般按类分成几个模块，模块之间可根据项目进度及人员情况进行调整，从而使项目工作内容系统化。

（3）确定组织目标和组织工作内容。在项目的实施过程中，并非所有的项目目标都是项目组织所必须达到的，也不是所有的工作内容都是项目组织所必须完成的。这一阶段必须要明确的是：在项目工作内容中，哪些是项目组织的工作内容。因为有的工作可能是公司或组织以外的部门负责进行的，而本组织只需掌握或了解。

（4）项目组织结构设计。在确定了项目目标、项目工作内容以及组织目标和组织工作内容以后，下一步就要进行组织结构设计。根据项目的特点和项目内外环境因素，选择一种适合项目工作开展的管理组织形式，并完成组织结构的设计，包括组织形式、组织层次、各层次的组织单元（部门）、相互关系框架的设计等。

（5）工作岗位与工作职责确定。工作岗位的确定要满足以事定位的原则，满足项目组织目标的要求。岗位的划分要有相对的独立性，同时要考虑合理性与完成的可能性等。岗位确定后，就要相应确定各岗位的工作职责。

（6）人员配置。项目组织机构设置中的一项重要原则是以事设岗，以岗定人。在项目人员配备时要做到人员精干，以事选人，根据不同层次的事情安排不同层次的人。

（7）明确工作流程与信息流程。工作岗位与工作职责明确之后就要确定具体的工作流程与相互之间的信息流程，并且要落实到书面文件，取得团队内部的认知，才能得以实施。这里要特别注意各具体职能分工之间、各组织单元之间的接口问题。

（8）制定考核标准。为保证项目目标的最终实现，必须对组织内各岗位制定考核标准，包括考核内容、考核时间、考核形式等。

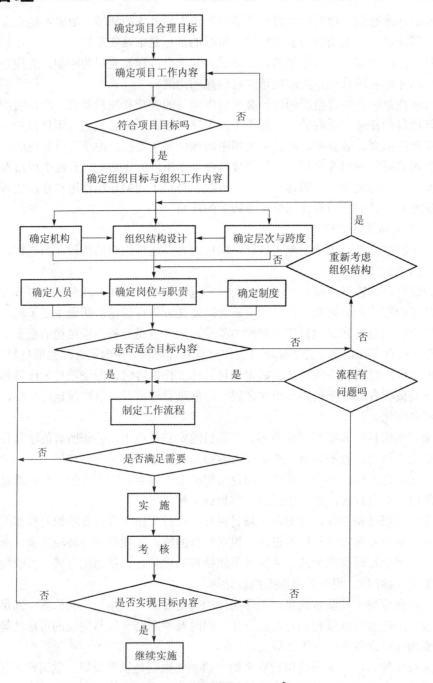

图 2-1 项目组织设计流程[*]

在实际项目工作中，上述步骤之间是相互衔接，并且有些是互为前提开展的，如人员的配备以人员的需求为前提，而人员的需求在实际中可能随人员获得结果和人员考核结果而发生变化。

---

[*] 注册咨询工程师考试教材编写委员会．工程项目组织与管理．北京：中国计划出版社，2003

二、项目组织结构的类型

项目组织结构的类型可以千差万别，但常见的项目组织结构可划分为如下三类：职能型组织结构、项目型组织结构和矩阵型组织结构。

（一）职能型组织结构

1. 职能型组织结构的涵义

职能型组织结构是一种传统的、松散的项目组织结构，也是当今世界上最普遍的一种组织形式。它的出现是社会化大生产、专业化分工的结果。职能型组织结构呈一个金字塔形的结构，高层管理者处于组织结构的最顶层，中、低层管理者逐层向下分布，如图2-2是一个典型的职能型组织结构示意图。

职能型组织结构最显著的特点就是管理层次比较分明，各个部门的高层、中层和低层管理者分别按结构层次分布。

职能型组织结构主要承担的是公司内部项目，一般很少承担外部项目。当公司要进行某个项目时，它可以通过在实施此项目的组织内部建立一个由各个职能部门相互协调的项目组织

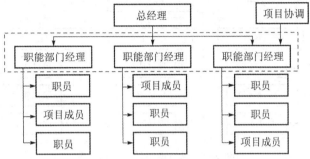

图 2-2　职能型组织结构示意图

来完成这个项目目标。项目成员来自于各个职能部门，通常情况下他们都是兼职的，因为这些成员在完成一定项目任务的同时，还要完成其所属职能部门的任务。项目经理可能由职能经理兼任，也可能只是某部门的一般成员，主要起协调作用，没有足够的权力控制项目的进展，对项目团队成员也没有完全的支配权力。

2. 职能型组织结构的优点

（1）资源共享。充分利用公司内部资源，人员使用灵活，可以根据项目的工作量配备资源，技术专家可以同时被不同的项目使用。

（2）知识共享。职能部门是按照职能和专业进行划分的，有利于同一部门的专业人员在一起交流知识和经验，钻研业务，使项目获得部门内所有的知识和技术支持。职能部门的技术专家一般具有较广的专业基础，可以在不同的项目之间穿梭工作。

（3）事业连续性。职能部门为本部门的专业人员日后的职业生涯提供了保障。这些人员可以被临时调配给项目，待项目完成后，又回到原来的部门。

3. 职能型组织结构的缺点

（1）忽视项目和客户的利益，工作方式有缺陷。职能部门的工作方式常常是面向本部门活动的，项目团队成员属于原来的职能部门，他们都有自己的日常工作，项目不是其活动和关心的重点。而一个项目要取得成功，其采取的工作方式必须是面向项目整体的，因而调配给项目的人员不把项目作为主要工作，其积极性往往不是很高，客户和项目的整体利益往往得不到优先考虑。

（2）责任不明确。由于项目团队成员通常情况下是兼职的，因此，他们不会主动承担全部的责任和风险。其结果一般是项目经理负责项目的一部分，另外一些人则负责项目的其他部分，导致权责难以明确，给项目的协调带来一定的困难，可能会影响项目目标的实现。

(3) 各职能部门之间缺乏交流。项目团队成员大多来自于不同的职能部门，平时横向联系较少，相互之间缺乏合作精神，交流沟通比较困难。

（二）项目型组织结构

1. 项目型组织结构的涵义

项目从公司组织中分离出来，作为独立的单元，有自己的技术人员和管理人员，即形成项目型组织结构。它的部门是按照项目来设置的，每个部门相当于一个微型的职能型组织，有自己的项目经理及其下属的职能部门。图 2-3 是一个典型的项目型组织结构示意图。

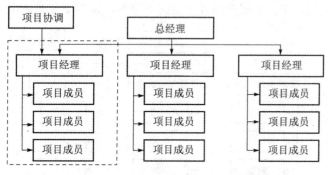

图 2-3　项目型组织结构示意图

项目型组织结构最突出的特点就是"集中决策，分散经营"，也就是说，公司的总部控制着所有部门的重大决策，各部门分别独立经营，这是组织领导方式由集权制迈向分权制的一种改革。在项目型组织结构中，项目经理对自己的部门全权负责，对项目成员有着直接的管理权力。所有的项目成员都是专职的，当一个项目结束时，团队通常就会解散，团队中的成员可能会被分配到新的项目中去。如果没有新的项目，他们就有可能被解雇。项目型组织结构不适用于人才匮乏或规模较小的企业，由于其要汇集大量专业人才，且重复设置，成本较高，因此，主要适用于涉及大型项目的公司。

2. 项目型组织结构的优点

（1）项目团队成员全职。在项目型组织结构中，项目团队中的成员一般不具有双重身份，通常他们都是专职人员。因此，项目组织较为稳定，而且每个项目成员都明确自己的责任，有利于项目组织的统一指挥和管理。

（2）充分发挥团队精神。每个部门都是基于项目而组建的，其首要目标就是圆满完成项目的任务，项目成员能够明确理解并集中精神于这一目标，使得团队精神得到充分发挥。

（3）项目经理对项目全权负责，享有最大限度的决策管理自主权。项目经理可以全身心投入到项目工作中来，可以调用整个组织内部或外部的资源，在进度、成本和质量方面的控制较为灵活，能够统一协调整个组织的管理工作，另外项目经理可以对客户的需求和公司高层的意图做出快捷的响应，能够保证项目的成功实施。

（4）沟通途径简洁。项目从职能部门中分离出来，项目经理就可以避开职能部门直接与高层管理者沟通，既提高了沟通速度，又避免了沟通中的失真与延误。

（5）命令协调一致。在项目型组织结构中，每个成员只有一个上司，从而避免了多重领导、无所适从的局面。

3. 项目型组织结构的缺点

（1）资源配置重复。当公司同时存在多个项目时，每个独立的项目组织都设有自己的职能部门，造成人员、设施、技术和设备等重复设置，不能形成资源共享；同时由于项目各阶段的工作重点不同，而项目组之间的人力资源又不能相互协调，这样会使项目组成员的工作出现忙闲不均的现象，影响了员工的工作积极性，也造成了人力资源的浪费。

（2）知识难以共享。各项目团队的技术人员往往只注重自身项目中所需的技术，团队之间的横向沟通较少，不同的项目团队很难做到知识共享。

（3）项目成员缺乏事业上的保障。项目一旦结束，如果项目团队成员要回到原来的职能部门，会给职能部门安排人员造成困难，他们就有可能失去工作。他们往往担心项目结束后的生计，因此，项目的收尾工作可能会被推迟。

（三）矩阵型组织结构

1. 矩阵型组织结构的涵义

事实上，职能型组织结构和项目型组织结构都属于两个十分极端的情况，矩阵型组织结构则是由职能型组织结构和项目型组织结构构成的混合体，它是为了最大限度地发挥二者的优势，在职能型组织的垂直层次结构中叠加了项目型组织的水平结构。因此，矩阵型组织结构在一定程度上避免了上述两种结构的缺陷，可以在二者之间找到最佳耦合。根据项目组织中项目经理与职能经理权限大小的程度，人们通常将矩阵型组织结构划分为弱矩阵型组织结构、平衡矩阵型组织结构和强矩阵型组织结构三种类型，在不同的组织结构类型中，项目经理的权限是不尽相同的，具体情形如图2-4所示。

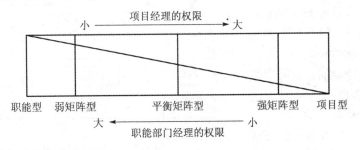

图2-4 不同项目组织结构中项目经理权限的变化图

（1）弱矩阵型组织结构。

弱矩阵型组织结构类似于职能型组织结构，项目经理的权力小于职能部门经理的权力。通常情况下，项目中只有项目经理一个全职人员，由他负责协调项目的各项工作，但项目经理没有权利确定资源在各个职能部门分配的优先程度。项目成员不是从职能部门直接调派过来，而是在各职能部门兼职为项目提供服务，项目需要的各项资源也由相应职能部门提供。图2-5是一个典型的弱矩阵型组织结构示意图。

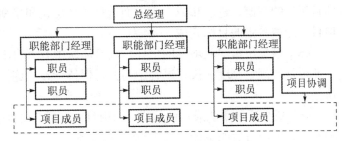

图2-5 弱矩阵型组织结构示意图

（2）强矩阵型组织结构。

强矩阵型组织结构类似于项目型组织结构，项目经理的权力大于职能部门经理的权力。一般情况下，项目经理对项目实施全权控制，而职能部门经理的任务主要是辅助项目经理工作，对项目没有直接的影响力。图2-6是一个典型的强矩阵型组织结构示意图。

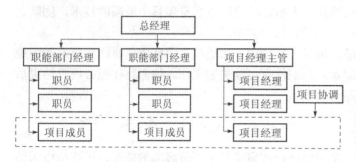

图 2-6　强矩阵型组织结构示意图

（3）平衡矩阵型组织结构。

平衡矩阵型组织结构介于弱矩阵型组织结构和强矩阵型组织结构之间，项目经理的权力与职能部门经理的权力大体相等。项目和职能部门的职责组合可以有多种形式。通常情况下，由项目经理负责项目的时间和成本，监督项目的执行；各职能部门的经理除了要对本部门的工作负责外，还要负责项目的界定和质量。但平衡矩阵型组织结构主要取决于项目经理和职能经理的权力的平衡程度，平衡矩阵很难维持，容易发展成弱矩阵型组织结构或强矩阵型组织结构。图 2-7 是一个典型的平衡矩阵型组织结构示意图。

2. 矩阵型组织结构的优点

（1）项目是工作的焦点。由专职人员即项目经理管理整个项目，负责在规定的时间、经费范围内完成项目，并对该项目负全责。

（2）反应快捷灵活。矩阵型组织结构能够对客户和公司组织内部的要求做出较快的响应。

（3）资源、知识共享。可以分享各个部门的技术人才储备，项目

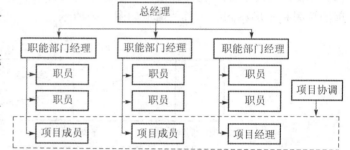

图 2-7　平衡矩阵型组织结构示意图

经理负责管理整个项目，可以从职能部门临时抽调所需的人员，当多个项目同时进行时，这些人员可以灵活调动，从而可以避免出现人员冗余的情况，充分利用项目的人力资源。

（4）可以平衡资源，保证多个项目的完成。当有多个项目同时进行时，公司可以对各个项目所需的资源、进度和成本等方面进行总体协调和平衡，优化整个系统的效率，保证每个项目都能按预定的目标完成。

（5）增加决策层对项目的信任。项目团队中有来自于公司行政管理部门的人员，他们能保证项目的规章制度在执行过程中与公司保持一致，这样可以增加公司高层管理者对项目的信任。

（6）减少项目团队成员的忧虑。当项目结束后，项目团队成员可以回到原来的职能部门，因而不必担心日后的生计。

3. 矩阵型组织结构的缺点

（1）容易造成项目经理之间的矛盾。由于资源在多个项目之间流动，容易引起项目经理之间的争斗，因此，公司要处理好资源分配、技术支持等方面的均衡问题。

（2）违反了命令单一性的原则。项目团队成员可能会接受多重领导，即项目经理和职能部门经理等，当他们的命令有分歧时，项目团队成员会感到左右为难。

（3）项目经理更关心所负责项目的成败，而不是以整个公司的目标为努力方向。

（4）项目与职能部门的责权不清。在矩阵型组织结构中，项目经理主管项目的技术问题，

职能部门经理主管项目的行政事务。但在实际运行中,要将项目和职能部门的责任和权利分清楚却并不容易。如果项目经理和职能部门经理之间协调不好,或他们对各自成员的影响力不同,都会影响项目的进度或职能部门的日常工作。

三、项目组织结构类型的选择

项目组织结构类型的选择是一件十分不易的事情,不仅需考虑公司和项目的具体情况、所拥有的各项资源(包括公司员工的素质、管理水平以及项目本身的规模、技术复杂程度、专业多寡以及项目经理的素质和能力),还需考虑各种不同的组织结构所存在的优缺点及其适用范围。在选择项目组织结构类型时既需有一定的科学性,也需具备一定的经验。

1. 项目组织结构类型的比较

职能型组织结构、项目型组织结构和矩阵型组织结构的优缺点汇总结果如表 2-1 所示。

表 2-1　项目组织结构类型的优缺点比较

组织结构\优缺点	优　点	缺　点
职能型	没有重复活动;充分发挥职能作用;人员使用灵活	狭隘、不全面;反应缓慢;不注重客户
项目型	决策及时、准确;能够控制资源;向客户负责	成本低效;项目之间缺乏知识信息交流
矩阵型	有效利用资源;职能专业知识能够共享;促进学习和交流;沟通良好;注重客户	双层汇报关系,需要平衡权利

职能型组织结构、项目型组织结构和矩阵型组织结构的特征归纳如表 2-2 所示。

表 2-2　项目组织结构类型的特征比较

特征\组织结构	职能型	矩阵型			项目型
		弱矩阵型	平衡矩阵型	强矩阵型	
项目经理的权限	很少或没有	有限	小到中等	中等到大	很高甚至全权
全职人员比例%	几乎没有	0%～25%	15%～60%	50%～95%	85%～100%
项目经理的任务	兼职	兼职	全职	全职	全职
项目经理的角色	项目协调员	项目协调员	项目经理	项目经理	项目经理
项目管理行政人员	兼职	兼职	兼职	全职	全职

由表 2-2 我们可以看出,在职能型组织结构和弱矩阵型组织结构中,一般只有兼职的项目协调员,而在平衡矩阵型、强矩阵型组织结构以及项目型组织结构中,才会配置全职的项目经理。项目协调员和项目经理的角色差异表现为:前者仅需综合协调项目,后者则需实际进行决策。职能型组织结构中几乎没有全职的工作人员,而项目型组织结构中的成员大多数都是全职服务于项目的。在矩阵型组织结构中,"强"、"弱"所表示的是矩阵型组织结构中职能化集成的程度。

项目组织结构类型的适用范围比较如表 2-3 所示。

表 2-3 项目组织结构类型的适用范围比较

适用性 组组结构	适 用 项 目	适用公司类型
职能型	小型简单项目 公司内部项目 内容涉及较少部门的项目	构成比较单一，综合实力比较弱的公司 总体水平虽不是很高，但其中的部门实力较强的公司 内部少数人员素质较高的公司
项目型	非赢利机构 建筑业及航空航天业 大型复杂项目，价值高，期限长 公司中有多个相似项目	组织部门完善，综合力量较强的公司 总体水平较高，职能部门拥有丰富的专业人员，技术人员素质较高，项目经理素质较高，能力强的公司 资金雄厚的公司
矩阵型	多工种、多部门、多技术配合的大型项目 人、财、物效率要求较高的项目 公司资源共享、广泛沟通的项目	大型综合施工企业 经营多元化、实力很强的公司 管理水平较高，沟通渠道畅通、灵活，管理经验丰富的大型公司 技术和管理人员素质较高，有较为完善的企业文化的大型公司

通常，职能型组织适用于规模较小、以技术为重点的项目，不适用于时间限制性强或要求对外界变化做出快速反应的项目。如企业需要在某类设备或厂房上进行投资，此时适于采用职能型的组织结构。项目型组织结构一方面适用于一个公司中包括多个相似项目的情况，另一方面适用于长期的、大型的、重要的和复杂的项目。矩阵型组织结构适用于一个项目需要利用多个职能部门的资源而且技术相对复杂，但是又不需要技术人员全职为项目工作的情况。但是，矩阵式组织结构的管理非常复杂，对管理人员来说则是一项挑战。

2. 选择项目组织结构类型应考虑的关键因素

如前所述，由于不同的项目组织结构有其各自不同的特点，因此不可能有一个万能的组织结构能适用于所有的项目。所以，在具体选择项目组织结构时应该运用权变管理的原理，在充分考虑项目的具体特性、项目组织结构的优缺点、项目所处的环境以及公司的文化氛围等方面的情况下，根据自身情况来选择适合自己公司的项目组织结构。在进行项目组织结构选择之前，首先需要弄清楚选择项目组织结构类型所应考虑的关键因素，具体如表 2-4 所示。

表 2-4 选择项目组织结构类型应考虑的关键因素

组织结构 因素	职 能 型	项 目 型	矩 阵 型
项目风险程度	小	大	大
项目所用的技术	标准	创新性强	复杂
项目本身复杂程度	小	大	一般
项目持续时间	短	长	一般

第二章 项目组织、经理与团队

续表

组织结构 因素	职能型	项目型	矩阵型
项目投资规模	小	大	一般
客户的类型	多	单一	一般
对公司内部的依赖性	弱	强	一般
对公司外部的依赖性	强	弱	一般

　　在实际项目中，选择组织结构类型不必拘泥于纯粹的职能型、项目型或矩阵型组织结构。项目经理在充分考虑组织的战略规模、技术、环境、行业类型、发展阶段以及当前组织趋势等各方面的因素后，也可以进行各种组织结构的结合创新。图2-8所示的组织结构就是组织结构创新的一个实例，该组织结构也称为复合型组织结构。

　　复合型组织结构的团队成员来自不同的职能部门，并且可能存在同一个职员同时在不同的项目中担任职务。如图中左下角的职员，既在项目A（矩阵型组织结构）中负责某专业工作，同时又在项目B（职能型组织结构）中负责专业工作。这种组织结构让同一个专业人员在不同的项目组担任职务，能最大限度地发挥专职人员的技术优势，使企业的人力资源利用率达到最大化。

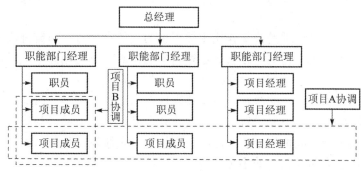

图2-8　复合型组织结构*

思 考 题

1. 项目组织结构的类型主要有哪几种？它们有何区别？
2. 在实际项目中应如何选择适当的组织结构？

第二节　项目经理

　　项目经理负责整个项目，其管理素质、组织能力、知识结构、经验水平和领导艺术等都对项目管理的成败有决定性的影响。因此，项目经理必须具有很高的概念性技能、人际关系技能和专业技能，具有较高的个人综合素质，能够积极与他人合作，能够自我激励和努力工作，能够激励和影响他人的行为，为实现项目目标服务。

---

* 左美云 周彬. 实用项目管理与图解. 清华大学出版社，2002

项目管理

一、项目经理的地位和作用

1. 项目经理的地位

项目经理在项目中是最高责任者、组织者和管理者，具有举足轻重的地位。一个素质不高的项目经理是不可能管理好项目的。项目经理是项目管理一切活动的直接组织者和指挥者。项目经理是项目团队的灵魂，是决定项目成功与否的关键人物。项目经理通过对项目的计划、组织和控制，为项目团队完成项目目标提供领导作用。项目经理的最终职责是确保全部工作优质准时完成，并且没有超出预算，从而使客户满意。项目经理全面负责工程项目进度、质量、安全、成本以及人、财、物的控制，项目经理的工作质量无疑会直接影响项目管理的质量和效果，从而影响企业的经营和发展。激励项目团队和赢得客户的信任，是项目经理必备的技能。

2. 项目经理的作用

项目经理的作用，主要表现在如下方面：

（1）领导作用。项目经理的领导作用主要表现在出谋划策、用人、培训下属、分层授权、激励员工等方面。

（2）管理作用。项目经理可通过行政手段、经济手段、法律手段等对项目进行计划、组织、指挥和控制。

（3）协调作用。项目经理的协调作用主要表现在协调人际关系以及需对各种资源进行调度和运筹等方面。

（4）决策作用。项目经理的决策作用主要表现为其能在调查、研究外部经营环境和条件的前提下，对相关的技术、材料、设备等进行科学的预测，制定出经营战略决策，以提高应变能力等方面。

（5）激励作用。项目经理的激励作用主要表现在当项目遇到困难时能激发人们的工作热情，调动人们的积极性，同下属进行对话、交流和公开讨论等方面。与项目团队成员讲明项目的目标和当前的困难，同他们一起找原因、订措施，是激发工作热情的一种良好方法，并可弥补项目经理在能力和经验上的不足。

（6）社交作用。为协调和解决某些问题，项目经理需要经常与内部、外部人员协商和谈判，以解决在项目实施过程中发生的各种问题。要取得好的谈判效果，除了要讲究谈判艺术以外，还要对谈判的时机和谈判的事项等加以灵活掌握和控制。谈判时不能只凭记忆，要有书面记录，并得到对方签认。

二、项目经理的职责

项目管理的主要责任是由项目经理承担的。在一个项目团队中，项目经理应确保全部工作在既定的资源和成本的约束下，按时、保质保量地完成。项目经理的身份是领导者，应该履行的职责就是项目的计划、组织、指导和控制。简单地说，项目经理的职责就是领导项目团队实现项目的目标，在满足客户要求的同时，实现项目利润最大化。

由于不同的公司所处行业、环境以及组织结构各不相同，而不同项目的规模和特点也不同，项目经理在项目进行过程中所承担的职责也就存在很大的差异。一般说来，项目经理在项目进行过程中的职责有：计划、组织、指导和控制。

1. 计划

（1）熟悉所有的合同文件以便与顾客沟通；

（2）为实施和控制项目制定基本计划；
（3）指导项目进度安排；
（4）指导项目的基本设计准则及总的规范；
（5）定期对项目计划和相关程序及项目进度等进行检查、评价和修正。

2. 组织

（1）确定项目组织结构；
（2）对项目中的职位、职责进行描述；
（3）参与项目主要监管人员的挑选并分配任务；
（4）开发项目所需的人力资源；
（5）定期对项目进行评价，必要时进行人事变动。

3. 指导

（1）指导项目合同中的所有工作；
（2）促进项目主要监管人员的成长，并为其建立绩效标准；
（3）培养团队精神；
（4）解决潜在或存在于项目中的分歧或冲突；
（5）对关键问题确立战略指导原则，确定责任与约束。

4. 控制

（1）监督项目活动，使项目的进展与项目目标及公司总体政策相一致；
（2）监督项目活动，使项目进展与合同、计划及客户要求相一致；
（3）监督项目活动，建立有关变更的沟通程序，对可能的变更进行评价和沟通；
（4）对成本、进度及质量进行监控并及时报告；
（5）对人员进行控制，并与客户及有关组织保持有效沟通。

三、项目经理的素质与能力

1. 项目经理的素质

项目经理在项目中担任着类似总经理的角色，因此，他应具备如下素质特征：

（1）知识面广，思路敏捷，善于发现问题。项目是个有机整体，必须从总体上来组织、计划、协调和控制其全过程。一个项目通常会涉及众多相关领域的知识，比如数学、经济、法律、物理、化学、管理学等，所以要求项目经理应具有较宽的知识面。他们除精通本专业的技术外，还应对其他技术也感兴趣，能同其他专业工程师密切交往，善于同各种专业人员合作。

（2）实际经验丰富，判断和决策能力强。由于项目具有一次性的特点，在项目实施中会发生许多无法预测的问题，带有一定风险性。因此，要求项目经理具备一定的实际工作经验和敢于承担风险的勇气，并且在此基础上善于分析和判断问题的所在，迅速做出正确的决策。

（3）善于处理人际关系，具有较强的组织领导能力。从项目内部来讲，有许多部门参加项目工作。项目经理要了解项目组织成员的心理，尽量满足他们的需要，使全体参加人员都能为实现总目标而主动工作。

此外，项目经理还应做到诚实、正直、热情，善于沟通；遇事沉着冷静、果断；思维敏捷，反应迅速；自信。

2. 项目经理的能力

由于项目具有唯一性、复杂性，因此，项目在实施过程中会面临各种各样的冲突及问题，这是对项目经理的巨大挑战。项目经理在管理项目过程中一定会与其他要素发生关系，包括与项目团队成员、项目的任务本身、实施项目所采取的方法和工具、组织结构以及客户等，如图2-9所示。

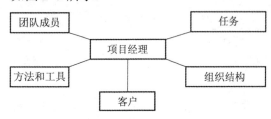

图2-9 项目管理过程的关系要素图

一个合格的项目经理除了要在项目的计划、组织、指导和控制等方面发挥领导作用外，还应具备其他一系列能力，如非凡的领导能力、沟通能力、人员管理能力以及处理压力和解决问题的能力等。

（1）获取充分资源的能力。通常情况下，企业的资源是有限的，而项目实施过程中的不确定性以及项目发起人的过分乐观往往导致项目支出超出预算，这就需要项目经理依靠其谈判技巧向上级部门积极争取完成项目所需要的资源。

（2）领导能力。项目经理是项目的管理者而不是项目的具体执行者，因此，必须具备一定的领导能力。项目经理是通过项目团队来取得工作成果的，其工作主要是激励项目成员齐心协力地工作，以完成项目计划，实现项目目标，他的领导能力决定了项目的成败。一个项目要取得良好的成绩，其中一个关键的要素就是项目经理应该具备把各方人才聚集在一起，组建一个高效、协调的项目团队的能力。目前，有效的项目管理需要采取参与和顾问式的领导方式。项目领导工作需要项目成员的参与和授权，项目经理要引导所有的项目团队成员参与到项目的管理中来，他不应只是简单地下达命令，而要引导团队成员发挥主动性来完成自己的工作。

（3）人际交往与沟通能力。项目经理是项目团队的核心人物，在项目开发过程中，他必须与外部客户、项目团队成员以及公司的高层管理者打交道，因此，良好的人际交往能力是项目经理必备的技能。同时，由于在项目的整个生命期内存在各种各样的冲突，项目经理的沟通能力就成为顺利解决冲突的关键。项目经理要在项目组织内部建立有效的沟通机制，带领项目团队成员以最大的热情投入到项目中去，关心成员的成长。

项目经理要使每个团队成员了解项目的整体目标，促进成员之间的交流和沟通，使他们能够相互信任、相互协作，提高整个团队的工作绩效。

（4）人员管理能力。项目经理在领导项目团队实现项目目标的同时，也应该将项目视为团队成员提高自身价值的良好机会。项目经理应该营造一种学习氛围，使团队成员能够从他们所从事的工作中，从他们所经历或观察的形势中获得知识，来不断提高他们的专业技能。项目经理可以鼓励项目成员进行创新、承担风险、做出决定，鼓励阅历不足的成员向经验丰富的成员学习，项目经理也可以让团队成员参加一些培训来提高他们的能力，从而更好地为项目服务。

（5）技术技能。优秀的项目经理应具有该项目所要求的相关技术经验或知识，具体包括：使用项目管理工具和技巧的特殊知识，项目知识，理解项目的方法、过程和程序，相关的专业技术，计算机应用能力。

（6）处理压力和解决问题的能力。项目经理首先要能及时发现项目执行过程中存在或潜在的问题,制定出合理的解决方案,从而避免问题扩大,减少对项目进度、成本等的影响。其次,当项目陷入困境或因为计划延迟、成本超支以及其他问题而无法实现项目目标时,项目经理要具有处理压力的能力。最后,项目经理还要根据问题的性质及其产生的原因,带领项目团队来共同解决问题。

四、项目经理的选择

由于项目经理对项目管理的成功与否具有直接的影响,因此,选择合适的项目经理是公司高层管理者应重点考虑的问题。项目经理可以从公司外部招聘,也可以从公司内部选拔、培养。

外部招聘需要科学地设置岗位,成立选聘机构,公开发布招聘信息,规定应聘人员的业务水平、技术能力、领导能力和沟通能力等方面的要求,有时还要规定学历、工作经验、外语水平以及年龄限制等。但目前更多的项目经理是从公司内部的实际工作中选拔和培养的。对于一些有才能、兴趣广泛的人应注意培养,有意识地让他们多接触业务,逐渐成长。从公司内部选拔的项目经理比较熟悉公司的组织、制度和流程等,有利于与其他有关部门进行协调,可以引导项目团队成员尽快融入到公司的理念和文化中,有助于更快更好地完成项目,但由于他来自公司内部,其工作也会受到与原来各部门管理者关系的限制。如果项目经理从公司外部招聘,他从了解项目到开始实施要有一个过程,并且此过程对日后项目的成败有着极大的影响。但从外部招聘的项目经理可以没有任何牵挂地展开工作,不需要权衡公司内部的关系。

挑选项目经理时应遵循以下原则:

(1)考虑候选人的素质与能力;
(2)考虑候选人的敏感性;
(3)考虑候选人的领导才能;
(4)考虑候选人应付压力的能力。

一名合格的项目经理不但应高度明确自己的工作职责,而且要具备充分的项目管理技能,能够积极主动地投入项目工作,他不能等待事情的发生或问题的解决,而是通过促使事情发生来领导项目团队达到目标。

对项目经理进行选择时,要遵循一定的程序并运用一定的方法,从而选择一名合格的项目经理,项目经理选择程序如下(参见图2-10):

(1)通过项目的有关文件了解项目的特点;
(2)根据项目职位说明的要求,在大范围内对符合要求的项目经理候选人进行初选;
(3)采用民意测验或开座谈会的形式,了解群众对候选人的认可程度,初步确定若干备选人选;
(4)考察备选人在类似项目中所取得的成绩和经验,进一步缩小候选人的范围;
(5)通过对候选人的学历、经历、个性、品质等方面进行定

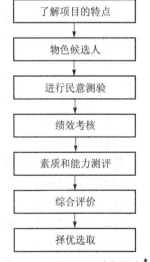

图2-10 项目经理选择程序[*]

---

[*] 骆珣等. 项目管理教程. 机械工业出版社,2004

性的分析和定量的考核,来评价候选人的胜任程度;

(6) 运用要素加权分析法将候选人的绩效、素质和能力等方面进行综合的评价;

(7) 根据综合评价的得分,择优选出项目经理。

思考题

1. 你认为一名合格的项目经理应具备哪些素质和能力?
2. 在项目启动前应如何选择项目经理?

第三节 项目团队

一、概述

1. 团队的概念

实现成功的项目管理必须依靠一群为完成某一特定目标而努力工作的人。斯蒂芬·罗宾斯(1994)认为,团队是指一种为了实现某一目标而由相互协作的个体所组成的正式群体。这一定义突出了团队与群体的不同,所有的团队都是群体,但只有正式群体才能是团队,并且正式群体可分为命令群体、交叉功能群体、自我管理群体和任务小组。他对团队的理解主要是团队的协作效应。

麦肯锡顾问卡曾巴赫(Katzenbach)则是从团队的任务角度提出团队的含义:"团队就是由少数有互补技能、愿意为了共同的目的、业绩目标而相互承担责任的人们组成的群体。"他对团队的理解则是侧重于团队的构成要素,他认为,只有具备这五个要素才能构成一个团队,否则只是一个伪团队或工作群体而已。

综上,我们认为,团队是若干个体成员为了实现一个共同目标而协作工作的群体。团队工作就是团队成员为实现这一目标而共同努力。

2. 项目团队的概念

基于团队概念的理解,我们认为项目团队是由两个或两个以上、相互依赖、承诺共同规则、具有共同愿景、愿意为共同的项目目标而努力的互补技能成员组成的群体,通过相互的沟通、信任、合作和承担责任,产生群体的协作效应,从而获得大于个体成员绩效总和的团队绩效。

项目团队是项目组织中的核心,理想的项目团队能在既定的时间、既定的预算成本内成功地实现项目的目标,每个成员都能获得事业的发展和个人的进步。

项目团队一般包括项目经理、项目办公室人员以及专业人员等。

项目团队具有如下特征:

(1) 项目团队是为完成特定的项目而设立的专门组织。项目团队的使命是完成项目的任务,实现项目目标。

(2) 项目团队是一种临时性组织。在项目任务完成后,项目团队的使命即已终结,项目团队即可解散。

(3) 项目团队成员在某些情况下,需同时接受双重领导。由于在不同的组织结构中,职能部门经理和项目经理的权限也不同,团队成员需要接受他们两方面的领导。这种双重领导会使项目团队的发展受到一定的限制。

（4）项目团队强调团队合作精神。项目团队是一个整体，它按照团队作业的模式来实施项目，这就要求其成员具有高度的合作精神，相互信任，相互协调。团队合作精神是项目成功的精神保障和项目团队建设的核心工作之一。

（5）项目团队具有灵活性和渐进性。项目团队在组建的初期，其成员可能较少，随着项目进展的需要，项目团队会逐渐扩大，而且团队成员的人员多少和具体人选也会随着项目的发展而不断调整。

3. 项目团队精神

项目团队的精神是项目团队成员为了团队的整体利益和项目的目标而相互协作、共同努力的意愿。团队精神应建立在团队与个人相对统一的基础上，具有团队精神的团队往往能取得项目的成功。

在开展项目时，项目团队是作为一个整体来进行工作的，因此，团队精神与项目团队的绩效是紧密联系在一起的。项目团队并不是靠把一组人员集合在一个项目组织中共同工作就能够建立的，没有团队精神不可能形成真正的项目团队，缺少团队精神同样也会导致团队绩效的下降。

项目团队精神的内涵包括以下几个方面：

（1）成员之间相互信任和相互依赖。每个团队成员都相信其他成员所做的和所想的都是为了整个集体的利益，是为了实现项目的目标和完成团队的使命而做的努力。使每个成员都充分理解团队中的每个人都是不可或缺的，这是项目成功的重要因素之一。

（2）成员对团队有强烈的归属感和一体感。团队成员应能感受到自己是团队的一员，并能把自己的前途与团队的命运、项目的成败联系在一起。归属感与一体感主要来源于团队利益目标与其成员利益目标的高度一致。

（3）成员具有统一的共同目标。团队精神最根本的体现是项目团队成员具有统一的目标，每个成员都希望能为实现项目的目标而付出努力。在这种情况下，项目团队的目标与团队成员个人的目标是相对一致的，因此，大家会积极热情地为项目的成功而付出时间和努力。

团队精神还表现在团队成员之间具有平等的关系，并且要积极参与团队的各项工作，进行自我激励和自我约束等。

二、项目团队的发展阶段

项目团队的创建与发展一般经历如下五个阶段：形成阶段、磨合阶段、规范阶段、表现阶段和休整阶段。

1. 形成阶段

形成阶段是项目团队的初创和组建阶段，它将一组个体人员转变为项目团队成员。这一阶段项目团队成员聚集在一起，大家开始互相认识，每人都试图了解项目目标，并急于开始工作和表现自己。项目团队则努力建立自己的形象，并试图对将要进行的工作制定计划和进行分工。

项目团队成员应收集与项目有关的信息，尽快切入项目，清楚自己的任务，并应谨慎地研究和学习适宜的举止行为。此时，项目经理要进行必要的项目团队建设工作，向项目团队成员说明项目的目标，并公布项目的进度计划、质量标准、团队结构和每个项目团队成员在项目中的职位。

2. 磨合阶段

项目目标进一步明确后，项目团队成员开始运用自己的技能来工作。这一阶段团队成员之间或团队成员与周围环境之间以及团队与其所在组织、其上级和客户之间常常会产生不协调。团队成员可能还没有完全了解自己应当做什么，对彼此之间的相互作用要么是漠不关心，要么是无谓的摩擦。他们往往会无端地争吵，有些成员甚至会对项目失去兴趣，项目团队成员还可能不熟悉组织技术系统，对新的组织制度系统不适应，这些摩擦会持续到团队成员认识到自己真正的任务并在工作问题上达成一致时为止。

此时，项目经理要引导每个项目团队成员对自己的角色及责任进行调整，组织团队成员进行技能培训，尽量消除原有体制与新体制之间的矛盾，坚定团队成员的态度，使之尽快全身心投入到团队建设和项目工作中。

3. 规范阶段

项目团队经过了磨合阶段后，就进入了正常发展的规范阶段。这一阶段项目团队成员已接受并熟悉了工作环境，项目管理的各种规程得以改进和规范化。团队成员之间、团队成员与项目管理人员之间的关系已经理顺，绝大部分个人之间的矛盾也得到了解决。此时项目团队的矛盾要低于磨合阶段。

项目团队成员之间开始建立相互信任、相互帮助的关系，全体成员有了归属感和集体感，团队的凝聚力开始形成。此时，最重要的是形成新型的团队规范和增强团队的凝聚力，以形成有力的团队文化。项目经理应逐步减少指导性工作，对团队成员的工作给予支持，并开始逐步向下层团队成员授权，鼓励成员个性的发挥，提高其责任感和权力，同时要创造条件和营造氛围来鼓励成员为团队的本身成长以及目标的实现尽职尽责。

4. 表现阶段

表现阶段是团队发展的第四阶段。经过前三阶段的磨合后，项目团队成员的状态已达到了最佳水平。此时团队成员有很强的集体感和荣誉感，信心十足，能进行真诚、及时、有效的沟通，并能相互信任、相互依赖，工作效率很高。整个团队已熟练掌握处理内部冲突的技巧，并能集中集体的智慧做出正确的决策，善于迎接各种挑战。在这一阶段，项目经理的工作就是协助项目团队制定、修正并执行项目计划。

5. 休整阶段

休整阶段包括休止与整顿两个方面的内容。团队休止是指团队经过一段时期的工作后，任务即将结束，这时团队将面临着总结、表彰等工作，这些都暗示着团队前一时期的工作已经基本结束，团队可能马上面临解散的状况，成员要为自己的下一步工作进行考虑。

团队整顿是指在团队的原有工作结束后，团队也可能接受新的任务，所以项目团队要进行调整和整顿，包括工作作风、工作规范、人员结构等各方面。若调整比较大，则实际上是组建成一个新的团队。

项目团队各个阶段的团队精神和团队绩效的关系如图 2-11 所示。

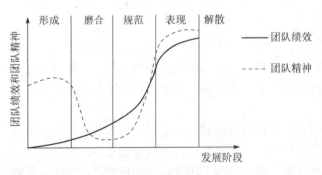

图 2-11 项目团队的发展阶段

三、项目团队建设

项目团队建设是项目成功的组织保障。项目团队建设包括项目团队人员配备、对项目团队成员进行技能培训、成员的绩效考核以及激励等，这些都是项目成功的可靠保证。

（一）项目团队人员配备

项目团队人员配备是根据项目人力资源计划的要求从项目组织内部或外部获取所需的人力资源，并根据这些人员的能力、知识和经验进行合理安排的过程。它是人力资源计划的具体实施过程，也是提高项目团队绩效、使项目的人力资源得到充分利用的有效手段。在实际项目中，项目经理和职能部门经理可以通过谈判、事先指定、招聘、甄选等方法来获得所需的人力资源。

项目团队人员配备的主要工作是依据人员配备计划、资源库说明和制约因素等，得到更新的人员配备计划和项目团队成员清单。

（二）项目团队人员培训

项目团队人员培训是使项目团队成员具备完成其各自任务所需的知识、技能和能力等。适当的人员培训不仅可以提高项目团队的工作效率，也是鼓舞团队成员士气、留住人才的有效方法。项目人员培训一般包括如下四个过程：

（1）培训需求分析。通过项目的任务分析和工作绩效分析来确定人员的实际技能和要求技能之间的差距，并据此选择项目人员需要参加的培训。

（2）确立培训目标。培训目标为培训者和受训者确定了一个共同的努力方向，它为评价培训的效果提供了依据。因此，培训目标应该尽量具体、清晰并且可以度量。

（3）选择适当的培训方式。培训的方式有很多种，按培训时间可分为在职培训与脱产培训，可以根据项目的特点以及受训者的能力要求选择不同的方式。

（4）评价培训的效果。培训结束后，项目组织应该按照预先制定好的培训目标对培训的实际效果进行评价。评价培训效果时，通常采用控制实验法。控制实验法一般设置两个组，即控制组（即没有经过培训的小组）和培训组，然后采集控制组和培训组在培训前后知识、技能、行为等方面的相关数据，进行比较分析，从而评价培训的效果。

（三）项目团队人员绩效考核

项目团队绩效，即项目团队的工作效率及其取得的成果，它是决定项目成败的一个至关重要的因素。项目团队绩效考核是按照一定的标准，采用科学、合理的方法对团队成员履行其职责的程度进行审查和评定，从而确定其工作业绩的过程。通过绩效考核，可以了解团队成员在哪些方面还有所欠缺，是否需要接受培训；可以确定对团队成员是奖励还是惩罚；可以完善甄选应聘者的手段；还可以为管理层提供决策依据。

以下分别从影响项目团队绩效的因素和项目团队绩效考核流程两个方面展开讨论。

1. 影响项目团队人员绩效的因素

影响项目团队绩效的因素有很多，一般来说，除了团队精神还包括如下方面：

（1）领导不力。这是影响项目团队绩效最根本的一个因素。项目经理不能充分利用自己的职权带领和指导团队成员，不能有效地影响团队成员的行为，这样不但会影响团队的绩效还可能导致整个项目的失败。

（2）目标不明。一个合格的项目经理要定期向团队成员宣传项目的目标和计划，描述项目的未来成果及其所带来的好处，并且要认真回答团队成员提出的各种疑问。如果项目经理没有使全体成员充分了解项目的目标以及项目的工作范围、质量标准、预算和进度计划等方面的信息，使得目标不明，这样不但会耽误项目的进程，还可能会偏离项目目标，导致项目失败。

（3）职责不清。团队成员只有明确各自的职责和角色、明确自己与其他团队成员之间的角色关系和职责关系，才能提高项目团队的绩效。如果团队成员对自己的职责认识含糊不清或团队在管理上存在着职责重复的问题，就会导致某些工作的延误或重复进行，造成整个团队工作效率下降。

（4）缺乏沟通。缺乏沟通也会影响项目团队的绩效。项目经理必须采取各种信息沟通手段，使团队成员通过畅通的渠道交流信息，及时了解项目的各种情况，这样可以减少不必要的误解，减少冲突，从而提高团队的工作绩效。如果团队成员对项目工作中发生的事情知之甚少，或团队成员之间以及项目团队与外部之间的信息交流不足，就会影响团队绩效，甚至造成决策失误。

（5）激励不足。建立激励机制有利于提高项目团队成员的工作积极性和工作热情，使他们全力投入工作，从而提高整个项目团队的工作效率。如果激励措施的力度不够，或是缺乏激励机制，很可能会使团队成员工作态度消极，工作效率低下，这样就会影响整个团队的绩效。

（6）规章不全。项目团队的规章制度可以规范整个团队及其成员的工作和行为，为团队的高效运行提供制度保障。如果项目团队没有合适的规章去规范整个团队及其成员的行为，团队成员会觉得项目中的工作无章可循，其绩效通常也会十分低下。

（7）约束无力。约束机制可以针对团队成员的一些不良或错误行为形成制约，有利于项目团队绩效的提高。有时团队成员可能会有一些不利于团队发展的行为，如果项目团队在采取约束手段和建立约束机制方面力度不够，会使得这些不良行为继续，这会影响项目团队绩效的提高。

2. 项目团队人员绩效考核流程

项目团队绩效考核通常包括以下几个过程：

（1）制定绩效考核计划。绩效考核计划确定了考核的对象、内容和时间等。

（2）确定绩效考核的标准。进行考核之前，先要确定考核的标准，作为衡量绩效的尺度。考核的标准包括绝对标准和相对标准。绝对标准是以数据为基础的，比较客观，例如项目产品的废品率、人员的出勤率等。相对标准是根据每个成员的实际情况确定的考核标准，对不同级别的员工，标准是不一样的。

（3）选择绩效考核的方法。在进行绩效考核时，要选用科学、合理、可行的考核方法。绩效考核的方法包括书面鉴定法、关键事件法、评分表法、排序法、目标管理法等。

（4）收集数据资料。进行业绩考核时，要通过综合使用工作记录、定期抽查、考勤记录和工作评定等方法实时跟踪并随时收集有关团队成员绩效的信息。

（5）分析评价。根据绩效考核的标准，采用适当的方法对收集的信息和数据资料进行分析、整理并综合评价。

（6）结果运用。绩效考核的结果应该运用到项目的各项管理活动中，如根据考核的结果对团队成员进行培训、奖励或惩罚，考核的结果还能帮助团队成员找出工作中存在的问题，有利于团队成员改进工作、提高绩效。

（四）项目团队人员激励

激励就是激发和鼓励，是指项目团队通过某种方式来调动项目成员的积极性和创造性，使其向着激励预期的方向发展。激励可以提高项目团队成员的工作效率，提高其素质，从而提高整个团队的绩效，有利于项目目标的实现。

为了充分发挥激励的作用，在对项目团队成员进行激励时，必须遵循一定的原则：

（1）目标原则。激励是否有效的衡量标准是其是否有利于项目目标的实现。如果激励有效，就能促进项目目标的实现；如果激励不当，就会适得其反，阻碍项目目标的实现。

（2）公平原则。在对项目团队成员进行激励时，要遵循公平的原则，即反对平均主义，对项目团队成员的激励要与其绩效直接挂钩。

（3）按需激励原则。由于项目团队成员的需求不同，而激励的关键就在于满足项目团队成员的需要。因此，在采取激励措施时，项目管理人员应该不断地了解项目团队成员的需求层次和需求变化，根据各个团队成员需求的不同区别对待。

在对项目团队成员进行激励时，还要注意选择适当的激励方式：

（1）物质激励。物质激励是最基本的激励方式，也是项目团队采用最多的一种方式。物质激励一般包括工资、奖金、福利和保险等，适合于一些基层的项目团队成员。

（2）精神激励。精神激励包括考核评定员工等级、任职资格，对业绩良好的员工予以晋升，对企业有特殊贡献者给予相应的荣誉称号等，适合于知识丰富和层次较高的人员。

（3）参与激励。参与激励是指让项目团队成员了解项目团队的运作情况，使他们以不同的方式参与到项目的管理中来，从而激发他们的主人翁意识。

（4）挫折激励。当项目团队成员遇到挫折时，项目团队要对他们实施足够的影响，使他们勇于面对挫折，走出困境。

（5）榜样激励。榜样激励就是使某些项目团队成员成为整个团队学习的榜样，从而达到激励的目的。

（6）环境激励。环境激励就是为项目团队成员创造一个良好的工作和生活环境，从而推动团队成员更加投入工作。

思考题

1. 项目团队的发展通常分为哪几个阶段？
2. 影响项目团队绩效的因素有哪些？

本章小结

● 组织的定义可以从结构论的角度讲，也可以从管理的角度讲。从管理角度所说的组织也就是组织结构。组织结构也称为组织形式，反映了生产要素相结合的结构形式，即管理活动中各职能的横向分工和层次划分。项目组织是为完成特定的项目任务而建立起来的从事项目具体工作的组织。进行项目组织设计时要遵循一定的原则，同时，还需要进行设计的流程分析。

项目管理

- 项目组织结构有三种基本类型：职能型组织结构、项目型组织结构和矩阵型组织结构，其各有不同的优缺点，适用于不同的组织类型，因此，在选择项目组织结构时要充分考虑各种因素。

- 根据项目组织结构中项目经理和职能部门经理责、权、利的大小，矩阵型组织结构又可分为弱矩阵型、平衡矩阵型和强矩阵型组织结构。

- 项目经理是项目团队的灵魂，是决定项目成功与否的关键人物，其应具备一定的素质和能力。项目经理的作用主要包括领导作用、管理作用、协调作用、决策作用、激励作用、社交作用。一般说来，项目经理在项目进行过程中的职责是计划、组织、指导和控制。项目经理要具备一定的素质和能力，才能充分发挥其在项目组织中的作用。

- 项目团队是由两个或两个以上、相互依赖、承诺共同规则、具有共同愿景、愿意为共同的项目目标而努力的互补技能成员组成的群体，通过相互的沟通、信任、合作和承担责任，产生群体的协作效应，从而获得大于个体成员绩效总和的团队绩效。项目团队的发展主要经历五个阶段，每个阶段项目团队成员都有不同的情绪表现。团队精神建立在团队与个人相对统一的基础上，除此之外，影响项目团队绩效的因素还主要有领导不力、目标不明、职责不清、缺乏沟通、激励不足、规章不全和约束无力等。项目团队建设包括项目团队人员配备、对项目团队成员进行技能培训、成员的绩效考核以及激励等。

案例研究

W公司组织结构类型的选择

W公司是一个以国防装备设计及科研开发为主的大型国有企业，其前身为某研究所。该公司的主要业务是对国际上尖端的以及国防事业需求的高科技武器装备进行科研开发，同时还负责一些国家重点科研项目。

由于这些高科技武器装备的生产工艺要求高，所以相应的成本也较高，且各种产品之间没有什么共同点。公司拥有自己的生产部门。公司副总裁和各项目部门经理负责确认哪些项目是有较大需求和开发价值的，然后由总裁决策是否投入开发设计。如果投入，就把它分到项目组中去。产品开发出来后，自行生产制造。该企业开发人员的工资和开发设备的费用都来自国家拨款，其项目的经费预算主要是研发人员的工资和硬件设备的使用费。

该公司的各机构职能如下：

总裁：协调公司与上级领导部门的关系，以及公司的日常行政工作，受信息产业部领导并对其负责。

副总裁：统筹和协调各项目组工作，接受国家指派的项目和根据市场热点自行立项的项目，并把各项目分派到项目组，同时协调公共资源的使用（主要是人力资源）。他实际上是领导各项目组进行开发工作的核心人物。

项目经理：实际领导各项目组进行项目开发，分配和协调各项工作，对项目工作进行控制，行政上对副总裁负责。

研究开发部门：负责实际的产品开发。

工程设计部门：负责产品的工程设计。

生产制造部门：负责产品的实际生产制造。

人事行政部门：负责公司内的人员调动。

目前该公司研发生产和制造 D 产品采用的组织结构如图 2-12 所示。由于其存在一些弊端，正在考虑是否转换为新型的组织结构，如图 2-13 和 2-14 所示。

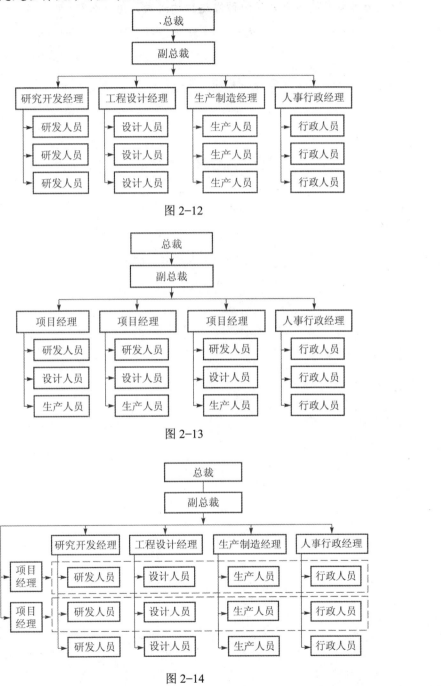

图 2-12

图 2-13

图 2-14

问题：
1. 如图 2-12 所示说明该公司目前的组织结构，是何种组织结构，其缺陷是什么？
2. 图 2-13 所示的是何种组织结构？若该公司采用此种组织结构，有何优缺点？
3. 图 3-14 所示的是何种组织结构？若该公司采用此种组织结构，有何优缺点？
4. 你认为该公司最适于采用何种组织结构形式，为什么？

第三章

项目管理过程

Chapter 3　Project Management Process

- ■ 本章主要内容
  - 概述
  - 项目启动过程
  - 项目规划过程
  - 项目执行过程
  - 项目控制过程
  - 项目收尾过程
- ■ 本章核心概念
  - 项目启动 Project Initiation
  - 项目规划 Project Planning
  - 项目执行 Project Implementation
  - 项目控制 Project Control
  - 项目收尾 Project Closing
- ■ 本章学习目标
  - 理解项目启动和规划阶段的内容和步骤
  - 了解项目执行、控制和收尾的内容

第一节　概　述

一个项目的实现需经历一系列的阶段或工作过程才能得以完成，与之对应，项目管理则由若干相互关联和相互作用的管理工作或活动所构成。通常，人们按项目生命期的进程将这些管理工作划分为如下五个基本过程，如图 3-1 所示。

项目启动过程：定义一个项目或阶段的工作与活动；侧重需求分析；确定下一阶段是否有必要继续进行。

项目规划过程：分解项目目标；确定项目必须完成的各项任务；选择最优的行动过程以达到项目或阶段的目标和范围要求；编制进度计划、资源计划、费用预算；形成项目管理计划文件。

项目执行过程：组织和协调各项任务与工作、人员和其他资源；激励项目团队完成既定的工作计划；形成项目可交付成果。

项目控制过程：制定标准、定期监控和测量项目进展情况，寻找实际情况与计划存在的

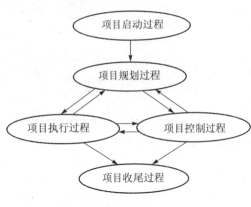

图 3-1 项目管理工作过程

偏差；依据项目计划控制质量、风险、成本和进度等状态；采取纠正措施等活动。

项目收尾过程：编制项目或项目阶段移交文件；正式接收项目的产品、服务或结果；使项目顺利结束。

从图 3-1 也可以看出，项目管理工作过程之间不仅是一种前后衔接的关系，同时还是相互交叉、相互作用的关系。规划过程首先为执行过程提供具体的工作计划，继而执行过程又为规划过程反馈更新的信息。控制过程为了确保各个阶段按预定计划进行，始终贯穿于项目的整个生命期。

思考题

1. 项目管理工作过程是如何划分的？
2. 项目管理工作过程之间的关系如何？

第二节 项目启动过程

一、概述

项目的启动工作是定义一个项目或阶段的工作与活动，或决策一个项目或阶段是否继续的过程。启动工作过程既可以是正式识别或决策一个新项目的开始，也可以是确定应否进入下一个新的工作阶段，并且它可以是正式的，也可以是非正式的。在组织内部的启动工作通常可以是非正式的。

项目启动过程的主要工作如图 3-2 所示。

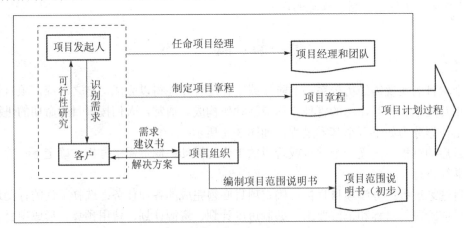

图 3-2 项目启动过程的主要工作

通常，客户的管理或投资机构通过市场调查研究发现某一机会时，会进一步识别这些需求并将识别的这些需求告知客户，客户则在尽可能短的时间内给项目组织提供需求建议书，然后项目组织会组织力量对需求建议书进行研究,将解决方案反馈给客户,最后客户在解决方案的基础之上自行或委托其他机构进行可行性研究,如果提交的可行性研究报告获得管理或投资机构的批准通过,客户就会与最合意的项目组织进行合作,向其颁发项目章程(项目许可证书),即标志着项目正式启动。项目组织则会针对该项目编写初步的项目范围说明书,正式的项目启动前期工作通常由客户自行完成,主要工作包括识别需求和项目选择。需要说明的是,在有些项目中,管理或投资机构与客户可以是合二为一的。

二、识别需求

项目的启动通常源于客户所遇到的某种使项目得以开始的"刺激"。这些刺激也称为问题或机遇,如:① 由于市场变化而引起的市场需求刺激;② 由市场竞争中出现的机遇而引起的商业机遇刺激;③ 由于出现新的消费需求或时尚而引起的消费变化刺激;④ 由于某项技术的发展变化而引起的科技进步刺激;⑤ 由于一个国家或地区的法律发生变化而引起的法律需求刺激。

当客户决定要对某种刺激做出反应时,首先需要研究和分析其自身组织的资源与能力是否有条件开始一个新项目。当基本条件都明确和具备时,就可着手编制项目需求建议书了。需求建议书(RFP,Requirement For Proposal)是客户向项目组织发出的用来说明如何满足其已识别需求所要进行的全部工作的书面文件。其目的是从客户的角度,全面、详细地阐述为了满足识别出的需求所要做的工作。详细完备的需求建议书能够使项目组织明确客户期望的项目产品,同时也是他们完成项目申请书的基础。

项目需求建议书通常是正式的,但有时也可以是非正式的,如当项目是由公司内部人员完成时,项目需求建议书就可以是非正式的。一份理想的项目需求建议书应当是全面的,能提供足够详细的信息,以使项目组织能针对客户的需要相应地准备一份最优的申请书。项目需求建议书一般包括如下方面:

(1)项目工作说明;
(2)项目目标的要求;
(3)客户应该向项目组织提供的资源数量、类型等;
(4)合同类型;
(5)客户的付款方式;
(6)项目的时间要求;
(7)对项目组织的项目申请书的要求;
(8)项目申请书的评价标准,如:项目组织提出的技术方法(30%);项目组织在类似项目中的经验(30%);成本(30%);进度计划(10%)。

三、项目选择

(一)项目选择的步骤

项目选择即由客户评估各种需求和机会,然后决定是否应以项目的形式来实施。其具体步骤如下:

(1)制定一套评估需求和机会的标准。这些标准包括定性的和定量的因素。例如:是否与公司的目标一致;所需的投资额;预计销量;预计售价;市场份额的增长量;人力资源的影响;竞争对手的反应;预期的进度等。

(2)列出每个需求和机会所基于的假设。例如,如果要兴建一座火力发电厂,假设其可以获得银行贷款。

（3）收集每个需求和机会的数据和信息，确保做出一个正确的项目选择决定。例如，必须收集一些有关的基本财务估计，如估计的项目未来现金流入和实施与运营的成本等。除了收集确实的数据以外，还必须获得一些其他有关的信息，如该需求或机会对利益关系人的影响等信息。

（4）对照标准评估每一个需求和机会。对每个需求和机会的数据和信息进行收集、分析和总结之后，应将这些资料提交给负责评估的人。这些参与评估的成员应该来自不同的部门，具有不同的背景和经验。

（二）项目选择的方法——可行性研究

可行性研究是确立项目时采用的最为普遍的方法之一，尤其是对大型建设项目的立项工作，其目的是为了避免盲目决策给企业带来损失。具体来说，可行性研究是对项目涉及到的经济、技术、进度、运营和规章制度等方面因素的可行性进行全面的调查和分析，以探讨项目是否可以实施。只有经过严格的可行性评估，才能够确保项目规划和实施工作的正确方向，保证项目的顺利开展，保障项目实现预期收益。

根据我国的有关规定，项目的可行性研究程序为：

1. 机会研究

机会研究是可行性研究的初始阶段，它以项目业主的某种需求为动因，识别并分析多种投资机会，并且在众多投资机会中进行比较和鉴别，寻求能够使投资整体收益最大化的投资方向，细化并明确项目的投资方向。机会研究确定了项目发展机会的大小，但比较粗略，对投资额的估算精确度可以在±30%的范围内。其内容包括：

（1）地区研究——通过分析项目的地理位置及其相关因素，例如该地区的人文习俗、地区经济结构、经济发展状况等，选择投资或发展的方向；

（2）行业研究——通过分析行业的特征进行项目发展方向的选择；

（3）资源研究——通过分析资源的分布状况以及投资者的资源占有情况选择项目。

2. 初步可行性研究

初步可行性研究也称为项目的预行性研究，是判断机会研究所提出的项目发展方向是否可行的过程。它是在项目具体的实施方案基本确定下来之后对项目进行的初步估计，既可以为项目详细可行性研究提供初步的研究资料，又可以及时发现项目方案是否有所疏漏，以便进行修订和更改。初步可行性研究对投资额估算的误差在±20%范围内。其内容包括：

（1）机会研究得出的结论是否可信；

（2）对项目的投入和产出作出初步的估算，判断项目在经济上是否合理；

（3）判断项目能否及时、足额地筹措到所需资金；

（4）项目所需要的生产设备和原材料是否能够充足地供应；

（5）项目的进度安排是否得当，项目能否在规定时间内完成。

3. 详细可行性研究

详细可行性研究也称为技术经济可行性研究或最终可行性研究，是项目可行性研究阶段甚至是整个项目启动阶段的一项最重要的工作。它根据项目机会研究和初步可行性研究的结果，对项目的技术和经济可行性进行详细、深入的研究，确定各方案是否可行，并选择出一个最佳方案。详细可行性研究对投资额估算的误差在±10%范围内。具体包括以下内容：

（1）市场研究和需求分析；
（2）项目在技术上是否可行；
（3）项目在经济上是否具有竞争力；
（4）项目需要多少投资；
（5）项目的实施风险分析；
（6）项目的社会效应；
（7）项目需求的资源状况分析。

项目的可行性研究完成之后，客户的需求即由一个概念变为一个具体的、可行的项目方案。

四、项目启动过程的工作成果

1. 项目章程

项目章程是正式批准项目的文件。项目章程是由项目组织外部具有一定权限、并为项目出资的项目发起人（如项目外部的企业、公司、政府机构、综合组织等管理实体）颁发的。项目章程通常包括项目概况、目标、可交付成果、需求、资源、成本估算和可行性研究等方面的内容，并应明确指定项目经理和项目团队成员的主要职责。项目章程正式授权一个项目的存在并向项目经理提供在项目活动中使用资源的权力。项目章程的制定是一个关于项目授权的初始过程，它主要经历识别需求和项目选择等活动过程。

2. 初步的项目范围说明书

初步的项目范围说明书通常包括（但不限于）以下内容：
（1）项目与产品的目标；
（2）产品或服务的要求与特性；
（3）产品验收标准；
（4）项目边界；
（5）项目要求与可交付成果；
（6）项目制约因素；
（7）项目假设；
（8）项目的初步组织；
（9）初步识别的风险；
（10）进度里程碑；
（11）初步工作分解结构；
（12）成本估算。

◇ 思 考 题

1. 试举例说明项目可能来源于哪些需求？
2. 项目可行性研究的过程及其内容有哪些？

第三节 项目规划过程

一、概述

由于项目的独特性和一次性使得项目计划的正确编制尤为重要。项目规划是项目实施的基础,是为了完成项目的预定目标而进行的系统安排任务的一系列过程。

项目规划过程的目的:

(1) 可明确地确定完成项目目标的努力范围;

(2) 可使项目团队成员明白自己的目标以及实现其目标的方法,从而可以提高项目完成的效率;

(3) 可增进项目利益关系人之间的相互沟通和理解;

(4) 可使项目各项活动协调一致,同时还能确定出关键的活动;

(5) 可为项目实施和控制提供基准计划。

项目规划过程的主要工作如图 3-3 所示。

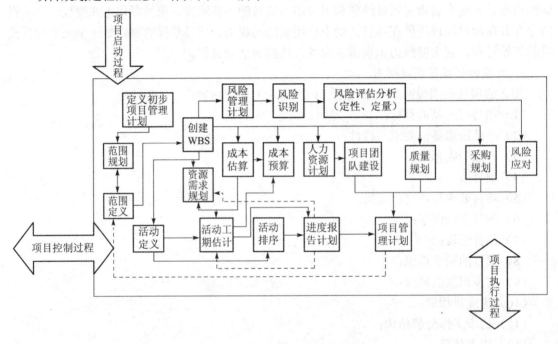

图 3-3 项目规划过程的主要工作

WBS(Work Breakdown Structure)工作分解结构图

项目基准计划是项目在最初启动时制定的,并经上级批准的计划,也可以理解为初始拟定的计划。项目基准计划一经确定是不能随意改变的,如果需要改变,就必须按照规定的程序进行。项目基线是描述项目某一时段的状态,如:进度状态、成本状态,人员和其他资源使用状态,它将随着项目的进展而不断变化。在项目管理过程中,将项目基准计划与实际进展情况(项目基线)相互比较,以便对变化进行管理与控制,从而保证项目计划得以顺利实施。

二、项目规划过程的依据及问题

1. 项目规划过程的依据

在计划编制过程中，依据的相关性文件主要有：

（1）项目相关的计划，如工作分解结构；
（2）历史资料，如估算数据库、过去项目绩效的纪录；
（3）组织政策，即与项目相关的正式的和非正式的组织政策；
（4）制约因素，即影响项目绩效的那些限制因素；
（5）假设条件，即因项目存在着未知因素而建立的假设。

2. 项目规划过程应明确的问题

在项目计划制定过程（项目规划过程）中必须清楚五个基本问题：项目目标、如何做、谁去做、何时做及花费多少。

（1）何事（技术目标）："何事"这个问题是项目经理和项目组成员在检查技术目标时要回答的。

（2）如何（工作分解结构图）：技术目标是要靠制定工作分解结构图实现的，该图是必须完成的各项任务的一张清单。

（3）何人（人员使用计划）：讨论谁做什么事的问题，并把机构有关单位负责何项工作较详细地具体化到工作分解结构图中去。

（4）何时（进度表）：计划工作更进了一步，讨论每一项工作需要多长时间及在何时实施、每项工作需用哪些资源等问题。

（5）多少（预算）：实施这一项目需要多少经费。

三、项目规划过程的程序

（1）确定项目目标并进行目标分解。

确定项目目标是项目启动的一项重要工作，它是指实施项目所要达到的预期结果或者最终产品。项目的实施实际上就是一种追求项目目标的过程。正确的项目目标将把项目引向成功，不切合实际的目标只能导致成本费用的增加，进度的延期，甚至无法完成客户所需要的产品。确定项目目标时应遵循如下五个原则：

① 项目的目标应清晰、准确，含有定量与定性两方面的标准；
② 目标应该是现实的，不是理想化的；
③ 目标的描述应尽量简化和明确，使每个项目团队成员都充分理解项目的目标；
④ 目标应该是面向结果的，不是面向成本的；
⑤ 项目目标应该能对项目团队成员起到激励作用。

（2）进行任务分解和排序。
（3）完成各项任务所需时间的估算。
（4）以网络图的形式来描绘活动之间的次序和相互依赖性。
（5）进行项目各项活动的成本估算。
（6）编制项目的进度计划和成本基准计划。
（7）确定完成各项任务所需的人员、资金、设备、技术、原材料等资源计划。
（8）汇总以上成果并编制成计划文档。

四、项目规划过程的工具

项目规划的工具有很多,其中工作分解结构图、责任分配矩阵、项目行动计划表和里程碑事件表是项目规划过程必须使用的工具。

1. 工作分解结构图

工作分解结构图(WBS,Work Breakdown Structure)是按照项目的内在结构或实施过程的顺序进行逐层分解所形成的结构示意图,它可将项目分解至相对独立、内容单一、易于进行成本核算与检查的工作单元,并把各工作单元在项目中的地位与构成直观地表示出来。

工作分解结构图是实施项目、创造最终产品或服务所必须进行的所有活动的一张清单,也是进度计划、人员分配、预算计划的基础。制造机器人项目的工作分解结构如图3-4所示。

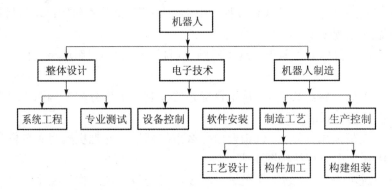

图 3-4 制造机器人项目的工作分解结构图*

关于工作结构分解图的具体内容我们将在第四章详细介绍,在此不再赘述。

2. 责任分配矩阵

责任分配矩阵(RAM,Responsibility Assignment Matrix)是一种将所分解的工作任务落实到项目有关部门或个人,并明确表示出他们在组织工作中的关系、责任和地位的一种工具。它是在工作分解结构的基础上建立的,以表格形式表示完成工作分解结构中每项活动或工作活动。

责任分配矩阵明确表示出每项工作由谁负责、由谁具体执行,并且明确了每个人在整个项目中的地位。责任分配矩阵还系统地阐明了个人与个人之间的相互关系,它能使每个人认识到自己在项目组织中的基本职责,充分认识到在与他人配合中应承担的责任,从而能够充分、全面和主动地承担自己的全部责任。

在项目实施过程中,如果某项活动出现了错误,就很容易从责任分配矩阵图中找出该活动的负责人和具体执行人;还可以运用责任分配矩阵图应对协调沟通出现困难或者工作责任不明时的状况,并且还可以针对某个子项目或某个活动分别制定不同规模的责任分配矩阵图。

责任分配矩阵的编制程序为:

(1)确定工作分解结构中所有层次最低的工作包,将其填在责任矩阵列中;
(2)确定所有项目参与者,填在责任矩阵的标题行中;
(3)针对每一个具体的工作包,指派个人或组织对其负全责;
(4)针对每一个具体的工作包,指派其余的职责承担者;
(5)检查责任矩阵,确保所有的参与者都有责任分派,同时所有的工作包都已经确定了合适的责任承担人。

例如，某制造机器人项目的责任分配矩阵图如表3-1所示。

表3-1 制造机器人项目的责任分配矩阵

任务编号	任务名称	李军	马上	王庆	刘已	王晓	张克	朱良	杨坤	吴宇	赵新	魏杏	何月
1000	机器人	P											
1100	整体设计		P	S									
1110	系统工程				S	P							
1120	专业测试			P			S						
1200	电子技术						P	S					
1210	设备控制						P	S					
1220	软件安装						S	P					
1300	机器人制造									P			
1310	制造工艺									P	S		
1311	工艺设计										P		
1312	构件加工					S						P	
1313	构建组装					S							P
1320	生产控制								P				

注：P（President）表示主要负责人，S（Service）来表示次要负责人。

3．项目行动计划表

项目行动计划表是指以工作分解结构图为基础，将项目的一系列活动或任务进一步细分，并按内在的层次关系把持续时间、紧前任务和所需的资源等，汇总并记录所形成的表格。制造机器人项目的行动计划表如表3-2所示。需要说明的是，表3-2中所列的要素并非绝对必需，可根据项目的具体情况加以调整。

表3-2 某制造机器人项目的行动计划表

任务编号	任务名称	责任人	时间（周）	紧前任务	所需的资源
1100	整体设计	马上	4		
1110	系统工程	王晓	3	—	电脑
1120	专业测试	王庆	1	1110	软件
1200	电子技术	张克	2		
1210	设备控制	张克	1	1120	仪器仪表
1220	软件安装	朱良	1	1210	软件
1300	机器人制造	吴宇	5		
1310	制造工艺	吴宇	3		
1311	工艺设计	赵新	1	1300	电脑
1312	构件加工	魏杏	1	1311	车床
1313	构建组装	何月	1	1312	机床
1320	生产控制	杨坤	2	1313	控制系统软件

4. 里程碑事件表

里程碑即项目中的重大事件，通常指一个主要可交付成果的完成，它是项目进程中的重要标记，是在计划阶段应该重点考虑的关键点。某制造机器人项目里程碑事件如表 3-3 所示。

表3-3　某制造机器人项目的里程碑事件表

里程碑事件	1周	2周	3周	4周	5周	6周	7周	8周	9周	10周
整体设计				△						
电子技术							△			
机器人制造										△

注：△表示一个里程碑事件发生的时间

五、项目规划过程的结果

在项目规划过程中，形成的项目管理计划文件主要包括：

（1）范围管理计划：其确定项目所有必要的工作和活动的范围，在明确项目的制约因素和假设条件的基础上，进一步明确项目目标和主要可交付成果。项目的范围计划是将来项目执行的重要文件基础。

（2）人力资源计划：说明项目团队成员应该承担的各项工作任务以及各项工作之间的关系，同时制定项目成员工作绩效的考核指标和方法及人员激励机制。人力资源计划通常是自上而下进行编制，然后再自下而上地进行修改，由项目经理与项目团队成员商讨并确定。

（3）资源需求计划：明确项目实施所需要的各种机器设备、能源燃料、原材料的供应及采购安排。此计划要确定所需物资的名称、质量技术标准和数量；确定物资的投入时间和设计、制造、验收时间；确定项目组织需要从外部采购的设备和物资的信息，包括所需设备和物资的名称和数量的清单，获得时间，设备的设计、制造和验收时间，设备的进货来源等。

（4）进度报告计划：主要包括进度计划和状态报告计划。进度计划是表明项目中各项工作的开展顺序、开始及完成时间以及相互关系的计划，此计划需要在明确项目工作分解结构图中各项工作和活动的依赖关系后，再对每项工作和活动的延时做出合理估计，并安排项目执行日程，确定项目执行进度的衡量标准和调整措施。状态报告计划规定了描述项目当前进展情况的状态报告的内容、形式以及报告时间等。

（5）成本计划：确定了完成项目所需要的成本数效，并结合进度安排，获得描述成本—时间关系的项目成本基准，以成本基准作为度量和监控项目执行过程中成本支出的主要依据和标准，从而以最低的成本达到项目目标。

（6）质量计划：是为了达到客户的期望而确定的项目质量目标、质量标准和质量方针，以及实现该目标的实施和管理过程。

（7）采购计划：是确定采购何物以及何时如何进行采购。

（8）风险应对计划：主要是对项目中可能发生的各种不确定因素进行充分的估计，并为某些意外情况制定应急的行动方案。

思考题

1. 试举例说明项目规划过程可以解决哪些问题？
2. 项目规划过程的结果主要有哪些文件？这些文件有何作用？

第四节 项目执行过程

一、概述

项目执行是正式开始为完成项目而进行的活动或努力的工作过程。项目产品是在执行过程中产生的，所以它是项目管理应用领域中最为重要的环节。在这个过程中，项目经理必须协调和管理项目中存在的各种技术和组织等方面问题。

项目执行过程的主要工作如图 3-5 所示。

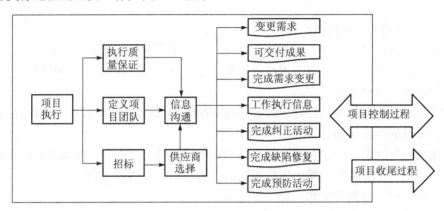

图 3-5 项目执行过程主要工作图

在项目计划付诸行动之前，项目经理必须事先做好一系列的准备工作，以便为后续的项目实施创造最有利的环境。一般来讲，项目执行需准备的工作内容如下：

（1）项目计划核实。在项目实施前，项目经理应该对项目计划进行核实，检查前期制定的计划到现在是否仍然现实、可行、完整、合理，如果发现疏漏和错误，应当及时予以补充和修改，还应确认项目所需资源是否有充足的保证，项目组织应该具有的权利是否得到有关各方的认可。

（2）项目参与者的确认。在项目计划中，应通过描述姓名、职位以及需要具备的技术和知识来明确项目成员相应的权限和职责。如果在项目计划核实工作中发现了计划的错误和纰漏，就应该调整项目计划，重新安排项目参与者。

具体工作包括：

① 告诉项目参与者项目计划已被批准及项目开始实施的时间，使他们能合理安排自己的时间，确保他们能顺利完成所分配的任务；

② 确认项目参与者是否仍可参加该项目；

③ 采用书面协议（如工作安排协议）的形式重申项目参与者需要完成的工作内容、性质、开始时间以及工作延续时间（工作安排协议表如表 3-4 所示）；

表3-4 工作安排协议表

工作安排协议					
项目名称：		项目编号：			
工作名称：		工作分解结构代号：			
工作描述：					
开始日期：		截止日期：		工作延续时间（小时）：	
批　准					
项目经理：		项目成员：		项目成员监察人：	
姓名：	日期：	姓名：	日期：	姓名：	日期：

④ 让项目参与者在项目计划上签字，表明其愿意承担责任和风险及全力支持项目工作的态度；

⑤ 将项目利益关系人的名单告知项目参与者。

（3）项目团队组建。项目是一个复杂系统，各项工作的关联性很强，一个组织要想成功地完成项目，离开团队成员之间的团结合作几乎是不可能的，这就要求项目经理组建一个具有很强的团队合作精神的项目团队。

（4）项目实施规章制度。制定项目实施规章制度的目的，是使项目的执行活动做到有章可循，保证项目的顺利实施。

（5）项目执行动员。这是项目经理为了增强项目团队的凝聚力、激发项目团队成员的工作热情、鼓舞项目团队士气、统一项目团队认识所做的一项准备工作。

二、项目执行过程的依据和内容

1. 项目执行过程的依据

（1）项目计划。项目按计划执行的主要依据就是项目计划，包括进度计划、成本计划、质量计划、人力资源计划和风险管理计划等具体领域的计划。项目计划可以用来与实际进展情况进行比较、对照、参考，便于对变化进行监督与控制，从而保证项目计划的顺利实施。

（2）组织政策。组织政策是指与项目组织相关的正式和非正式的政策，这些政策可能会影响项目的执行。

（3）预防措施。预防措施是指为了减轻项目可以预测的风险所带来的影响而采取的必要措施。

（4）纠正措施。纠正措施保证了未来的项目执行情况与项目计划的要求相一致。

2. 项目执行过程的内容

（1）按计划执行。按计划执行是指将项目计划付诸实施，开展计划中的各项工作。

（2）进一步确认任务范围。根据项目执行中所发生的情况，进一步明确项目计划所规定的任务范围。

（3）质量的保证。质量的保证包括按既定的方法和标准，评价整个项目的实际工作，并采取各种项目质量保证和监控措施，确保项目能够符合预定的质量标准。

（4）项目团队建设。项目团队建设包括项目团队人员配备，对项目团队成员进行技能培训、成员的绩效考核以及激励等。

（5）信息沟通。信息沟通是指建立信息传递的渠道，让项目利益关系人及时获得必要的项目信息。

（6）招标。招标包括取得报价、标价或建议书等相关方面的内容。

（7）供应商选择。供应商选择是指根据衡量标准确定供应商，签订合同。

（8）合同管理。合同管理包括管理好项目组织与供应商的各种合同关系以及合同履行情况。

三、项目执行**过程**的程序

（1）活动安排。这是项目执行中的首要的管理过程，这个过程主要是对活动的里程碑进行定义（即该活动将要产生一种可测量的结果），以及选择要参与活动的人员并定义这些人员的角色和职责。

（2）工作授权。对工作进行授权是通过工作授权系统来完成的。工作授权系统是批准项目实施工作的一个正式程序，它赋予项目团队一定的权力，用来确保他们在自己的职责范围内按照恰当的时间、合适的顺序完成项目的预定目标。

（3）安排活动日程。通过运用网络图、甘特图、项目行动计划表和项目责任矩阵来安排项目活动的日程。根据活动所属的层次和服务的对象，对处于工作分解结构最底层的活动进行时间安排。

（4）估算成本费用。通过 WBS 所描述的活动，确定各个活动所要消耗的资源的类型和数量以及其他的相关信息，从而确定其成本费用。

（5）实施计划。项目经理组织项目团队按照项目的计划完成预定的工作。

四、项目执行**过程**的成果

（1）工作成果。项目执行的工作成果是为完成项目工作而进行的具体活动的结果。通常应把工作成果（包括哪些活动已经完成、哪些活动没有完成、满足质量标准的程度怎样、已经发生的成本或将要发生的成本是多少、活动的进度状况等）的资料收集起来，作为项目实施的一部分，并将其编入执行报告的程序中。

（2）项目变更申请。在项目的实施过程当中，时常会出现项目的变更申请（包括扩大或修改项目合同范围，修改成本或进行估算等等）。

思 考 题

1. 试说明项目执行之前通常需做的准备工作有哪些？
2. 项目执行过程的内容和依据是什么？

第五节　项目控制过程

一、概述

由于项目的一次性和独特性，在过程管理中实施有效的项目控制，是实现过程目标和最终目标的前提和关键。在项目控制工作过程中，通常需要进行项目跟踪、项目控制和项目变更三个基本过程。

项目控制过程的主要工作如图 3-6 所示。

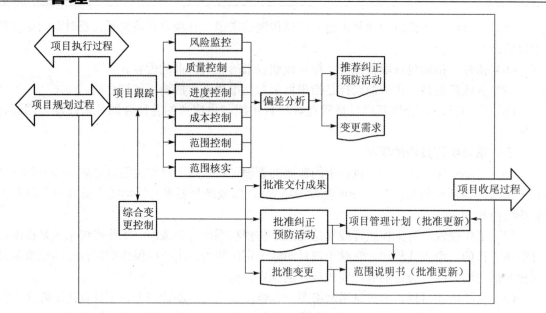

图 3-6 项目控制过程主要工作

二、项目跟踪

1. 项目跟踪的定义

项目跟踪从字面上理解就是追踪项目行进的轨迹。它是指项目各级管理人员根据项目的规划和目标等,通过建立完善的项目管理信息系统,在项目实施的全过程中对项目状态以及影响项目进展的内外部因素进行及时的、连续的、系统的纪录和报告的一系列活动过程。

项目跟踪的工作内容主要有两方面:一是对项目计划的执行情况进行监督,保证项目的实际实施工作是按照预先制定的计划要求来做的;二是对影响项目目标实现的内外部因素的发展情况和趋势进行分析和预测。通常影响项目实施和目标实现的客观因素主要有外部因素和内部因素两个方面。外部因素是指来自项目外部、不被项目所控的影响因素,如政府、市场价格、利率、自然状况等。对于这类因素,跟踪的主要目的是大量收集信息,尽早做出预测,采取有效的预防措施。内部因素是指来自项目内部、在大多数情况下可以被项目所控的各要素,如人力资源、资金筹集与应用、材料投入、质量、进度等。对于这类因素,跟踪的主要目的是大量收集信息,寻找项目实际进展情况与计划发生的偏差,并分析其原因,为项目的控制做基础,这其中最为关键、最为重要、对项目目标的实现产生重大影响的是进度、成本、质量三大因素。

2. 项目跟踪系统的建立

大多数项目失败的原因不是项目的进度计划、成本计划有问题,而是项目的控制工作没有做好,在项目执行偏离了项目设定的轨道时,未能及时采取措施,从而导致偏差的积累,给项目造成不可挽回的损失。因此,及时向项目管理者及其他利益关系人提供关于项目进展的有关信息是非常必要的。建立项目执行跟踪系统时,需考虑的因素有:

(1)项目跟踪对象。主要包括范围、变更、资源供给、关键假设、进度、项目团队工作时间及任务完成情况等。

(2)收集信息的范围。项目跟踪所要收集的信息主要有投入活动的信息、采购活动的信息、实施活动的信息和项目产出信息等。

（3）项目跟踪的过程。项目跟踪包括四个基本过程：观察、测量、分析和报告。

三、项目控制

1. 项目控制的定义

项目控制工作过程是以事先制定的计划和标准为依据，定期或不定期地对项目实施的所有环节的全过程进行调查、分析、建议和咨询，发现项目活动与标准之间的偏离，提出切实可行的项目实施方案，为项目管理层的决策提供服务的过程。项目控制过程包括成本控制、进度控制、质量控制、风险控制等方面。

2. 项目控制的程序

要实现项目的有效控制，必须建立一套规范的项目控制程序。项目的控制程序如图3-7所示。

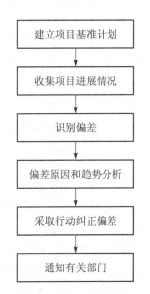

图3-7 项目控制程序图

（1）建立项目基准计划。项目的基准计划是项目控制的基础，项目基准计划应该回答以下几个问题：

① 项目中必须完成什么工作；

② 每项任务必须在何时完成；

③ 每项任务由谁负责；

④ 完成项目后期望提交什么可交付成果。

（2）收集有关项目进展情况的信息。控制离不开信息，收集有关项目进展情况的信息是项目控制的关键。掌握最新情况的重点是收集评价项目运作状况所必需的信息。为了起到积极效果，最好能建立起一种信息收集的机制，特别要关注项目的变更信息，确保信息的全面性和准确性。信息的主要收集渠道有以下几种：

① 项目经理面谈。项目经理与项目团队各任务负责人面谈，项目团队各任务负责人将各自负责的活动最新进展情况交给项目经理，这样项目经理可以了解各任务负责人所承担的任务状况。

② 项目进展情况会议。项目团队全体成员向项目经理通报各自已开始的任务、完成的任务、进度落后的任务及一切潜在的问题。

③ 各种记录。各方面填写的记录资料，如工时记录、工时报告、情况简报等等。

（3）识别偏差。收集有关项目进展情况的信息，将实际结果与计划结果（有关项目范围、进度计划和预算方面的信息。如果已经根据变更修订了计划，并经过客户的同意，那么就必须建立一个新的基准计划）相比较，以便找出偏差。偏差是指实际成本、进度和质量指标与项目计划的偏离，即项目实际进度比预定进度是超前了还是落后了、项目花费是超出了预算还是低于预算、按现有状况项目是否已取得了预期的结果等等，这些内容将在本书以后的项目成本管理、项目进度管理和项目质量管理等章节中详细讨论。

偏差值是项目控制分析中一个关键参数，对于不同的项目、同一项目的不同阶段以及不同的管理层次，对偏差控制的程度也不同，制定偏差允许值的范围也不同，随着项目的不断进行，项目的风险也不断降低，所以偏差的允许值也就随之减少，另外偏差的允许值也与项目估算的方式和估算的精确度有关。

（4）发生偏差的原因和趋势分析。当发现偏差的确存在时，要仔细查找其原因，原因分析一般可以由如下的步骤来完成：

① 明确所存在的问题现状；

② 查找产生该偏差的原因；

③ 确定各原因对偏差的影响程度。

趋势分析是管理者根据实际情况与基准计划的比较来判断未来偏差程度走向的一种分析方法，它的目的是假设对已经出现的偏差若不采取任何措施的话，分析和判断项目能否达到预期的目标；如果不能就必须采取纠正偏差的措施；如果发现可以如期达到目标、进展情况正常，则不需要采取进一步行动。

（5）采取管理行动来纠正偏差。总体来说，采取管理行动来纠正偏差有如下三种形式：

① 不采取行动。如果问题不大，对项目的冲击很小，没有必要采取措施；或者是因为问题尚未明朗，还无法采取可行的措施。

② 修改计划。查验各项计划，在预定进度、人员、成本等内容上适当修改。

③ 调整计划。开始探讨变动的可能性，可能是增加进度表的时间，或者增加人员、增加经费等等。

（6）通知有关的部门。当项目对偏差进行纠正时，必然会对项目的其他部分产生影响，所以要通知有关部门，让他们了解项目计划的变更，这样才能更好地执行项目。

四、项目变更

1. 项目变更控制定义

几乎没有一个项目能够完全按照原先的计划付诸于实施，在项目实施过程中，存在着各种各样的不确定因素，导致项目实施会发生或多或少的变化。不同项目在项目寿命周期内的不同阶段都会发生变化，其中以执行和控制阶段最为频繁。因此，在项目实施中变化是不可避免的。这里需要强调的是，变更必须要遵循一定的程序，不能随意进行。如果要进行变更，就应尽快实行，变更实施越迟，完成变更的难度就越大。

项目变更控制即建立一套正规的程序对项目的变更进行有效控制的过程。

2. 项目变更控制程序

项目变更是正常的、不可避免的，因此，建立一套有效的项目变更控制程序是非常重要的。变更控制程序如下：

（1）明确项目变更的目标；

（2）对所有提出的变更要求进行审查；

（3）分析项目变更对项目绩效所造成的影响；

（4）明确产出相同的各替代方案的变化；

（5）接受或否定变更要求；

（6）对项目变更的原因进行说明，对所选择的变更方案给予解释；

（7）与所有相关团体就变更进行交流；

（8）确保变更合理实施。

3. 项目变更控制的原则

为了有效地控制项目变更，项目变更应该遵循以下几种原则：

（1）把项目变更融入到项目的计划中去。项目计划是项目控制的基准，当项目发生变化时，将要对项目进行新的规划，只不过这一次的规划是以原来的计划为基础。通过对新老计划进行比较就可以把握项目的变化对项目的影响，从而更有利于对项目做出正确的决策。

（2）选择影响最小的方案。在做项目变更决策时，应该选择对项目的目标、预算、成本、质量和团队成员这些主要项目因素产生影响最小的变更方案。如果这些主要的因素发生了较大的变化，将有可能彻底地推翻项目已经完成的工作。

（3）所有的变更在准备变更申请和评估之前，必须与项目经理进行商讨。项目经理是项目实施的具体负责人，他们对项目最了解，他们的观点和看法最具有说服力。

（4）及时地发布项目的变更信息。当项目做出变更以后，应该及时地将变更的信息通知项目团队，使他们了解项目变更的内容，才能按照项目的变更要求调整自己的工作方案。

◇ **思 考 题**

试结合一个实例说明项目控制过程是如何进行的？

第六节　项目收尾过程

一、概述

项目收尾工作过程通常处于项目管理过程的最后阶段。当项目的阶段目标或最终目标已经实现，或者项目的目标不可能、也不需要实现时，项目就进入了收尾工作过程。只有通过项目收尾这个工作过程，项目才可以正式投入使用，才能生产预定的产品或提供预定的服务，项目利益关系人也才有可能终止他们为完成项目所承担的责任和义务，获取其应得的利润。

项目收尾工作主要包括项目收尾和合同收尾两部分，合同收尾将在本书第八章第五节中具体阐述，本节主要介绍项目收尾的内容。项目收尾又包括项目验收、项目审计和项目后评价。

项目收尾过程的主要工作如图3-8所示。

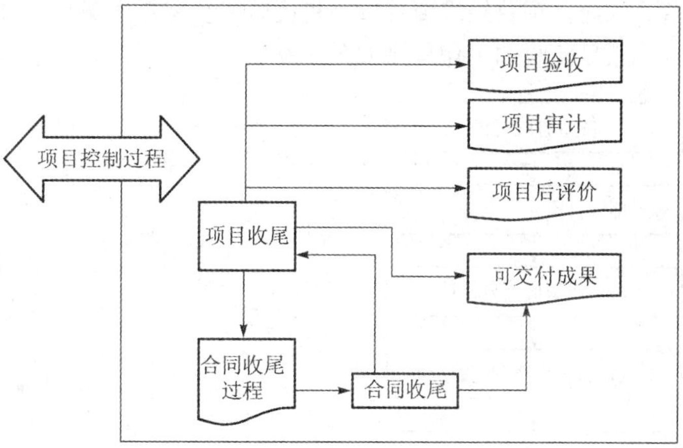

图3-8　项目收尾过程主要工作

二、项目验收

（一）项目验收的定义

项目验收是核查项目计划规定范围内的各项工作或活动是否已经全部完成，可交付成果是否令人满意，并将核查结果记录在验收文件中的一系列活动。项目验收时，要关注如下三个方面：一要明确项目的起点和终点；二要明确项目的最后成果；三要明确各子项目成果的标志。

项目收尾时，项目团队要把已经完成的外部交付产品（例如设备、图样、设计文件、数据、程序等）移交给客户方，并把内部交付产品（包括会议纪要、检查表、各类记录等）移交项目团队的上级部门。如果项目是由于无法继续实施而提前结束的，同样应查明哪些工作已经完成，完成到什么程度，并将核查结果记录在案，形成文件归档。参加交接的项目团队成员和接收方人员应在有关文件上签字，表示对已完成项目工作的认可和验收。

（二）项目验收的标准和依据

1. 项目验收的标准

项目验收的标准是指判断项目产品是否合乎项目目标的根据。项目验收的标准一般包括项目合同书、国际惯例、国际标准、行业标准、国家和企业的相关政策、法规。对于不同性质的项目，选用的验收标准也不尽相同。

2. 项目验收的依据

（1）工作成果。工作成果是项目实施的结果，项目收尾时提交的工作成果要符合项目目标。工作成果验收合格，项目才能终止。因此，项目验收的重点是对项目的工作成果进行审查。

（2）成果说明。项目团队还要向客户提供说明项目成果的文件，如技术要求说明书、技术文件、图纸等，以供验收审查。项目成果文件随着项目类型的不同也有所不同。

（三）项目验收程序

做好项目的收尾工作。当项目快要结束时，大部分的工作都已经完成，但是还有一些零星、琐碎的收尾工作需要处理。收尾工作如果处理不好，就可能会影响到项目今后的正常运营。因此，项目经理要带领项目团队成员保质保量地完成项目的收尾工作，做到善始善终。

项目验收的工作程序如图3-9所示。

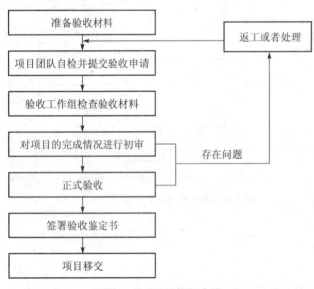

图3-9 项目验收程序图

（1）准备验收材料。项目文件是项目验收的重要依据，在项目的实施过程中，项目团队要不断地收集各种项目文件，如项目计划、项目成果说明、设计图纸、测试材料等。当准备项目验收时，要将这些项目文件进行汇总、整理并归档，形成一套完整的验收材料，从而为项目顺利通过验收提供保障。

（2）项目团队进行自检并提交验收申请。项目管理人员先要会同生产、技术、质量等部门的有关人员对项目产品进行检查，从而找出项目存在的问题和漏洞，并及时采取补救措施。项目自检合格后，项目团队就可以向客户提出验收申请，并附送相关的验收材料，以备客户组织人员进行验收。

（3）验收工作组检查验收材料。项目客户会同项目监理人员、政府有关人员和其他相关人员组成验收工作组，按照项目的要求对项目验收材料进行检查。如果验收材料不齐全或不合格，就要通知项目团队在规定的期限内予以补交或修改。

（4）对项目的完成情况进行初审。项目验收工作组根据项目团队提交的验收申请，可组织人员对项目产品进行初步检查。如果发现项目存在问题，要通知项目团队及时进行处理。

（5）正式验收。项目验收工作组在验收材料和初审合格的基础上，就可以组织人员公开、公正地对项目产品进行全面的正式验收。如果正式验收不合格，则要通知项目团队返工后再验收。如果正式验收中发现项目存在较为严重的问题，而双方又难以达成一致意见，可诉诸法律解决。

（6）签订验收鉴定书。项目验收后，如果项目产品符合验收标准和相关的法律、法规，项目团队要和客户签订验收鉴定书，表示双方当事人已经认可并验收了该项目产品。一般的验收鉴定书内容如表3-5所示。

表3-5 验收鉴定书

工程名称			工程地点	
工程范围			建筑面积	
工程造价				
开工日期			竣工日期	
日历工作天			实际工作天	
验收意见				
建设单位				
验收人				
建设单位	（公章） 年　月　日	监理单位	（公章） 年　月　日	施工单位	工程负责人：_____（公章） 工程负责人：_____（公章） 年　月　日

（7）项目移交。项目移交是在签订完项目验收鉴定书后，项目团队将项目产品和相关的技术档案资料的所有权移交给客户。项目移交要做好：① 做好项目的收尾工作，准备好要移交的项目产品和文件资料；② 由项目团队负责进行项目产品的试运营；③ 办理好项目产品的移交手续；④ 处理好项目运营后的技术服务和人员培训工作。

三、项目审计

1. 项目审计的定义

项目审计是对项目管理工作的全面检查，包括项目的文件记录、管理的方法和程序、财产情况、预算和费用支出情况以及项目工作的完成情况。

项目审计既可以对拟建、在建或竣工的项目进行审计，也可以对项目的整体进行审计，还可以对项目的部分进行审计。如项目前期的审计包括项目可行性研究审计、项目计划审计、项目组织审计、招标审计、投标审计、项目合同审计；实施过程中的审计包括项目组织审计、报表和报告审计、设备材料审计、建设项目收入审计、施工管理审计、合同管理审计；项目结束审计包括竣工验收审计、竣工决算审计、项目建设经济效益审计、项目人员业绩评价。

2. 项目审计的职能

（1）经济监督。经济监督就是把项目的实施情况与其目标、计划和规章制度、各种标准以及法律法令等进行对比，把那些不合法规的经济活动找出来，并决定是否应予以禁止。

（2）经济评价。经济评价是指通过审计和检查，评定项目计划是否科学、可行，项目实施进度是否落后于计划、质量是否能达到客户要求，资源利用、控制系统是否有效，机构运行是否合理等。

（3）经济鉴定。经济鉴定是指通过审查项目实施和管理的实际情况，确定相关资料是否符合实际，并做出书面的证明。

（4）提出建议。提出建议是指通过审计结果进行分析，找出改进项目组织、提高工作效率、改善管理方法的途径，帮助项目管理者在合乎法规的前提下更合理地利用现有资源，以便顺利实现项目的目标。

3. 项目审计的程序

（1）审计启动工作：

① 明确审计目的、确定审计范围；

② 建立审计小组；

③ 了解项目概况，熟悉项目有关资料；

④ 制定项目的审计计划。

（2）建立项目审计基准。

（3）实施项目审计：

① 针对确定的审计范围实施审查，从中发现常规性的错误和弊端；

② 协同项目管理人员纠正错误和弊端。

（4）报告审计结果并对项目各方面提出改进建议。

（5）项目审计终结。

审计终结过程中要将审计的全部文档，包括审计记录以及各种原始材料整理归档，建立审计档案，以备日后查考和研究，提出今后审计的改进方法。

四、项目后评价

1. 项目后评价的定义

项目后评价是在项目完成并运营一段时间后，对项目的准备、立项决策、设计施工、生产运营、经济效益和社会效益等进行全面、系统的分析和评价，从而判别项目预期目标的实现程度。项目后评价的主要目的是从已完成的项目中总结正反两方面的经验教训，提出建议，改进工作，不断提高投资项目决策水平和投资效果。

2. 项目后评价的特点

项目后评价有如下几个特点：

（1）现实性。项目后评价是以实际情况为基础，所依据的数据资料是现实发生的真实数据或根据实际情况重新预测的数据。它与项目前期的可行性研究不同，可行性研究是预测性的评价。

（2）全面性。项目后评价的范围很广，要对项目的准备、立项决策、设计施工、生产运营等方面进行全面、系统的分析。

（3）反馈性。项目可行性研究用于投资项目的决策，而项目后评价的目的在于为有关部门反馈信息，为今后的项目管理作借鉴，不断提高未来投资的决策水平。

（4）合作性。项目后评价需要多方面的合作，由单独设立的项目后评价机构或上级决策机构，组织主管部门会同计划、财政、审计、银行、设计、质量、司法等有关部门进行。项目后评价工作的顺利进行需要参与各方融洽合作。

3．项目后评价的作用

项目后评价的作用主要包括如下五个方面：

（1）总结项目管理的经验教训，提高项目管理水平。项目管理涉及到许多部门，只有这些部门密切合作，项目才能顺利完成。如何协调各部门之间的关系，采取什么样的具体协作形式尚在不断摸索中。项目后评价通过对已完成项目实际情况的分析研究，总结经验，从而提高项目管理水平。

（2）提高项目决策科学化水平。通过建立完善的项目后评价制度和科学的方法体系，一方面可以促使评价人员努力做好可行性研究工作，提高项目预测的准确性，另一方面可以通过项目后评价的反馈信息，及时纠正项目决策中存在的问题。

（3）为国家投资计划、投资政策的制订提供依据。通过项目后评价能够发现宏观投资管理中的不足，从而使国家可以及时修正某些不适合经济发展的经济政策，修订某些已过时的指标参数，合理确定投资规模和投资流向，协调各产业、部门之间及其内部的各种比例关系。

（4）为银行部门及时调整信贷政策提供依据。通过项目后评价，及时发现项目建设资金使用过程中存在的问题，分析贷款项目成功或失败的原因，从而为银行部门调整信贷政策提供依据。

（5）可以对企业经营管理进行诊断，促使项目运营状态的正常化。项目后评价通过比较实际情况和预测情况的偏差，探索偏差产生的原因，提出切实可行的措施，从而促使项目运营状态的正常化，提高项目的经济效益和社会效益。

4．项目后评价的步骤

项目后评价要遵循一定的步骤，有秩序的进行，其流程如图3-10所示。

图3-10　项目后评价流程图

（1）提出问题。明确项目后评价的具体对象、评估目的及具体要求。项目后评价的提出单位可以是国家计划部门、银行部门、各主管部门，也可以是企业（项目）自身。

（2）筹划准备。问题提出后，承担单位进入筹划准备阶段。筹划准备阶段的主要任务是组建一个评估领导小组，并按委托单位的要求制定一个详细的项目后评价计划。

（3）深入调查，收集资料。本阶段的主要任务是制定详细的调查提纲，确定调查对象和调查方法，并开展实际调查工作，收集整理后评价所需要的各种资料和数据。

（4）分析研究。围绕项目后评价内容，采用定量分析和定性分析方法，发现问题，提出改进措施。

（5）编制项目后评价报告。将分析研究的成果汇总，编制出项目后评价报告，并提交委托单位和被评估单位。项目后评价报告主要包括：摘要、项目概况、评价内容、主要变化和问题、原因分析、经验教训、结论和建议、基础数据和评价方法说明等。

思考题

1. 试结合实例说明，进行项目收尾工作时需要注意哪些问题？
2. 试说明进行项目后评价的意义何在？

本章小结

- 项目管理由若干相互关联和相互作用的管理工作或活动构成，按项目生命期的进程可将这些管理工作划分为项目启动过程、项目规划过程、项目执行过程、项目控制过程和项目收尾过程五个基本工作过程。
- 项目启动工作过程是指定义一个项目或阶段的工作与活动，或决策一个项目或阶段是否继续进行的过程；它既可是正式识别和决策一个新项目是否开始，也可是确定应否进入下一个工作过程。项目启动过程的主要工作是制定项目章程和编制初步的项目范围说明书。
- 项目的独特性和一次性使得项目计划的正确编制尤为重要。项目规划过程有其特定的目的和形式，在项目规划过程中还要有项目基准计划与项目基线，以便更好地掌握项目的进展情况。项目计划的制定有一定的依据、具体的编制程序和特定的内容。
- 项目执行是指正式开始为完成项目而进行的活动或努力的工作过程。在项目执行以前，必须做好一系列的准备工作，以便为后续的项目实施创造最有利的环境。项目执行过程有一定的依据、具体的程序、特定的内容和相关的成果。
- 项目控制工作过程是以事先制定的计划和标准为依据，定期或不定期地对项目实施的全过程进行调查、分析、建议和咨询，发现项目活动与标准之间的偏差，提出切实可行的项目实施方案，为项目的管理层决策服务。项目控制包括成本控制、进度控制、质量控制、风险控制等方面。项目控制工作需要遵循一定的准则和步骤。
- 项目收尾工作过程是项目管理过程的最后阶段，通过项目收尾这个工作过程，项目才可以正式投入使用，才有可能生产出预定的产品或提供预定的服务，项目利益关系人也才有可能终止他们为完成项目所承担的责任和义务，从而从项目中获益。项目收尾工作的内容主要包括项目收尾和合同收尾，项目收尾又包括项目验收、项目审计和项目后评价。

案例研究

案例 1

ERP 推广项目

一家从事 ERP 研发服务的公司，于 1998 年初制定了一项向大中型企业推广 ERP 的计划。该公司营销部门就此成立了几个项目小组，分别就一些行业开展工作。刘先生被任命为其中一个推广项目的项目经理，专门负责向一家大型民营建材公司推广 ERP 服务。

这家民营建材公司的总部设在北京，在全国其他地方还设有 8 个分公司，公司的产品有着较为稳定的市场，发展前景看好。总公司的高层领导比较保守，对现代信息技术的运用持怀疑态度，但公司的中层职位由一批高学历的、年轻有为的年轻人担任，他们对现代信息技术的运用非常支持。该推广项目预计持续1年，最初计划从这家建材公司总部着手，然后向其他8个分公司拓展。希望到1999年初，该软件公司能够向这家公司全面推广ERP服务，并使得公司高层领导对这项新的软件技术能完全接受。

刘先生接受任命后便开始对这家公司进行调查，调查内容包括该公司的主要产品及其销量、赢利情况，公司现有的管理信息系统，公司对现代软件技术的了解情况，公司现有的主要软件系统、Internet可能对公司管理方式造成的影响。此外，还对该公司现有的企业文化、公司有关的规章制度以及高层领导的个性作了分析，并就该公司接受ERP的可能投资规模进行了预测。通过一系列的调查，刘先生提交了项目的可行性分析报告。

通过分析，刘先生认为就这家公司的规模和经济实力来看，向这家建材公司推广ERP是完全可行的，关键在于如何去做。项目经理初步分析了项目的主要任务，制定了大致的推广方案，其中包括：举办ERP应用技术演示会，邀请该建材公司的高层领导来软件公司进行参观考察，面向该公司的高层领导及有关人员开设讲座，宣传最新软件技术的发展及其对现代企业管理的影响，与技术人员进行有关的技术谈判，与高层领导进行有关的商务谈判，最后争取在年底签署合同。

问题：

如果你是刘先生，你将如何回答以下问题：

1. 确定该项目的基本假设或实施该项目的基本条件？
2. 该项目的组织结构怎样？你需要什么样的项目组成员？
3. 列出项目的所有任务，并把有关任务分配给项目组成员。
4. 列出该推广项目的具体日程安排，针对每项任务估计完成所需要的时间。
5. 针对上述所有问题写出该ERP推广项目的目标文件，简述该项目的管理过程。

案例2

JR大厦——一个悲剧性的建设项目

曾几何时，"JR集团"的商号传遍长城内外，响彻大江南北。然而，不过短短几年，JR集团的形象就轰然坍塌，在当代中国民营企业发展史上留下了一个经典的失败案例。

让我们先来简单回顾一下JR大厦的投资决策直至"烂尾"的全过程。

1992年，JR创始人S先生决定建造JR大厦。其时，JR公司资产规模已经超过亿元，流动资金约数百万元。JR大厦最初计划盖38层，大部分自用，并没有搞房地产的设想。该项目估计需要资金2亿元，建设周期为两年。

1992年下半年，某中央领导来JR公司视察，说了一句："为什么不盖得更高一点？"这让S先生将JR大厦的设计从38层升到了54层。

不久又有传言广州要盖全国最高的楼，定在53层。有人建议S老板为珠海争光，于是JR大厦又由54层变到64层。

1994年初，又一位中央领导要来视察JR集团，不知哪位细心人突然想到"64"这个数字有点犯忌，怕领导会不高兴，于是，最后敲定70层。从38层升到70层以后，预算也由2亿元涨到了12亿元，工期延长到6年。

最初，S先生本来打算向银行贷一部分资金来启动JR大厦项目。但有人想出了一个当

项目管理

时看起来好得多的融资办法：卖楼花。JR 集团凭借他的声誉和强有力的促销攻势，在香港每平方米卖到了 1 万多港元，总共圈进 1.2 亿元。JR 集团在推销 JR 大厦时提供了一份"零风险、高回报"的无风险保证，并将该项目交付使用时间定为 1996 年。

1994 年，JR 大厦一期工程动土。同年，JR 集团推出"脑黄金"。

1995 年，JR 集团一次性推出电脑、保健品、药品三大系列 30 个新品，投放广告 1 亿元，半年之内，JR 集团的子公司从 38 家发展到创记录的 228 家。

1996 年，JR 集团内部频发种种恶性事件。

1996 年 9 月，JR 大厦完成地下工程。从 10 月开始，一些买了 JR 大厦楼花的债权人开始依合同来要房子，可看到的却是刚刚露出地表的工程。

1997 年 1 月，JR 集团风波全面爆发。1 月 12 日，S 先生及其部属与数十位债权人和众多记者"短兵相接"。JR 集团在公众和传媒心目中的形象轰然坍塌。

其实，如果当时能再有 1000 万元，加上保健品的回款，JR 大厦就可以继续往上盖。

但是，S 先生最终也没有能向银行贷到 1000 万元。

（资料来源：侯灵明.JR 大厦——一个悲剧性的建设项目，项目管理技术.2003（4）。部分内容有删改）

问题：请你对 JR 大厦项目从启动到收尾的整个过程中所出现的重大失误进行分析和归纳，并提出相应的解决方案。

第四章

项目范围管理

Chapter 4 Project Scope Management

- 本章主要内容
  - 概述
  - 项目范围规划
  - 项目范围定义
  - 项目范围核实
  - 项目范围控制
- 本章核心概念
  - 范围规划 Scope Planning
  - 范围定义 Definition of Scope
  - 范围核实 Scope Verify
  - 范围控制 Control of Scope
- 本章学习目标
  - 理解项目范围的涵义及项目范围管理
  - 理解项目范围管理工作内容
  - 理解项目范围规划的依据、工具与方法及成果
  - 理解项目范围定义的依据、工具与方法及成果
  - 理解项目范围核实的依据、工具与方法及成果
  - 理解项目范围控制的依据、工具与方法及成果

第一节 概 述

一、项目范围管理的涵义

项目范围的确定与管理至关重要，其影响着项目的成败。项目范围（Project Scope）是指为了成功地实现项目目标所必须完成的全部且最少的工作。其中，"全部"是指实现该项目目标所进行的"所有工作"；"最少"是指完成该项目目标所规定的"必要的、最少量"的工作。项目范围一般包括项目产品范围和项目工作范围两个方面。项目产品范围是一个产品或一项服务所应包含怎样的特征和功能说明；项目工作范围是完成一个项目并且实现项目目标和获得项目产品所必须进行的全部工作说明。只有将项目产品范围和项目工作范围有机地结合，才能确保项目实施组织为客户提供满意的项目工作成果。

项目范围管理是指对那些确保成功完成项目所需的全部且必须的工作的范围所进行管

理和控制的过程和活动，也可以理解为，它是全面识别、确认和控制项目可交付成果范围和工作范围的管理工作。

项目范围管理的目标是使整个项目的产品（最终可交付成果）能够全面达到项目目标的要求。因此，项目范围管理是使项目的全部工作既不超出、也不少于完成项目最终可交付成果和实现既定项目目标的需要。

二、项目范围管理的工作内容

项目范围管理的工作内容包括：

1. 范围规划

范围规划是指项目组织编写和制定一个书面的项目范围计划文件的具体活动。一个项目的范围计划文件将明确规定项目的产品范围、项目的工作范围以及项目范围所规定工作的计划和安排，它是未来项目各阶段决策的基础和依据。

2. 范围定义

范围定义是指根据项目目标和要求，全面识别和界定一个项目的可交付成果和项目工作的活动。通过项目范围定义，可以将一个项目的可交付成果和项目工作任务的范围予以明确，并将一个项目的可交付成果和项目工作进一步细分为更为具体和更加便于管理的部分和具体任务。

3. 范围核实

范围核实是指由项目的利益关系人最终认可和接受项目范围的过程。通过项目范围的核实可以使项目产品和工作范围获得正式的认定。

4. 范围控制

范围控制主要是指项目组织所进行的控制项目范围变更的一系列工作，它是一项贯穿于整个项目实施全过程的项目范围管理活动，它对整个项目的管理起着决定性的作用和影响。一般情况下，在项目的不同阶段都需要开展项目范围控制管理工作。

三、项目范围管理的作用

项目范围管理的作用主要体现在以下方面：

1. 为项目实施提供范围框架

通过开展项目范围管理，可以在项目实施之前就明确定义出一个项目可交付成果和所应开展的工作，从而使人们避免那些不必要和不该做的工作。因此，项目范围管理最重要的作用，就是为项目实施提供一个项目最终可交付成果的边界和项目工作范围的框架。

2. 对项目实施进行有效控制

通过开展项目范围管理，可以使项目组织按照项目范围计划去开展项目实施工作，并且能够使项目组织不断地在项目实施过程中对项目实际工作的内容进行监测和度量，分析项目可交付成果和工作与既定项目范围计划之间的偏差，然后根据偏差以及造成偏差的原因，决定是继续、中止还是放弃整个项目，以及是否需要对项目的范围进行必要的调整，或者采取相应的纠偏措施。因此，项目范围管理的另一项重要作用是对项目实施进行有效的控制。

思考题

1. 项目范围管理的涵义是什么？
2. 项目范围管理的工作内容有哪些？

3. 项目范围管理的作用有哪些?

第二节 项目范围规划

一、概述

项目范围规划是一个以项目的实施动机为基础,确定项目范围并编写项目范围说明书的管理过程。制定项目范围计划就是综合平衡各方面的情况和数据,最终编制出一个书面的项目范围计划文件。在项目范围计划中应该包括用来度量项目或项目阶段是否成功的主要标准和要求。对每一个项目和子项目而言,编制和使用书面的项目范围计划是十分必要的。项目范围计划是项目实施组织(项目团队)与客户之间达成协议或合同的基础。

项目范围规划的主要依据有:项目章程、初步的项目范围说明书和项目管理计划。

二、项目范围规划的工具和方法

项目范围规划过程中常用的工具与方法主要有:

1. 项目成果分析法

项目成果分析法可以加深项目经理和团队对项目可交付成果的进一步理解,它是一种由项目产品的功能和特性入手,反向分析和推导项目的工作范围,从而指导人们编制出切实可行的项目范围计划的方法。对项目可交付成果进行分析时,可以综合运用不同的分析方法,例如系统工程、价值工程、功能分析等技术,达到指导项目范围计划制定的目的。

2. 提出项目范围计划方案的方法

在项目范围计划的编制中,有许多项目管理的技术和方法可以为提出不同的项目范围计划备选方案服务。其中,最常用的方法是"头脑风暴法"和"横向思维法"。头脑风暴法是一种有利于创造性思维的集体思辨和讨论的会议方法。横向思维法与传统的纵向思维方法不同,它不要求人们按照一种模式或程序去思维,而要求人们打破原有的框架,重构一种思维模式。

3. 专家判断法

在制定项目范围计划的过程中,如果项目具有很高的独特性和创新性,那么就需要有一些项目管理和项目所属专业领域的专家为这类项目提供专门的项目管理和业务专业方面的知识。在这种情况下,可以采用专家判断法来帮助项目团队制定范围计划。专家可以是来自各领域的具有专业知识和技能的人员,也可以来自咨询公司、行业协会等。

三、项目范围规划的结果

项目范围规划工作的结果是形成两个用于明确界定项目范围的文件:一是项目范围说明书(项目范围计划的主体部分);二是项目范围管理计划。这两个文件是项目后续阶段开展项目管理的重要指导文件。

1. 项目范围说明书

项目范围说明书是一份保证项目所有的利益关系人关于项目范围达成共识的说明性文件。项目范围说明书是未来项目决策的主要依据之一,是未来开展项目工期、项目成本和项目资源等方面管理的基础文件之一。同时,随着项目的开展,项目范围说明书也需要作一些修改或更新,以便能够及时地反映项目范围的变更情况。项目范围说明书中一般包括以下内容:

(1) 项目的合理性说明(设计说明书)。即说明为什么要进行该项目。

（2）项目可交付成果（执行说明书）。它形成项目产品清单，是有关项目最终可交付成果的描述，是一份关于项目最终可交付成果及其构成的清单和说明。

（3）项目目标（功能说明书）。项目目标是指完成项目所必须达到的标准和指标。项目目标必须包括项目成本、项目工期和项目质量等方面的指标，这些指标必须具体、明确，而且尽可能量化。项目目标应当有属性、计量单位和数量值，未量化的目标未来会存在很大风险。

2. 项目范围管理计划

项目范围管理计划文件主要是描述如何管理和控制项目的范围，以及如何对项目范围的变更进行管理的一种计划文件。该文件包括以下内容：

（1）说明如何控制项目的范围以及项目范围的变更；

（2）说明如何识别项目范围变更并对其进行分类；

（3）说明项目范围变化的可能性、频率和幅度。

思 考 题

1. 项目范围规划的工具和方法有哪些？
2. 项目范围规划的结果是什么？

第三节 项目范围定义

一、概述

项目范围定义是将项目最终可交付成果进一步分解为更小的、更便于管理的许多组成部分，以及通过这种分解定义出项目全部工作的一种项目管理活动。项目范围定义的目的在于明确界定项目的产出物和工作，提高对项目成本估算、项目工期和项目资源需求估算的准确性，为项目的绩效度量和管理控制确定一个基准，便于明确和分配项目的任务与责任。合理恰当的项目范围定义对于项目的成功至关重要。

项目范围定义的依据包括项目范围说明书、项目范围管理计划和可供参考的历史资料等，项目范围定义的依据即范围规划的结果，在此不再重复。

二、项目范围定义的工具和方法

项目范围定义是一项非常严密的分析、推理和决策工作，因此，需要采用一系列的逻辑推理的方法和分析识别的技术。在这项工作中经常使用的工具和方法主要有：

（一）工作分解技术

工作分解技术是一种将项目最终可交付成果和项目工作进行逐层细分，最终确定出项目工作包，从而界定项目范围的方法。换句话说，工作分解技术是用来建立项目的工作分解结构（WBS，Work Breakdown Structure）的方法。

工作分解技术的思路是按照项目范围的大小从上到下逐步分解。首先由项目分解得到子项目，再由子项目得到任务，再由任务到工作包，继续逐层分解，最终分解得到项目全部工作包，并由此最终定义出一个项目的范围。工作分解结构的框架如图 4-1 所示。

进行工作分解结构分解时必须清楚：要完成该项目必须完成哪些主要活动？完成这项活动，必须要完成哪些具体子任务？

工作包是完成项目目标所要完成的相关工作活动的集合，为项目控制提供充分和合适的管理信息，它是工作分解结构的最底层。

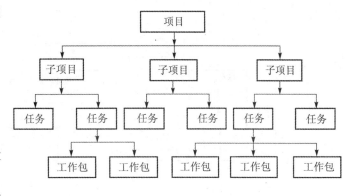

图 4-1　工作分解结构框架图

1. **建立有效工作包的原则**

（1）工作包应该是可确定的、特定的、可交付的独立单元；

（2）工作包中的工作责任应落实到具体的单位或个人；

（3）工作包应与特定的 WBS 单元直接相关，并作为其扩延；

（4）工作包单元的周期应是最短周期；

（5）应明确本工作包与其他工作包之间的关系；

（6）工作包应能确定实际的预算和资源需求。

在完成了一个项目的工作分解结构以后，还必须认真检验项目工作分解结构的正确性。在检验项目工作分解结果的正确性时需要回答下列问题："为完成整个项目，现在分解给出的项目工作包是必要和充分的吗？"如果不是，则必须修改、增删或重新定义项目的工作分解结构；"现在分解得到的每个工作包都已经界定清楚和完整了吗？"如果不是，则必须修改、增删或重新识别、分解与界定这些工作包；"现在分解得到的每个工作包是否都能够列入项目工期计划和预算计划，是否每个工作都有具体的责任单位负责实施？"如果不是，就必须重新修订或重新识别与界定项目的工作。

2. **工作分解结构的编码**

运用特定的规则对分解结构图中的各个结点进行编码，可简化项目实施过程中的信息交流。制定项目的成本、进度和质量等计划时不但可以利用编码代表任务名称，而且可以根据某任务的编码情况推断出该任务在工作分解结构图中的位置，这要求在工作分解结构中每个结点的编码保持唯一性。

工作分解结构的编码的方法有多种，最常见的方法是利用数字进行编码。下面以一个四层的工作分解结构为例来说明其如何编制。

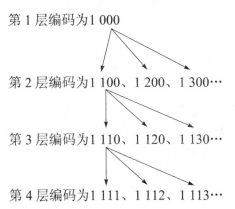

第 1 层编码为 1 000

第 2 层编码为 1 100、1 200、1 300…

第 3 层编码为 1 110、1 120、1 130…

第 4 层编码为 1 111、1 112、1 113…

如：制造机器人项目的工作分解结构图编码如图 4-2 所示（编码在括号里表示）。

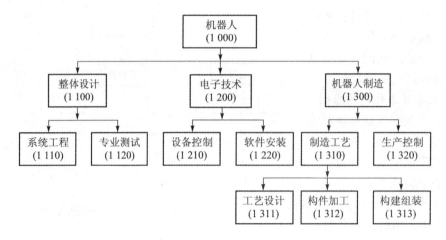

图 4-2 制造机器人项目的工作分解结构编码图

需要注意的是,任何项目不是只有一种正确的工作分解结构,一个项目可能有多种可行的项目工作分解结构。决定一个项目工作分解结构的详细程度和层次多少的因素包括:为完成一个项目工作包而分配给一个群体或个人的责任与这些责任者的能力;在项目实施期间管理和控制项目预算、监控和收集成本数据的要求水平等。通常,项目责任者的能力越强,项目的工作结构分解就可以粗略一些、层次少一些;反之就需要详细一些、层次多一些。项目成本和预算的管理控制要求水平越高,项目的工作结构分解也可以粗略一些、层次少一些;反之就需要详细一些、层次多一些。因为项目工作分解结构越详细、项目就会越容易管理,要求的项目管理能力就会相对低一些。

(二)工作分解结构模板

除了项目工作分解技术以外,多数项目的工作分解会使用工作分解结构模板。所谓工作分解结构模板是指某种项目的标准化或者半标准化的工作分解结构,甚至是某个历史项目所使用过的工作分解结构(WBS),可以作为一个新项目工作结构分解的模板使用。根据这一模板和新项目的情况与条件,通过增删项目工作包就可对新项目的范围做出定义。虽然每个项目都是独特的,但是绝大多数同一专业应用领域中的项目都有一定程度的相似性,所以相关项目的工作分解结构经常可以作为新项目的工作分解结构模板使用。很多专业应用领域中均有标准或半标准的项目工作分解结构,可作为新项目工作分解结构模板使用。例如,美国国防部曾为国防飞机系统开发项目制定了标准的工作分解结构模板,如图 4-3 所示。

三、项目范围定义的结果

项目范围定义的结果包括下述内容:

(一)项目工作分解结构

项目工作分解结构经常以图表的形式给出,图 4-3 是项目工作分解结构的实例。然而,一个项目的工作分解结构与其具体表现形式(图或表)并没有直接的关系。项目工作分解结构中的每项工作都应有唯一的责任人,以符合项目管理中的专人负责制的要求。

(二)项目工作分解结构字典

项目工作分解结构字典是对项目工作分解结构的详细说明,而且是将项目工作分解结构中的各项目要素与各工作包按照逐条分列的方式所进行的说明。在项目工作分解结构字典

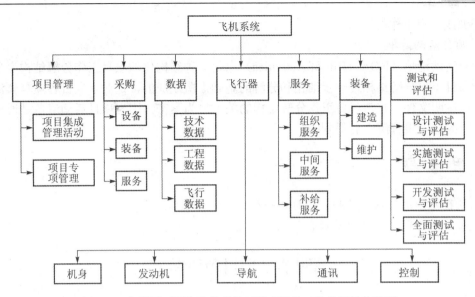

图 4-3 美国用于国防飞机系统开发项目的工作分解结构范例

中,项目工作分解结构中的各个要素都需要逐个划分成词条并进行较为全面的描述。通常一个项目工作分解结构中的所有要素,都应该被收集在工作分解结构字典里。典型的项目工作分解结构字典的内容,包括对项目要素和项目工作包的描述,以及其他一些计划和控制信息,如对项目工期、成本预算、人员的计划安排等。在一些项目管理和一些专业应用领域项目的管理中,常常还会用其他一些结构化分析方法获得项目分解结构。工作分解结构不应与其他用来表示项目信息的"分解"结构混为一谈,这些结构主要有:

1. 项目合同工作分解结构

项目合同工作分解结构(CBS,Contract Breakdown Structure)是用来定义项目的承包商或分包商为客户提供的可交付成果和劳务的说明报告。项目合同工作分解结构与项目工作分解结构相比,项目合同工作分解结构相对较粗略,因为它主要是对项目最终可交付成果和项目工作的初步分解和描述;而项目工作分解结构则是用于开展项目范围管理,所以要详细得多。

2. 项目组织分解结构

项目组织分解结构(OBS,Organization Breakdown Structure)是根据项目工作分解结构给出的项目要素和项目工作,以及这些工作之间的关系和用于表明哪些项目工作需要分配给哪些项目团队或个人的一种结构化文件。这种组织分解结构侧重于对项目责任和项目任务的组织落实情况的描述,属于项目组织管理与人力资源管理中使用的技术和工具。

3. 项目资源分解结构

项目资源分解结构(RBS,Resource Breakdown Structure)是项目分解结构的一种,当一个项目的组织分解结构将项目的工作分别分配给项目团队或项目组织的某个群体或个人后,项目管理还需要使用这种项目资源分解结构去说明在实施这些工作中谁有权得到哪些资源的情况,以及项目资源的整体分配情况。

4. 项目物料清单

项目物料清单(BOM,Bill of Materials)是在一些项目管理的专业应用领域使用的项目所需资源或项目工作的清单。

5. 项目活动清单

项目活动清单（BOA，Bill of Activities）也是一种结构化的项目工作分解结构变形，它是在对项目工作分解结构进一步细化和分解的基础上所生成的，是对于项目各项具体活动的一种详细说明文件。它与项目工作分解结构的关系最为紧密，因为项目活动清单是通过对项目工作包的进一步分解之后得到的。

◇ 思 考 题

1. 项目范围定义的工具和方法有哪些？
2. 项目范围定义的结果是什么？

第四节 项目范围核实

一、概述

1. 项目范围核实的涵义

项目范围核实是指使项目利益关系人正式认可和接受所定义的项目范围的工作。项目范围核实既可以是对一个整体项目范围的确认，也可以是对一个项目阶段范围的确认。项目范围核实不同于项目质量控制，因为项目质量控制关心的是工作结果的正确性，而项目范围核实关心的是项目工作被正式认可与接受。

2. 项目范围核实的对象

项目范围核实的对象是项目范围定义所生成的主要文件和结果，这既包括在项目选择和定义中给出的项目说明书与项目范围说明书中，也包括在项目范围定义中给出的项目工作分解结构和项目分解结构字典等中。

二、项目范围核实的依据

项目范围核实的依据主要有四项：项目范围说明书、项目工作分解结构、可交付成果说明文件和项目实施工作结果。前两项在项目范围定义中已做介绍，现仅介绍后两项。

1. 可交付成果说明文件

可交付成果说明文件是指有关项目和项目阶段产出物的全面描述性文件。在不同的专业应用领域项目中，对项目最终可交付成果的说明文件的称谓是不同的。

2. 项目实施工作结果

项目实施工作结果是指在项目各项计划的实施过程中所生成的项目实际工作或项目实际产出的情况，它反映了项目是否按计划实施的动态情况。项目实施工作的结果主要用于对某个项目后续阶段的范围核实，因为在对整个项目范围进行核实时，实际上尚未开展项目的实施工作，也就没有项目实施工作结果可以作为依据。

三、项目范围核实的工具和方法

项目范围核实工作就是对项目范围进行审查并接受和确认的工作。通过对项目范围的审查，最终确认项目范围是否包括了为实现项目目标所需的全部工作，以及项目范围所能生成的最终结果是否与项目的要求相符等。项目范围审查的对象包括整个项目范围定义所生成的文件和结果,主要是审查和确认它们的合理性和可行性。常用的项目范围核实的工具是核检确认技术,它通过核检表的形式来实现。在项目范围核实中使用的核检表包括项目范围核检表和项目工作分解结构核检表。

1. 项目范围核检表

项目范围核检表的主要内容有:

(1) 项目目标是否完善和准确;
(2) 项目目标的指标是否可靠和有效;
(3) 项目的约束和限制条件是否真实和符合实际情况;
(4) 项目最重要的假设前提是否合理;
(5) 项目的风险是否可以接受;
(6) 项目的成功是否有足够的把握;
(7) 项目范围是否能够保证项目目标的实现;
(8) 项目范围所给出的项目工作最终的效益是否高于项目成本;
(9) 项目范围是否需要进一步深入研究和定义。

2. 项目工作分解结构核检表

项目工作分解结构的核检表包括如下主要内容:

(1) 项目目标的描述是否清楚;
(2) 项目目标层次的描述是否都清楚;
(3) 规定项目目标的各个指标值是否可度量;
(4) 项目最终可交付成果的描述是否清楚;
(5) 项目最终可交付成果及其分解是否都是为实现项目目标服务的;
(6) 项目最终可交付成果是否被作为项目工作分解的基础;
(7) 项目工作分解结构的层次结构是否合理;
(8) 项目工作分解结构中的各个工作包是否都是为形成项目最终可交付成果服务的;
(9) 项目工作分解结构层次的划分是否与项目目标层次的划分和描述相统一;
(10) 项目工作和项目最终可交付成果与项目目标之间的关系是否具有传递性和一致性;
(11) 项目工作和项目最终可交付成果与项目目标之间的分解在逻辑上是否正确与合理;
(12) 项目工作分解结构中的工作包是否都有合理的关于数量、质量和时间的度量指标;
(13) 项目目标的既定指标值与项目工作绩效度量的既定标准是否相匹配;
(14) 项目工作分解结构中各个工作包的内容是否合理;
(15) 项目工作分解结构中各个工作包之间的相互关系是否合理;
(16) 项目工作分解结构中的各个工作包的考核指标值制定得是否合理。

上述的这两种方法是在项目范围核实中最常采用的项目范围审查方法,实践证明,它们在项目范围管理中是行之有效的。

四、项目范围核实的结果

项目范围核实工作的结果就是经确认的可交付结果,即全面审核、修订和批准项目范围定义后所得出的结果。在项目范围核实中,可能会出现已经定义的项目范围没有获得确认的情况,此时需要进一步修订项目范围的定义或宣告整个项目的中止或终结。如果项目范围定义得比较合理,那么项目范围核实的结果就是对项目范围定义工作的正式接受和认可。这种接受和认可一般需要有正式的书面文件予以确认。在对项目范围的正式确认活动中，一定要编制和发放由客户等确认的已接受的项目范围定义或项目阶段工作界定的正式文件。这些文件应该分发给所有的项目利益关系人，以作为项目沟通管理中的正式文件之一。这种项目范围的确认和接受，有的时候可能会有一些附加条件，尤其是在项目后期的阶段更是如此，此时应该将这些附加条件一起确认和公告。

思考题

1. 项目范围核实的涵义是什么？其对象有哪些？
2. 项目范围核实的依据是什么？
3. 项目范围核实的工具和方法主要有哪些？

第五节 项目范围控制

一、概述

在项目开始之后，项目的各种条件和环境会发生变化，这种变化会导致项目范围发生变更。项目范围变更的结果会导致项目工期、成本或质量等方面的改变。

在项目范围变更的控制工作中，主要应该考虑的问题包括：

（1）分析和确定影响项目范围变更的主要因素和环境条件；

（2）管理和控制那些能够引起项目范围变更的主要因素和条件；

（3）分析和确认项目相关利益主体各方提出的项目变更要求的合理性和可行性；

（4）分析和确认项目范围变更是否已实际发生及其风险和内容；

（5）当项目范围变更发生时对其进行严格的控制，设法使项目变更朝着有益的方向发展或努力消除其不利影响。

项目范围变更的控制必须与项目管理的其他控制工作很好地结合，特别是需要与项目时间（工期）控制、预算（造价）控制和项目最终可交付成果的质量控制等管理控制工作结合起来。

二、项目范围控制的依据

项目范围变更控制的依据主要包括下列文件或信息：

1. 项目工作分解结构

项目工作分解结构定义了项目范围的内容和基线，当项目实施工作超出或达不到项目工作分解结构规定的范围要求时，经常需要进行项目范围的变更，项目范围变更请求则是由某个项目利益相关者提出的请求。当项目范围变更申请获得批准后，必须对项目工作分解结构进行调整和更新。

2. 项目的实施情况报告

项目实施情况报告是有关项目工作绩效的度量报告，它一般包括两类信息或资料：其一是项目的实际进度情况资料，包括项目工作的实际开始和完成时间以及实际发生的费用等情况；另一类是有关项目范围、工期计划和成本预算变更情况的信息。项目实施情况报告还能够提醒项目组织注意那些会在未来引发问题和项目范围变更的因素与环节。一般而言，项目实施情况报告都有确定的报告期（报告周期），项目实施情况报告的频率视整个项目长短及项目复杂性而定，项目报告周期可以是一天、一周、一个月等等。如果需要对项目实行更为严密的范围控制，那么可以采取缩短项目实施情况报告周期的做法，这是可行而且有效的项目变更控制方法和措施之一。

3. 项目范围变更请求

项目范围变更请求是关于进行项目范围改动的申请，它可以多种形式出现，可以是口头或书面的，也可是直接或间接的，还可是内部提出或外部要求的，甚至可以是法律强制的。项目范围变更的要求可能是扩大项目的范围，也可能是缩小项目的范围。绝大多数项目范围变更要求是由于以下原因引起的：

（1）某个外部事件造成的；

（2）在定义项目范围时的某个错误或疏漏；

（3）为增加项目价值而作的变更。

4. 项目范围计划

项目范围计划是有关项目范围总体管理与控制的计划文件，它包括项目范围说明书、相关支持细节和项目范围管理计划。这一文件的具体内容前文已有详细论述，在此不再赘述。

三、项目范围控制的工具和方法

项目范围变更控制的工具和方法主要包括如下几个方面：

1. 项目范围变更控制系统

项目范围变更控制系统是开展项目范围控制的主要方法。这一系统具体包括：项目的文档化管理工作系统、项目范围变更的跟踪监督系统、项目范围变更请求的审批授权系统等。在项目的实施过程中，项目经理或项目管理者利用所建立的项目实施跟踪系统，定期收集有关项目范围实施情况的报告，然后将实际情况与项目范围计划相比较，如果发现差异则需要决定是否采取纠偏措施。当决定采取纠偏措施后，就必须将纠偏措施及其原因写成相应的文件，作为项目范围变更管理文档的一部分。同时，要将项目范围的变更情况及时通知项目所有利益关系人，在获得他们的认可之后才可以采取变更项目范围的具体行动。

项目范围变更控制系统是整个项目变更控制系统的一部分，当项目范围发生变更时，项目其他方面也必然会受到影响，因此，项目范围变更控制系统和其他方面的变更控制系统可以集成一个整个项目的总体变更控制系统。如果项目是按照承发包的方式进行的，项目范围变更控制系统必须与相关的项目承发包合同条款规定保持一致，以达到依据项目合同开展项目范围控制的目的。

2. 项目实施情况的度量

项目实施情况的度量也是项目范围变更控制的一种有效的技术方法。这一方法有助于评估是否已经发生了项目范围的变更（或变动）以及它们所造成影响的大小。项目范围变更控制中有一项重要内容就是识别已发生的项目变更（或变动）原因，以及决定是否需要对这种变更或差异采取纠偏行动，而这些都需要依赖项目实施情况度量的技术方法。特别需要注意的是，这种方法的关键是在发现项目范围控制出现问题以后，需要立即缩短原有的项目实施情况的度量周期。

3. 追加计划法

几乎没有一个项目能够完全按照最初的项目范围计划实施和完成，项目范围的变更是不可避免的。这种项目范围的变更在多数时间会要求项目管理者对原有的项目工作分解结构进行修改和更新，甚至会要求重新分析和制定新的可替代项目实施方案。项目范围的变更一定会引起项目各方面管理计划的变更，包括项目工期计划、成本计划和质量计划等。所以在项目范围变更时，项目管理者必须针对项目范围变更的情况，制定新的项目范围计划。但是，此时使用的计划方法多数是追加计划法，即将变更部分的计划追加到原来的项目范围计划中去，只有在很特殊的情况下，才会使用项目全面更新的方法去重新编制一个新的项目范围计划。这种"打补丁"式的计划方法也会在项目工期、项目质量和项目成本等方面的变更管理中使用，它们都被称为追加计划法或附加计划法。

四、项目范围控制的结果

项目范围变更控制的结果有两个：一是全面保障和促进了项目工作绩效的提高；二是形成了一系列项目范围变更控制文件。这些文件包括：更新调整后的项目工期、项目成本、项目质量、项目资源和项目范围文件，以及各种项目变更行动方案和计划文件。

1. 项目范围变更控制文件

项目范围变更控制文件是在项目范围的全面更新修订中所生成的各种文件的总称。因为最初的项目范围通常都是由客户与项目实施组织双方认可的，所以项目范围的变更同样需要双方认可，并且要有正式的文件予以记录。项目范围变更通常还要求对项目成本、工期、质量以及其他一些项目要素的指标进行全面的调整和更新，以便项目范围的变更能够在这些项目要素的计划中得到及时反映。所有这些项目范围变更后更新的文件，都属于项目范围变更控制文件的范畴。

2. 项目范围变更控制行动方案

项目范围变更控制行动方案包括：

（1）根据批准后的项目范围变更要求而采取的行动。它是对人为提出的项目范围变更所采取的行动，属于调整计划后根据计划采取的项目范围变更行动。

（2）根据项目实际实施情况的变化所采取的纠偏措施和行动。它是对项目实施中客观发生的项目范围变动所采取的行动，属于发现偏差以后通过努力改进工作和提高工作绩效，从而使项目实施情况能够最终达到项目范围计划要求的行动。

上述这两种行动都属于项目变更控制行动的范畴，因为它们的结果都是使实际的项目范围与项目范围计划规定能够保持一致。

3. 经验与教训

不管是何种原因造成的项目变更，都属于项目范围管理中出现的问题，所以在项目范围变更控制中，人们可以发现问题并获得经验与教训。这些经验与教训都应该最终形成文件，以使这部分信息成为项目历史数据的一部分，从而既可作为本项目后续阶段工作的指导，也可供项目团队今后开展其他项目时使用。这实际上相当于一种项目的跟踪评估工作。一般在项目或项目阶段结束以后，都需要召开一种类似经验总结或项目跟踪评估的会议，这种项目经验总结或跟踪评估会议既可以在项目团队内部召开，也可以由项目团队与客户共同召开。这种会议的目的是评估项目范围实施的绩效，确认项目范围等计划目标是否已经达到，以及全面总结项目范围控制的经验和教训。

思考题

1. 项目范围控制的依据是什么？
2. 在项目范围变更的控制工作中，主要应该考虑的问题有哪些？
3. 项目范围控制的工具和方法有哪些？

本章小结

● 项目范围管理是指对那些确保成功完成项目所需的全部且必须的工作的范围进行管理和控制的过程和活动。项目范围管理的工作内容包括：范围规划、范围定义、范围核实、范围控制。项目范围管理的作用主要有：为项目实施提供范围框架、对项目实施进行有效控制。

● 项目范围规划的依据主要有：项目章程、初步的项目范围说明书、项目管理计划。项目范围规划的工具和方法主要有：项目成果分析法、提出项目范围计划方案的方法、专家判断法。项目范围规划的结果包括项目范围说明书、项目范围管理计划等。

● 项目范围定义的工具和方法主要有：工作分解技术、工作分解结构模板。项目范围定义的结果包括项目工作分解结构、项目工作分解结构字典。

● 项目范围核实是指项目利益关系人对项目范围的正式认可和接受的工作。项目范围核实的对象是项目范围定义所生成的主要文件和结果。项目范围核实的工具和方法主要有：项目范围核检表、项目工作分解结构核检表。项目范围核实工作的结果是经确认的可交付结果，即全面审核、修订和批准项目范围定义后所得出的结果。

● 项目范围控制的依据主要有：项目工作分解结构、项目实施情况报告、项目范围变更请求和项目范围计划。项目范围控制的工具和方法主要有：项目范围变更控制系统、项目实施情况度量、追加计划法。项目范围控制的结果包括：项目范围变更控制文件、项目范围变更控制行动方案、经验与教训。

练习与讨论

某公司决定研制型号为 100 的电动自行车，请采用项目工作分解技术对该项目进行工作结构分解，并绘制该项目的工作结构分解图。

案例研究

项目范围变更对 A 项目所产生的影响

张平是一位新任命不久的 IT 公司项目经理，部门经理李军派其去接手一个已经接近完成的 A 项目，原项目经理王娜因故调离。李军表明，项目目前的状况是大部分功能已经开发完成，单元测试和集成测试也已经完成，尚有少部分模块因为用户新提出的需求需要进行重新修改。

张平依据部门经理的介绍,重点针对所需修改的模块制定了一个较为明确的项目计划,他认为在不修改其他模块的基础上,仅需 30 天就可完成 A 项目。但是接手该项目不久,张平发现事实并非像李军所说的那样,除了所要修改的模块以外,其他模块其实也存在很多问题,整个项目模块都需要进行修改。而且由于原来没有留下什么文档,张平和项目组其他成员只能按照销售经理的口头需求和以前的程序来一点点地修改所有的程序,项目的范围变化了很多。张平找到李军说明了情况,李军才发现他也被王娜欺骗了,相应的给张平增加了一些资源,但是张平认为变更后的资源还是不足以按时完成项目。

由于项目范围的扩大,加之客户又增添了新的需求,该项目最终延期了一个月才得以完成。事后,公司的 CEO 批评张平缺乏预见风险的能力,导致项目延期。张平认为李军当初没有了解清楚项目状况并相应地误导了他,A 项目在范围扩大了很多的前提下,延期一个月完成已经是很不错了。张平认为自己是部门经理李军的替罪羊。

问题:

1. 在本案例中,你认为张平、李军在这个"半截"项目所遇到的问题中,他们各自的失误之处是什么?

2. 如果你是张平,你是否会承接这个项目?如果承接这个项目,你将如何处理上述问题?

3. 你认为对于一个"半截"的项目而言,应该如何运用项目范围管理的方法与手段对其进行管理?

第五章
项目时间管理

Chapter 5   Project Time Management

- ■ 本章主要内容
  - 概述
  - 项目活动定义
  - 项目活动排序
  - 项目活动时间估算
  - 项目进度计划编制
  - 项目进度控制
- ■ 本章核心概念
  - 项目活动 Project Activity
  - 双代号网络图 Activity-on-arrow Network Logic Diagram
  - 单代号网络图 Activity-on-node Network Logic Diagram
- ■ 本章学习目标
  - 掌握项目活动分解技术的应用
  - 掌握项目进度计划的编制
  - 掌握项目活动时间的估算

第一节　概　　述

　　项目时间管理也称进度管理，它是在项目范围确定以后，为确保在规定时间内实现项目的目标、生成项目的产出物和完成项目范围计划所规定的各项工作而开展的一系列活动与过程。

　　对项目开展时间管理就是要在规定时间内，制定出经济合理的进度计划，然后在计划执行过程中，检查实际进度与计划进度之间的差异，并及时找出出现差异的原因，采取有效的补救措施，以确保项目按时按质完成。具体来说，项目时间管理的过程如图 5-1 所示。

　　项目时间管理的各项过程与活动既相互影响，又相互关联。这些过程与活动在理论上是分阶段的，且各阶段界限划分明确，但在项目管理实践中，它们通常是相互交叉和重叠的，有时甚至是可以归并的。

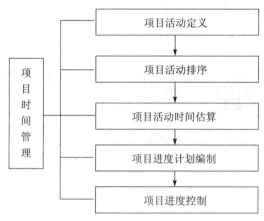

图 5-1 项目时间管理的过程

思考题

1. 项目时间管理的涵义是什么？
2. 项目时间管理过程包括哪些内容？

第二节 项目活动定义

项目活动定义是为了保障项目目标的实现而开展的对已确认的项目工作包的进一步分解和界定，并从中识别出为生成项目产出物所必需的各种项目活动。在项目活动定义中所使用的方法，与在项目工作包的识别和定义中所使用的方法基本一样，通过这种分解所得出的项目活动，需要有具体的可检验的工作成果相对应。这种工作成果既可以是一种有形的产品，也可以是一项有具体质量要求的服务或作业，或者是一项具体的管理工作。

一、项目活动定义的依据

1. 项目目标

如果对项目的目标不清楚，则很有可能在分解和界定项目活动时将一些与实现项目目标无关的工作或活动界定为项目的必要活动，从而分解出一些不必要的项目工作或活动，给项目时间管理乃至整个项目管理带来很大的麻烦。

2. 项目范围说明书

如果项目范围不确定，则很有可能在分解和界定项目活动时漏掉一些必需开展的项目作业与活动，从而造成项目时间管理和整个项目管理出现问题。

3. 历史资料

历史资料既包括本项目前期工作的实际执行情况，也包括过去开展的类似项目的执行情况。这些资料为项目的后期进展以及今后类似项目的开展提供了参考。

4. 各种约束条件及假设前提

任何一个项目的开展都会或多或少地存在一些限制因素，这些因素是在定义项目活动时必须考虑的关键因素。

5. 工作分解结构

工作分解结构是一个关于项目所需开展工作的层次性结构的描述，它给出了一个项目所需完成工作的整体表述和所包括的工作包以及这些工作包之间的相互关系。图5-2给出了一个信息网络工程项目的工作分解结构图，根据它可以进一步细化、分解、界定项目的全部活动。

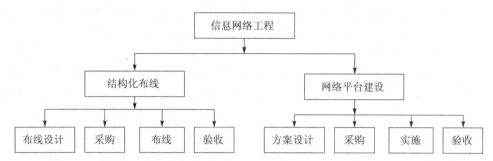

图 5-2　信息网络工程项目工作分解结构图

二、项目活动定义的工具和方法

1. 项目活动分解技术

项目活动分解技术是以项目工作分解结构为基础，按照一定的层次结构把项目工作逐步分解为更小的、更易操作的工作单元，以使项目更易管理。这种方法将项目范围管理中确认的项目工作包逐个按照一定的层次结构分解成详细、具体和容易管理控制的一系列具体项目活动。这种项目活动定义法有助于完整地找出一个项目的所有具体活动。

2. 项目活动定义模板

项目活动定义模板是使用一个已完成的类似项目的活动清单（或者是一个已完成项目活动清单中的一部分）作为新项目活动定义与界定的一个模板，然后根据新项目的各种具体要求和限制条件，在模板上调整项目活动，从而分解和定义出新项目的全部具体活动，得到新项目的活动清单。这种方法的优点是简单、快捷、明了，但是有时可供使用的模板自身的缺陷会对新项目的活动定义与界定结果带来一定的不良影响，特别是当可供使用的模板存在较大的局限性时，会使新项目的活动定义与界定漏掉一些项目活动，或额外增加一些不必要的项目活动。因此，在使用这种方法的时候，一定要特别注意项目活动定义与界定模板的选用工作。

三、项目活动定义的结果

1. 项目活动清单

项目活动定义给出的最主要文件是一份项目活动清单，这份项目活动清单列出了一个项目所需开展和完成的全部项目活动。项目活动清单是根据项目工作分解结构（WBS）通过进一步细化和分解得到的，所以项目活动清单中列出的项目活动远远比项目的工作分解结构所给出的项目工作要详细、具体和具有可操作性。对于项目活动清单而言，它的具体要求有两条，其一是要包括一个项目的全部活动内容，其二是不能包含任何不属于本项目的活动内容，即与实现项目目标无关的项目活动。

2. 相关支持信息

相关支持信息是指用于支持和说明项目活动清单的各种具体细节的文件与信息，它既包括已经给定的项目假设前提条件和各种对项目限制因素的说明与描述，也包括对于项目活动清单的各种解释与说明的信息和文件等。项目活动清单的相关支持信息通常需要整理成文件或文档材料，并作为项目活动清单的附件形式存在，以便在项目时间管理中能够很方便地使用它们。各种项目活动定义与界定的相关支持信息都需要与项目活动清单一起生成、保管和使用，并且在修订和变更项目活动清单的时候同时变更这些相关支持信息。

3. 更新的工作分解结构

在分解和界定一个项目的活动时，项目管理人员可能会发现原有的项目工作分解结构中存在一些遗漏、错误和不需要的地方，因此需要对原有项目工作分解结构进行必要的增删、更正和修订，从而得到一份更新后的项目工作分解结构，这也是项目活动定义与界定工作的结果之一。当出现这种情况的时候，还需要同时更新其他相关的项目范围管理等方面的文件。特别是在项目活动定义与界定过程中，如果决定采用新的技术或方法去实施项目，或者采用新的组织结构与管理控制方法时，都必须进行这类项目工作分解结构的更新工作，否则就会造成项目活动定义与界定文件和项目范围管理及其他管理文件之间脱节或矛盾的问题，从而使整个项目的管理陷入混乱。

思考题

1. 项目活动定义的依据是什么？
2. 定义项目活动的工具和方法有哪些？

第三节 项目活动排序

项目活动排序是项目时间管理中继项目活动定义之后的必要步骤。项目活动排序涉及通过识别项目活动清单中各项活动的相互关联和依赖关系，来安排并确定项目各项活动的先后顺序，同时也涉及评价活动之间依赖关系的原因。

为了制定出切实可行的进度计划，必须准确、合理地安排并确定项目各项活动的顺序，并依据这些顺序排列生成的项目活动路径，进而构成项目活动网络。项目活动排序可用手工进行，也可借助于计算机执行。一般而言，小型项目用手工排序很方便，而大型项目的活动排序需要结合手工排序和计算机排序两种方式。

一、活动排序的依据

1. 项目活动清单及相关支持信息

项目活动清单列出了项目所需开展的全部且必要的活动，相关支持信息则是说明和描述项目活动清单的相关文件，二者对于项目活动排序工作都有很好的支持作用。

2. 项目成果说明

项目成果说明是对项目可交付成果的性质和特征的描述。项目产品的特性通常会影响到项目活动的排序，所以要根据成果说明对项目活动的排序进行审查，以确保活动排序的准确无误。

3. 项目活动的各种关系

项目活动的各种关系包括项目活动之间的必然依存关系、组织关系以及项目活动的外部制约关系。

（1）项目活动之间的必然依存关系。必然的依存关系是活动之间所存在的内在关系，是活动相互关系确定的基础，通常是不可调整的。因此，必然的依存关系的确定相对比较明确，也比较容易，通常由技术和管理人员的交流即可完成。

（2）项目活动之间的组织关系。活动的组织关系是指那些由项目管理人员人为确定的项目活动之间的关系，它通常取决于项目管理人员的知识和经验，其确定一般比较难，因此项目管理人员必须科学合理地确定这些关系。

（3）项目活动的外部制约关系。活动的外部制约关系是指项目组织开展的活动与其他组织开展的活动之间，以及项目组织的项目活动与非项目活动之间的相互关系，比如项目的某些活动需经政府组织的环境听证会审批通过后才能开展项目的下一项活动。

4. 项目的约束条件及假设前提

项目的约束条件是指项目所面临的各种资源等限制因素，项目的假设前提是对项目活动的开展所涉及的一些不确定条件的假设认定，这些因素都会影响和限制项目活动的排序。

二、项目活动排序的工具和方法

（一）双代号网络图

双代号网络图是用箭线表示活动、节点表示活动相互关系的网络图，简称为 AOA(Active On Arrow)，每一项活动都用一根箭线和两个节点来表示，每个节点都编以号码，箭线的箭尾节点和箭头节点是该项活动的起点和终点。

1. 箭线

箭线表示项目中独立存在、需要一定时间或资源完成的活动。在双代号网络图中，依据是否需消耗时间或资源，可将活动分为实活动和虚活动。

（1）实活动是需要消耗时间和资源的活动。在网络图中用实箭线表示，如图 5-3 所示，在箭线的上方标出活动的名称"a"和"b"，在箭线的下方标出活动的持续时间"5"和"8"，箭尾表示活动的开始，箭头表示活动的结束，相应节点的号码表示该项活动的代号。

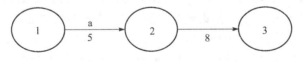

图 5-3　实活动

（2）虚活动是既不消耗时间，也不消耗资源的活动，它只表示相邻活动之间的逻辑关系，在网络图中用虚箭线表示。当出现下列情况时，需要定义虚活动：

① 平行作业，如图 5-4 所示，活动 a 和活动 b 完成后才能够转入活动 c，为说明活动 b 和活动 c 之间的关系，需要在节点 2 和节点 3 之间定义虚活动。

② 交叉作业，如图 5-5 所示，在 a 工序三个零件全部完工后再转到 b 工序，但是要求 a_1 完成后，才能够开始 b_1，a_2 完成后才开始 b_2，a_3 完成后才开始 b_3，因此，需要在节点 2 和节点 3、节点 4 和节点 5、节点 6 和节点 7 之间建立虚活动。

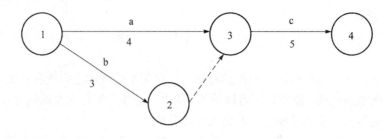

图 5-4 平行作业

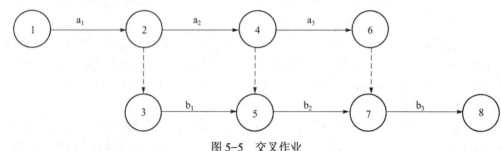

图 5-5 交叉作业

2. 节点

节点表示活动的开始和结束，项目中每一个活动都有一个开始节点和一个结束节点。在网络图中，每一个节点都被赋予一个编号，且编号不能重复。在网络图中，给节点编号时最好按照一定的规律，使之能够体现项目的结构或者执行过程。

3. 路径

在网络图中，从起始结点开始，沿着箭线的方向连续通过一系列箭线与节点，最后到达终止节点的通路称为路径。路径上各个活动持续时间的和定义为该路径的长度，在网络图中长度最长的路径称为关键路径，其他的路径称为非关键路径。在关键路径上的活动称为关键活动。

4. 活动关系表达

在网络图中，活动关系分为四种，即结束到开始关系、结束到结束关系、开始到开始关系、开始到结束关系。结束到开始关系（Finish-To-Start，*FTS*）是后面活动的开始依赖于前面活动的结束，如图 5-6 所示。结束到结束的关系（Finish-To-Finish，*FTF*）是后面活动的结束依赖于前面活动的结束，如图 5-7 所示。开始到开始关系（Start-To-Start，*STS*）是后面活动的开始依赖于前面活动的开始，如图 5-8 所示。开始到结束关系（Start-To-Finish，*STF*）是后面活动的结束依赖于前面活动的开始，如图 5-9 所示。

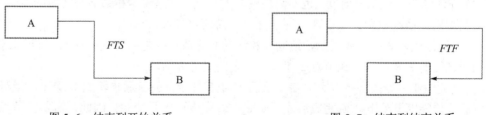

图 5-6　结束到开始关系　　　　　　　　图 5-7　结束到结束关系

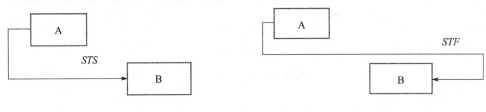

图 5-8　开始到开始关系　　　　　图 5-9　开始到结束关系

5．双代号网络图的绘制

绘制双代号网络图的步骤如下：

（1）项目分解。任何项目都是由许多具体活动所组成的，所以绘制网络图时，首先要将一个项目根据需要分解为一定数量的独立活动。

（2）活动关系分析。活动关系分析是根据已确定的项目实施方法、工艺、环境条件以及其他因素，对项目进行分析，通过比较、优化等方法确定活动之间合理的逻辑关系（网络图中常见的逻辑关系及其表示方法如表 5-1 所示）。活动关系分析的结果是明确活动的紧前和紧后的关系，形成项目活动列表。

（3）估计活动的基本参数。任何活动的完成需要消耗一定的资源和时间，在项目分解后，根据活动的要求，估计各个活动需要的时间以及相关资源的数量。

表 5-1　常见的逻辑关系及其表示方法

序号	活动之间的逻辑关系	表示方法
1	A、B、C 平行	
2	A 结束后，B、C、D 才能开始，但 B、C、D 不一定同时开始	
3	A、B 结束后，D 才能开始；B、C 结束后，E 才能开始	
4	A 结束后，D 才能开始；A、B 均结束后，E 才能开始；A、B、C 均结束后，F 才能开始	

续表

序号	活动之间的逻辑关系	表示方法
5	A、B 均结束后，D 才能开始；A、B、C 均结束后，E 才能开始；D、E 结束后，F 才能开始	
6	A 结束后，B、C、D 才能开始；B、C、D 结束后，E 才能开始	

（4）绘制网络图。根据项目活动列表，按照绘图规则绘制网络图，并通过修改、完善，最终形成能正确表达活动之间的逻辑关系并符合绘图规则的网络图。

【例 5-1】 根据表 5-2 所示的某项目活动结构分解，绘出该项目的双代号网络图。

根据表 5-2 的活动分解结果，其网络图如图 5-10 所示，在图中，为了说明活动 D 和活动 C 之间的逻辑关系，在节点 4 和节点 3 之间定义了一个虚活动。为了表示活动 F 和活动 E 之间的关系，在节点 6 和节点 5 之间定义了一个虚活动。

表 5-2 某项目活动结构分解

活动	紧前活动	所需时间
A	----	6
B	A	9
C	A	8
D	B、C	4
E	C	6
F	D、E	6

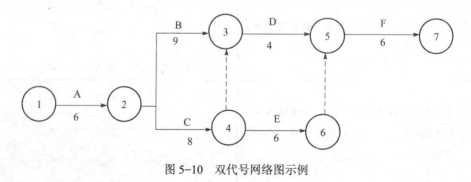

图 5-10 双代号网络图示例

（二）单代号网络图

单代号网络图是用节点表示活动、箭线表示活动关系所构成的项目网络图，这种网络图通常简称为 AON（Activity-on-Node）。

1. 单代号逻辑关系的表达

单代号网络图中，箭尾节点表示的活动是箭头节点的紧前活动；箭头节点所表示的活动是箭尾节点的紧后活动。单代号网络图逻辑关系表达方法如表 5-3 所示。

表 5-3　单代号网络图逻辑关系表达方法

活动关系描述	表达方法
A 活动是 B 活动的紧前活动	A → B
B 活动是 D 活动、C 活动的紧前活动	B → D, B → C
D 活动是 B 活动、C 活动的紧后活动	B → D, C → D
A 活动是 C 活动的紧前活动，C、D 活动是 B 活动的紧后活动	A → C, B → C, B → D

2. 单代号网络图的绘图规则

在绘制单代号网络图时，需要遵守下列规则：

① 单代号网络图必须正确表达项目中活动之间的逻辑关系；
② 在网络图中不能够出现循环回路；
③ 在网络图中不能出现双向箭头或无箭头的连线；
④ 单代号网络图中不能出现无箭尾节点的箭线或无箭头节点的箭线；
⑤ 单代号网络图中，只能有一个起始节点和一个终止节点。当网络图中出现多项无内向箭线的活动或多项无外向箭线的活动时，应在网络图的开始或者结束处设置一项虚活动，作为该网络图的起始节点或者终止节点。

3. 单代号网络图绘图示例

【例 5-2】某项目活动列表如表 5-4 所示，要求绘制单代号网络图。

表 5-4　某项目活动列表

序号	活动代号	活动名称	紧前活动
1	A	拆开	—
2	B	准备清洗材料	—

续表

序号	活动代号	活动名称	紧前活动
3	C	电器检查	A
4	D	仪表检查	A
5	E	机械检查	A
6	F	机械清洗组装	B, E
7	G	总装	D, C, F
8	H	仪表校准	D

根据表 5-4，按照单代号网络图的绘图规则绘制单代号网络图，如图 5-11 所示。

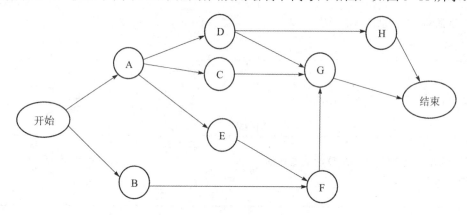

图 5-11 某项目单代号网络简图

（三）网络模板法

当新项目与过去完成的某些项目类似，或新项目的某些部分包含与过去完成的项目具有相同逻辑关系的类似活动安排时，项目团队可以用过去完成的项目网络图或者一些标准的网络图作为新项目网络图的模板，并根据新项目的实际情况调整这些模板，从而可以高效、准确地绘制出新项目的网络图。网络图模板可能包括整个项目的网络或其子网络。子网络对于整个项目网络图的编制是十分有用的，一个项目可能包含若干个相同或相近的部分，它们就可以用类似的子网络加以描述。

三、项目活动排序的结果

项目活动排序的结果是得到一张描述项目各项活动之间相互关系的项目网络图以及更新后的项目活动清单。

1. 项目网络图

项目网络图是表示项目各项活动以及活动之间的逻辑关系和依赖关系的示意图，通常可由计算机或手工绘制，它可以包括整个项目的全部细节，也可以只包括项目的主要活动及其状况。项目网络图还应该附有简要的说明，且对任何特别的排序都应做详细的说明。

2. 更新后的项目活动清单

在项目活动定义和项目活动排序的过程中,可能会发现项目工作分解结构中存在的各种问题,因此需要对一些活动进行再分解或重新定义,这就要求及时对项目活动清单进行更新。

思考题

1. 项目活动排序的依据是什么?
2. 用于项目活动排序的工具和方法有哪些?
3. 如何绘制单代号网络图?
4. 如何绘制双代号网络图?

第四节 项目活动时间估算

项目活动时间估算是指对完成项目的各项活动所需要的可能时间做出的估算。对项目的时间进行估算,需要分别估算项目各个活动所需要的时间,并根据项目活动的排序来确定整个项目所需要的时间。

一、项目活动时间估算的依据

项目活动时间估算的依据有项目活动清单、项目的约束条件和假设前提、项目资源的要求、历史资料等,其中项目活动清单、项目的约束条件和假设前提在前面已经叙述,在此不再重复。

1. 项目资源的要求

绝大多数项目活动的时间都会受资源的数量大小和质量高低的影响。比如当人力资源减少一半时,项目活动的时间一般来说将会增加一倍;而对于同一项活动,高级工人花费的时间肯定比普通工人花费的时间少。

2. 历史资料

许多类似的历史项目的资料对于项目活动时间的估算是很有帮助的,这些历史资料主要来自于:项目档案、项目团队成员的知识及经验和公用数据库。

二、项目活动时间估算的工具和方法

1. 专家评估法

专家评估法是指由项目时间管理专家运用他们的经验和专业知识,对项目活动的时间做出权威的估算。当项目涉及新技术领域或不熟悉的领域时,项目管理人员由于不具备专业技能,通常很难做出正确、合理的时间估算,此时专家评估法是非常有效的。

2. 类推估算

类推估算是以过去类似项目活动的实际时间为基础,通过类比来推测估算当前项目活动所需的时间。当项目相关的资料和信息有限,而先前活动与当前活动又具有本质上的类似性时,具有丰富经验的类推专家就能得出可靠的估算结果。

3. 模拟法

模拟法是以一定的假设条件为前提,估算多种活动时间的方法。其中最常用的模拟法是

三点法，其步骤是：首先估计出项目各个活动的三种可能时间，即最乐观时间 T_a、最悲观时间 T_b 和正常时间 T_m，假设这三个时间服从 β 分布，然后运用概率的方法求得各项活动时间的平均值，其计算公式为：

$$T = \frac{T_a + 4T_m + T_b}{6} \tag{5-1}$$

【例 5-3】 某一简单项目由三个活动 A、B、C 组成，其项目网络结构图如图 5-12 所示。活动 A、B、C 在正常情况下的工作时间分别为 10 天、9 天、12 天，在最有利的情况下工作时间分别是 8 天、6 天、10 天，在最不利的情况下其工作时间分别是 15 天、14 天、18 天，那么该项目 A、B、C 活动和整个项目的最可能完成时间各是多少？

图 5-12 项目网络结构图

根据公式有：
活动 A 最可能完成时间 $T=(8+4\times10+15)/6=10.5$（天）
活动 B 最可能完成时间 $T=(6+4\times9+14)/6=9.3$（天）
活动 C 最可能完成时间 $T=(10+4\times12+18)/6=12.7$（天）
所以，整个项目最可能完成时间为 10.5+9.3+12.7=32.5（天）

三、项目活动时间估算的结果

1. 估算出的项目活动时间

项目活动时间的估算，是对完成某一活动所需要的工作时间进行定量的估计，并且还要用一定的指标表示出项目活动时间的变动范围。比如，4 周±2 天（每周 5 个工作日）表示该活动至少需要 18 天，至多需要 22 天。超过 4 周的概率为 15%表示该活动在 4 周内完成的概率为 85%。

2. 项目活动时间估算的依据

项目活动时间估算的依据必须以文档的形式保留下来，作为项目管理的备查资料。

3. 更新后的项目活动清单

项目团队在估算时间的过程中，可能会发现项目活动定义和项目活动清单中存在的一些问题，这就需要对项目活动清单进行更新。

思考题

1. 项目活动时间估算的依据是什么？
2. 用于项目活动时间估算的工具和方法有哪些？

第五节 项目进度计划编制

为确保项目按时完成，项目团队应在工作分解结构的基础上，对项目活动进行一系列的时间安排，明确项目活动必须何时开始以及完成项目活动所需要的时间，这就是项目进度计划的编制过程。

项目进度计划的编制是依据前面所涉及的项目进度管理过程的结果，来决定项目活动的开始和结束日期。若开始和结束日期是不现实的，项目就不可能按计划完成，所以项目进度计划要经过多次反复调整才能最后确定。

一、项目进度计划编制的依据

1. 项目网络图

项目网络图确定了项目活动的顺序以及这些活动相互之间的逻辑关系和依赖关系，项目进度计划制定主要是按照项目网络图来确定项目活动之间的关系。

2. 项目活动时间估算

项目活动时间的估算是对已确定的项目活动可能时间所做的估算文件，是由上一阶段介绍的估算方法和程序得到的。

3. 资源要求

资源要求是指项目活动对资源数量和质量方面的需求，它对项目进度会产生一定的影响。具体来说，资源要求就是项目的各项活动在何时需要何种资源，以及当项目的几项活动共用一种资源时，如何进行合理的资源平衡，从而确定项目各项活动的进度。

4. 项目作业制度的安排

项目作业制度的安排直接关系着项目进度计划的编制，如项目进度计划的编制必须考虑项目团队一周的工作日是 5 天还是 7 天。

5. 项目作业的各种制约因素

在制定项目进度计划时，必须要考虑项目作业的各种制约因素，如项目业主要求项目团队交付项目成果的时间。

6. 项目活动提前及滞后的时间

项目进度计划定义项目活动之间的关系时，需要了解项目活动提前和滞后的时间，如项目的某些活动需要一些提前准备的时间或一些滞后的时间才能开展后续的活动。

二、项目进度计划编制的工具和方法

项目进度计划在各个项目专项计划中是最为重要的。由于进度计划涉及的影响因素很多，且其计划安排可能会直接影响到项目的其他计划，因此其编制需经反复试算和综合平衡。项目进度计划要说明哪些活动必须于何时完成和完成每一项活动所需要的时间，最好也能同时表示出每项活动所需要的资源。常用的编制项目进度计划的方法有横道图法、计划评审技术法、图形评审技术法、关键路径法，此外还有资源平衡试探法以及项目管理软件法等。

（一）横道图法

横道图（GC，Gantt Chart）又称甘特图、条形图，它通过日历形式列出项目活动工期及其相应的开始和结束日期，为反映项目进度信息提供了一种标准格式。

在横道图中，项目活动纵向排列在图的左侧，时间则横向排列在图的顶部。依据计划的详细程度，度量项目进度的时间单位可以是年、月、周、天或小时。表 5-5 是 W 项目的活动关系表，根据各项活动所需的时间绘制该项目活动的横道图，如图 5-13 所示。

表 5-5 W 项目的活动关系表

活动名称	紧前活动	紧后活动
A	—	B、E
B	A	C
C	B	D
D	C	F
E	A	F
F	D、E	—

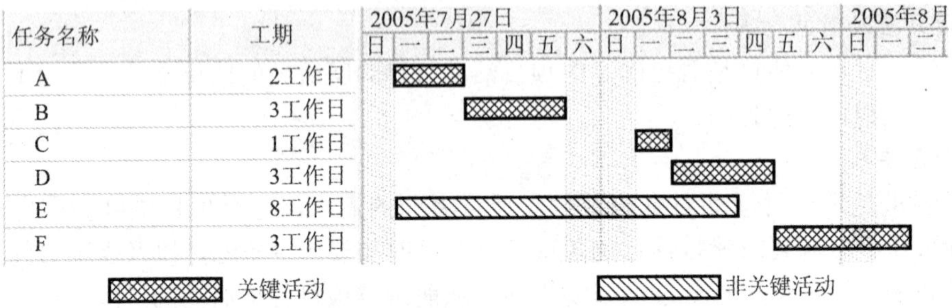

任务名称	工期	2005年7月27日 日 一 二 三 四 五 六	2005年8月3日 日 一 二 三 四 五 六	2005年8月 日 一 二
A	2工作日			
B	3工作日			
C	1工作日			
D	3工作日			
E	8工作日			
F	3工作日			

关键活动　　　　　　非关键活动

图 5-13 W 项目的横道图*

横道图中横道线明确显示了每项活动的开始时间和结束时间,横道线的长短代表了活动持续时间的长短。

横道图的优点是简单、明了、直观、易于编制。然而,横道图不能系统地把项目各项活动之间的复杂关系表示出来,难以进行定量的分析和计算,同时也不能指出影响项目进度的关键所在。因此,横道图一般适用于比较简单的小型项目。

(二)关键路径法

关键路径法(CPM,Critical Path Method)是一种运用特定的有顺序的网络逻辑来预测总体项目历时的项目网络分析技术,它可以确定项目各项活动最早、最迟的开始和结束时间。

1. 最早开始时间和最早结束时间

① 最早开始时间:一个工作的最早开始时间 ES(Early Start Time)取决于它的所有紧前工作的结束时间。通过计算到该工作路径上所有工作的结束时间的和,可得到指定工作的 ES。如果有多条路径指向此活动,则计算需要时间最长的那条路径。其计算公式如下:

$$ES = \max\{\text{紧前工作的 } EF\} \quad (5-2)$$

② 最早结束时间:一个工作的最早结束时间 EF(Early Finish Time)取决于该工作的最早开始时间和它的持续时间 D,其计算公式如下:

$$EF = ES + D \quad (5-3)$$

2. 最迟开始时间和最迟结束时间

① 最迟开始时间:在不影响项目结束时间的条件下,一个工作可能开始的最晚时间,

---

* 骆珣等. 项目管理教程. 机械工业出版社, 2004

简称为 LS（Late Start Time）。其计算公式如下：

$$LS = LF - D \tag{5-4}$$

② 最迟结束时间：在不影响项目结束时间的条件下，一个工作可能结束的最迟时间，简称为 LF（Late Finish Time）。其计算公式如下：

$$LF = \min\{紧后工作的 LS\} \tag{5-5}$$

3. 时差

① 总时差：当一个工作的最早开始时间和最迟开始时间不相同时，它们之间的差值是该工作的总时差，简称为 TF（Total Float Time），计算公式如下：

$$TF = LS - ES \tag{5-6}$$

② 自由时差：在不影响紧后工作结束时间的条件下，一个工作可能被延迟的时间是该工作的自由时差，简称为 FF（Free Float Time），它由该工作的最早结束时间 EF 和它的紧后工作的最早开始时间决定。计算公式如下：

$$FF = \min\{紧后工作的 ES\} - EF \tag{5-7}$$

4. 关键路径的确定

（1）双代号网络图中关键路径的确定

【例 5-4】 某项目的网络如图 5-14 所示，计算各项活动的 ES、EF、LS、LF、TF 和 FF，并确定项目的关键路径和项目的关键活动。假设活动 H 的 ES = 0，活动 Z 的 LF = 47。

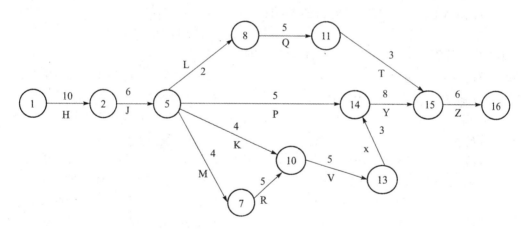

图 5-14 某项目的双代号网络图

第一步，计算各项活动的 ES 和 EF：

$ES_H = 0$ $EF_H = ES_H + 10 = 10$

$ES_J = EF_H = 10$ $EF_J = ES_J + 6 = 16$

$ES_L = EF_J = 16$ $EF_L = ES_L + 2 = 18$

$ES_M = EF_J = 16$ $EF_M = ES_M + 4 = 20$

$ES_K = EF_J = 16$ $EF_K = ES_K + 4 = 20$

$ES_P = EF_J = 16$ $EF_P = ES_P + 5 = 21$

$ES_R = EF_M = 20$ $EF_R = ES_R + 5 = 25$

$ES_V = \text{MAX}\{EF_K, EF_R\} = 25$ $EF_V = ES_V + 5 = 30$

$ES_X = EF_V = 30$ $EF_X = ES_X + 3 = 33$

$ES_Q = EF_L = 18$ $EF_Q = ES_Q + 5 = 23$

$ES_T = EF_Q = 23$ $EF_T = ES_T + 3 = 26$

$ES_Y = \max\{EF_P, EF_X\} = 33$ $EF_Y = ES_Y + 8 = 41$

$ES_Z = EF_Y = 41$ $EF_Z = ES_Z + 6 = 47$

第二步，计算各项活动的 LF 和 LS：

$LF_Z = 47$ $LS_Z = LF_Z - 6 = 41$

$LF_Y = LS_Z = 41$ $LS_Y = LF_Y - 8 = 33$

$LF_T = LS_Z = 41$ $LS_T = LF_T - 3 = 38$

$LF_Q = LS_T = 38$ $LS_Q = LF_Q - 5 = 33$

$LF_L = LS_Q = 33$ $LS_L = LF_L - 2 = 31$

$LF_P = LS_Y = 33$ $LS_P = LF_P - 5 = 28$

$LF_X = LS_Y = 33$ $LS_X = LF_X - 3 = 30$

$LF_V = LS_X = 30$ $LS_V = LF_V - 5 = 25$

$LF_R = LS_V = 25$ $LS_R = LF_R - 5 = 20$

$LF_K = LS_V = 25$ $LS_K = LF_K - 4 = 21$

$LF_M = LS_R = 20$ $LS_M = LF_M - 4 = 16$

$LF_J = \text{MIN}\{LS_L, LS_M, LS_K, LS_P\} = 16$ $LS_J = LF_J - 6 = 10$

$LF_H = LS_J = 10$ $LS_H = LF_H - 10 = 0$

第三步，计算各项活动的总时差 TF 和自由时差 FF：

$TF_H = LS_H - ES_H = 0$ $FF_H = ES_J - EF_H = 10 - 10 = 0$

$TF_J = LS_J - ES_J = 10 - 10 = 0$ $FF_J = \min\{ES_L, ES_M, ES_K, ES_P\} - EF_J$
$\qquad\qquad\qquad\qquad\qquad\qquad\quad = \min\{16,16,16,16\} - 16 = 0$

$TF_L = LS_L - ES_L = 31 - 16 = 15$ $FF_L = ES_Q - EF_L = 18 - 18 = 0$

$TF_Q = LS_Q - ES_Q = 33 - 18 = 15$ $FF_Q = ES_T - EF_Q = 23 - 23 = 0$

$TF_T = LS_T - ES_T = 38 - 23 = 15$ $FF_T = ES_Z - EF_T = 41 - 26 = 15$

$TF_M = LS_M - ES_M = 16 - 16 = 0$ $FF_M = ES_R - EF_M = 20 - 20 = 0$

$TF_R = LS_R - ES_R = 20 - 20 = 0$ $FF_R = ES_V - EF_R = 25 - 25 = 0$

$TF_K = LS_K - ES_K = 21 - 16 = 5$ $FF_K = ES_V - EF_K = 25 - 20 = 5$

$TF_V = LS_V - ES_V = 25 - 25 = 0$ $FF_V = ES_X - EF_V = 30 - 30 = 0$

$TF_X = LS_X - ES_X = 30 - 30 = 0$ $FF_X = ES_Y - EF_X = 33 - 33 = 0$

$TF_P = LS_P - ES_P = 28 - 16 = 12$ $FF_P = ES_Y - EF_P = 33 - 21 = 12$

$TF_Y = LS_Y - ES_Y = 33 - 33 = 0$ $FF_Y = ES_Z - EF_Y = 41 - 41 = 0$

$TF_Z = LS_Z - ES_Z = 41 - 41 = 0$ $FF_Z = 0$

第四步，确定网络图关键路径和项目关键活动：

从项目网络图中可以发现从项目的开始到项目结束有下列四条路径，即：H—J—L—Q—T—Z、H—J—M—R—V—X—Y—Z、H—J—K—V—X—Y—Z 和 H—J—P—Y—Z，每条路径的长度分别为32、47、42 和 35。根据关键路径的定义，该项目的关键路径为 H—J—M

—R—V—X—Y—Z。因此，项目的关键活动为 H、J、M、R、V、X、Y 和 Z。

分析计算结果可以得出：关键活动的总时差和自由时差均为零，但是总时差和自由时差为零的活动不一定是关键活动。

（2）单代号网络图中关键路径的确定

单代号网络图中关键路径的确定与双代号网络图类似。

【例 5-5】 某项目的网络如图 5-15 所示，计算各项活动的 ES、EF、LS、LF、TF 和 FF，并确定项目的关键路径和项目的关键工作。假设工作 A 的 $ES = 0$，工作 G 的 $LF = 29$。

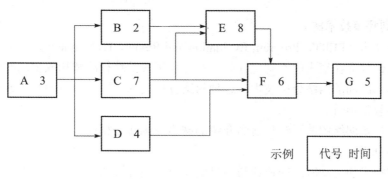

图 5-15 某项目单代号网络图

第一步，计算各项活动的 ES 和 EF：

$ES_A = 0$ $EF_A = ES_A + 3 = 3$

$ES_B = EF_A = 3$ $EF_B = ES_B + 2 = 5$

$ES_C = EF_A = 3$ $EF_C = ES_C + 7 = 10$

$ES_D = EF_A = 3$ $EF_D = ES_D + 4 = 7$

$ES_E = \max\{EF_B, EF_C\} = 10$ $EF_E = ES_E + 8 = 18$

$ES_F = \max\{EF_E, EF_D, EF_C\} = 18$ $EF_F = ES_F + 6 = 24$

$ES_G = EF_F = 24$ $EF_G = ES_G + 5 = 29$

第二步，计算各项活动的 LF 和 LS：

$LF_G = 29$ $LS_G = LF_G - 5 = 24$

$LF_F = LS_G = 24$ $LS_F = LF_F - 6 = 18$

$LF_E = LS_F = 18$ $LS_E = LF_E - 8 = 10$

$LF_D = LS_F = 18$ $LS_D = LF_D - 4 = 14$

$LF_C = \mathrm{MIN}\{LS_E, LS_F\} = 10$ $LS_C = LF_C - 7 = 3$

$LF_B = LS_E = 10$ $LS_B = LF_B - 2 = 8$

$LF_A = \min\{LS_B, LS_C, LS_D\} = 3$ $LS_A = LF_A - 3 = 0$

第三步，计算各项活动的 TF 和 FF：

$TF_A = LS_A - ES_A = 0 - 0 = 0$ $FF_A = \mathrm{MIN}\{ES_B, ES_C, ES_D\} - EF_A = 3 - 3 = 0$

$TF_B = LS_B - ES_B = 8 - 3 = 5$ $FF_B = ES_E - EF_B = 10 - 5 = 5$

$TF_C = LS_C - ES_C = 3 - 3 = 0$ $FF_C = \mathrm{MIN}\{ES_E, ES_F\} - EF_C = 10 - 10 = 0$

$TF_D = LS_D - ES_D = 14 - 3 = 11$ $FF_D = ES_F - EF_D = 18 - 7 = 11$

$TF_E = LS_E - ES_E = 10-10 = 0$ $FF_E = ES_F - EF_E = 18 - 18 = 0$

$TF_F = LS_F - ES_F = 18-18 = 0$ $FF_F = ES_G - EF_F = 24 - 24 = 0$

$TF_G = LS_G - ES_G = 24-24 = 0$ $FF_G = 0$

第四步,确定网络的关键路径和项目的关键活动:

在网络图中,从项目的开始到项目的结束共有四条路径,即 A—B—E—F—G、A—C—E—F—G、A—C—F—G 和 A—D—F—G,相应的路径长度为:24、29、21 和 18。根据关键路径的定义,该网络图的关键路径为 A—C—E—F—G,因此,项目的关键活动是 A、C、E、F 和 G。

(三)计划评审技术法

计划评审技术(PERT,Program Evaluation and Review Technique)是当项目的某些或者全部活动时间估算存在很大的不确定性时,综合运用关键路径法和加权平均时间估算法,从而估计项目活动时间的网络分析技术。这种网络分析技术适用于不可预知因素较多、从未做过的新项目和复杂项目。

计划评审技术网络图的画法与前面介绍的网络图画法是相同的,区别主要在于项目活动的时间估计和分析。

计划评审技术的活动时间的估计与项目活动时间估计方法中的三点法非常相似,其假设活动的时间是一个连续的随机变量,并且服从 β 概率分布。它一般用三个时间进行计算:

① 乐观时间(optimistic time):在顺利情况下完成活动所需的最少时间,用符号 a 表示;

② 最可能时间(most likely time):在正常情况下完成活动所需的时间,用符号 b 表示;

③ 悲观时间(pessimistic time):在不利情况下完成活动所需的最多时间,用符号 c 表示。

则活动时间的期望值

$$t = \frac{a+4b+c}{6} \quad (5-8)$$

活动时间的标准差

$$\sigma = \frac{c-a}{6} \quad (5-9)$$

活动时间的期望值表示项目活动耗费时间的多少,活动时间的标准差表示该活动在期望的时间内完成的概率。标准差越小表明项目活动在期望时间内完成的概率越大;标准差越大则表明项目活动在期望的时间内完成的概率越小。

网络图中关键路径上各项活动完成的总时间的概率服从正态分布,其平均值等于各项活动时间期望值之和,方差(σ^2)等于各项活动时间方差之和。利用这些关系可以估算出项目完成时间的平均值,以及项目在规定时间内完成的概率。

在计算项目在规定时间内完成的概率时,可依据如下公式:

$$z = \frac{r-e}{\sigma} \quad (5-10)$$

其中:r 表示项目要求的完工时间(最迟完工时间);

e 表示项目关键路径上所有活动时间的平均值(正态分布的均值);

σ 表示项目关键路径上所有活动时间的标准差(正态分布的标准差)。

计算出 z 值后,通过查正态分布表就可以得到项目活动在规定时间内完成的概率。

【例5-6】假设某项目的关键路径由三个活动 A、B、C 组成,活动 A、B、C 在正常情况下的工作时间分别为 10 天、9 天、12 天，在最有利的情况下工作时间分别是 8 天、6 天、10 天，在最不利的情况下工作时间分别是 15 天、14 天、18 天，试分析该项目在 34 天内完成的概率？

根据公式有：活动 A 时间的期望值=$(8 + 4×10 + 15)/6 = 10.5$（天）

活动 B 时间的期望值=$(6 + 4×9 + 14)/6 = 9.3$（天）

活动 C 时间的期望值=$(10 + 4×12 + 18)/6 = 12.7$（天）

整个项目完成时间的平均值=$10.5 + 9.3 + 12.7 = 32.5$（天）

活动 A 时间的标准差=$(15−8)/6 = 1.17$ 天

活动 B 时间的标准差=$(14−6)/6 = 1.33$ 天

活动 C 时间的标准差=$(18−10)/6 = 1.33$ 天

整个项目完成时间的标准差=$\sqrt{1.17^2 + 1.33^2 + 1.33^2} = 2.215$

于是有 $z = \dfrac{34 − 32.5}{2.215} = 0.6772$

查表得到 $p_{(z)} = 75.08\%$

即项目活动在规定的 34 天内完成的概率为 75.08%。

（四）图形评审技术法

图形评审技术（GERT，Graphical Evaluation and Review Technique）可以对网络逻辑关系和时间估算进行概率处理，其对项目活动的处理有很大的随机性：有些活动可能根本不实施，有些活动可能只实施一部分，而也有些活动则可能实施好几次。

图形评审技术与单代号网络图、双代号网络图很相似，不同之处是图形评审技术允许出现回路，这在单代号网络图、双代号网络图中是不允许的。用图形评审技术估算活动时间非常复杂，借助数学方法难以进行分析，一般要借助计算机用仿真法来求解。

GERT 法的优点在于：它试图将风险与历时的估计联系起来。GERT 法的缺点在于：由于它需要几个历时估计值，所以工作量较大。

（五）资源平衡试探法

使用前述各种方法编制的项目进度计划是在假定资源充足的前提条件下进行的，而大多数项目在实际实施中都存在一定的资源限制。资源平衡试探法的基本思想即"将有限的稀缺的资源优先分配给关键路径上的活动"。资源平衡的结果通常使得项目所需的时间比初步的进度计划要长，但更切乎实际。因此，资源平衡试探法适用于有较强资源限制的项目进度计划的编制。

（六）项目管理软件法

项目管理软件法是广泛应用于项目进度计划编制的一种辅助方法。项目管理软件使得数学分析和资源平衡得以自动进行，因此可以快速地编制出多个可供选择的项目进度计划方案，这对于优化项目进度计划是非常有用的。

三、项目进度计划编制的结果

1. 项目进度计划

项目进度计划编制的主要成果就是给出各项活动的计划开始时间和结束时间。在资源配置得到确认之前，这种进度计划只是一个初步的计划，在资源配置得到确认之后，才能形成正式的项目进度计划。项目进度计划可用简要的文字形式描述,也可用图表的形式给出。

2. 项目进度计划的相关支持信息

相关支持信息是支持项目进度计划各方面细节的说明文件,主要包括各种约束条件和假设前提、进度计划具体实施细节和进度风险的估算等方面的内容。

3. 项目进度管理计划

项目进度管理计划主要是说明项目团队应如何应对项目进度变动的管理安排,它可以是正式的,也可以是非正式的,它是项目进度计划的补充部分。

4. 更新后的项目资源需求

在项目进度计划的编制中,项目资源需求可能会出现变动,因此有必要将原有资源需求的变动整理并编制出一份更新的项目资源需求文件,以为后续的项目资源管理使用。

思考题

1. 项目进度计划编制的依据是什么?
2. 用于编制项目进度计划的工具和方法有哪些?
3. 双代号网络图的时间参数如何计算?关键路径如何确定?
4. 单代号网络图的时间参数如何计算?关键路径如何确定?

第六节 项目进度控制

项目进度计划的实施过程中,由于外部环境的变化,项目的实际进度经常会与计划进度发生偏差,若不能及时纠正这些偏差,就可能会导致项目延期完成,甚至影响到项目目标的实现。项目进度控制就是对项目进度计划的实施与变更所进行的管理控制工作,其内容主要包括:确定项目的进度是否发生了变化,若发生了变化,找出变化的原因,如有必要就应采取有效的措施加以纠正;对影响项目进度变化的因素进行控制,从而确保这些变化朝着有利于项目目标实现的方向发展。

一、项目进度控制的依据

1. 项目进度基准计划

批准后的项目进度计划就是进度基准计划,它是项目进度控制的主要依据,为衡量项目实施绩效和项目进度的执行情况提供了基准尺度。

2. 实施情况报告

实施情况报告提供有关项目进度计划实施与执行的实际情况及其他相关信息,例如哪些活动已如期完成,哪些活动尚未如期完成。实施情况报告还可以提醒项目团队关注那些可能会影响进度的活动或因素。

3. 项目变更申请

项目变更申请就是对项目进度任务提出的改动要求,可以是口头的或书面的,内部的或外部的,也可以由项目业主提出或承包商提出,可能会要求推迟进度或要求加快进度。

4. 进度管理计划

进度管理计划提供了如何应对项目进度计划变动的措施和安排,包括项目资源方面和项目应急措施方面等的管理安排，是进行进度调整的主要依据。

二、项目进度控制的工具和方法

1. 项目进度变更控制系统

项目进度变更控制系统是针对项目进度计划可能变化的各种情况，按照一定的程序开展项目进度计划管理与控制的一种方法，它应作为项目整体变更控制系统的一部分，与其有机地结合起来。

2. 项目实施情况的度量方法

项目实施情况的度量方法可以测定和评估项目实施的实际情况，确定项目进度计划的完成程度以及实际进度与计划之间的差距，并为度量这种差距是否达到要采取纠偏措施的程度提供依据。度量执行情况的方法主要有趋势分析法和实地考察法。

3. 追加计划法

在整个项目的实施过程中，几乎没有项目能够完全按照预定的项目计划实施，这就要求项目团队根据进度变化的情况随时更新项目活动清单、活动时间估算、活动排序以及进度计划等。

4. 项目时间管理软件

对项目进度控制而言，项目管理软件也是一种有效的工具。项目管理软件可以绘制网络图、确定项目关键路径、绘制甘特图、PERT 图等，并可用来报告、浏览和筛选具体的项目进度管理信息。

三、项目进度控制的结果

1. 更新后的项目进度计划

根据项目进度计划实施过程中的各种变化和计划要采取的纠偏措施对项目的进度计划进行相应的修订、更新，从而形成更新后的项目进度计划。

2. 计划要采取的纠偏措施

为了把项目预计的执行情况控制在项目进度计划规定的范围内，必须对项目进度存在的问题进行纠正。比如，对进度滞后的情况要采取措施加快进度。

3. 经验教训

有关项目进度控制方面的各种经验教训要形成文档，使之成为本项目后续阶段或其他类似项目可以利用的数据库的资料来源。这些经验教训主要包括：有关计划变化的原因、采取纠偏措施的原因以及项目进度计划失控的其他经验和教训等。

◇ **思 考 题**

1. 项目进度控制的依据是什么？
2. 项目进度控制的工具和方法有哪些？

本章小结

● 项目时间管理是在项目范围确定以后，为确保在规定时间内实现项目的目标、生成项目的产出物和完成项目范围计划所规定的各项工作而开展的一系列活动与过程。项目时间管理的工作内容包括：项目活动定义、项目活动排序、项目活动时间估算、项目进度计划编制、项目进度控制。

● 项目活动定义的依据主要有：项目目标、项目范围说明书、历史资料、各种约束条件及假设前提、工作分解结构。项目活动定义的工具和方法主要有：项目活动分解技术、项目活动定义模板。项目活动定义的结果包括项目活动清单、相关支持信息和更新的工作分解结构。

● 项目活动排序的依据主要有：项目活动清单及相关支持信息、项目成果说明、项目活动的各种关系、项目的约束条件及假设前提。项目活动排序的工具和方法主要有：双代号网络图、单代号网络图、网络模板法。项目活动排序的结果包括项目网络图和更新后的项目活动清单。

● 项目活动时间估算的依据主要有：项目资源的要求、历史资料。项目活动时间估算的工具和方法主要有：专家评估法、类推估算、模拟法。项目活动时间估算的结果包括估算出的项目活动时间、项目活动时间的估算依据和更新后的项目活动清单。

● 项目进度计划编制的依据主要有：项目网络图、项目活动时间的估算、资源要求、项目作业制度的安排、项目作业的各种制约因素、项目活动提前及滞后的时间。项目进度计划编制的工具和方法主要有：横道图法、关键路径法、计划评审技术法、图形评审技术法、资源平衡试探法、项目管理软件法。项目进度计划编制的结果包括项目进度计划、项目进度计划的相关支持信息、项目进度管理计划和更新后的项目资源需求。

● 项目进度控制的依据主要有：项目进度基准计划、实施情况报告、项目变更申请、进度管理计划。项目进度控制的工具和方法主要有：项目进度变更控制系统、项目实施情况的度量方法、追加计划法、项目时间管理软件。项目进度控制的结果包括更新后的项目进度计划、计划要采取的纠偏措施和经验教训。

练习与讨论

根据图 5-16 所示的网络图，回答下列问题：

（1）指出关键路径，并确定项目的工期；

（2）计算活动 L 的最早开工时间和最早完工时间；

（3）计算活动 D 的最迟开工时间和最迟完工时间；

（4）计算活动 G 的自由时差。

（设活动 A、C、D、F 的最早开工时间 $ES=0$，活动 N 的最迟完工时间 $LF=26$）

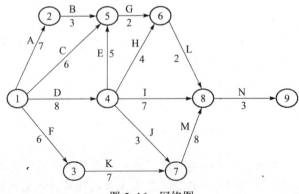

图 5-16 网络图

案例研究

X 设备公司应选择哪种进度安排方法？

X 设备公司专业从事现代建筑设备的生产制造，该公司现在正准备为成立一家新的铸造厂而建造一座厂房。公司已经选定了一个项目经理和相应的团队来实施项目跟踪工作，直到结束。该项目团队十分有兴趣为该项目选择一种适当的进度安排方法。项目经理已经据此为选择过程确立了下列原则：简单；能够显示事件的工期、工作流程和事件间的相对顺序；能够指明计划流程和实际流程，哪些项目可以同时进行，以及距离完工还有多长时间。项目经理助理偏好使用甘特图，财务方面的代表喜欢 PERT 技术，而建筑监理则倾向于 CPM 法。

问题：如果你是项目经理，你会采取何种方法？为什么？

第六章
项目成本管理

Chapter 6　Project Cost Management

- ■ 本章主要内容
  - 概述
  - 资源需求规划
  - 成本估算
  - 成本预算
  - 成本控制
- ■ 本章核心概念
  - 项目成本管理 Project Cost Management
  - 资源需求规划 Resource Requirement Planning
  - 成本预算 Cost Budget
  - 成本估算 Cost Estimation
- ■ 本章学习目标
  - 理解项目成本的构成
  - 理解项目成本管理的定义及其理念
  - 掌握成本估算和成本预算的工具和方法
  - 掌握成本控制的工具和方法

第一节　概　　述

一、项目成本

（一）项目成本的涵义

在完成一个项目的过程中，必然会发生各种物化劳动和活劳动的消耗，这种耗费的货币表现就是项目成本，即项目成本是指为实现项目目标所耗用资源的成本费用总和。

（二）项目成本的构成

根据不同的划分角度，项目成本的构成要素也有所不同，通常有以下两种划分。

依项目生命期的进程划分，项目成本包括项目决策和定义成本、项目设计成本、项目资源获取成本及项目实施成本等，如图6-1所示。

项目成本 { 项目决策和定义成本；项目设计成本；项目资源获取成本；项目实施成本 }

图6-1　项目成本构成（依项目生命期划分）

（1）项目决策和定义成本是指在项目启动过程中，用于信息收集、可行性研究、项目选择以及项目目标确定等一系列的决策分析活动所消耗的成本费用。

（2）项目设计成本是指用于项目设计工作所花费的成本费用，如项目施工图设计费用、新产品设计费用等。

（3）项目资源获取成本是指为了获取项目的各种资源所需花费的成本费用，如对于项目所需物资设备的询价、供应商选择、合同谈判与合同履约等的管理所需的费用（人力、财力、物力），但不包括所获资源的价格成本。

（4）项目实施成本是指为完成项目的目标而耗用的各种资源所发生的费用，也是项目成本的主要构成部分。项目实施成本具体包括：人力资源成本、物料成本、设备费用、顾问费用、其他费用以及不可预见费用等。

依资源耗用归集对象划分，项目成本包括人工成本、设备成本、材料成本、服务成本、其他成本等，如图6-2所示。

图6-2 项目成本构成
（依耗用资源归集对象划分）

（1）人工成本又称为劳动力成本，其可以通过人工工时数乘以工资率来计算。

（2）设备成本是指用于交付项目产品，但在项目执行过程中物质形体并没有被消耗掉的机器设备等物资的成本，这些机器设备既可从外部购入，也可从外部租入。如果该设备只能一次性地使用于当前项目，那么该项目的设备成本就是其购置价格；如果该设备还可在其他项目中继续使用，那么该项目的设备成本就需要以折旧的方法来计量；如果该设备是从外部租赁而来，那么该项目的设备成本就是租金。

（3）材料成本是指直接用于制造和交付项目产品所消耗材料的成本，既包括组成最终产品的材料，也包括在项目执行过程中被消耗的材料。

（4）服务成本是指从项目组织外部采购的，由分承包商、咨询公司（或顾问）等提供的专门技术、资源或特别服务的成本。服务的价格一般以合同的形式来确定。

（5）其他成本主要是指直接属于项目，但并不针对某一特定任务的成本，包括项目经理和其他项目组织负责人的成本、项目支持办公室的成本、项目成员差旅费以及项目的纳税、缴费成本，包括税款、保险费、融资费等。另外，有些大型项目还需设置意外开支准备金，以便在项目期内发生意外事件时使用，这一部分也应包括在其他成本项目之内。

二、项目成本管理

（一）项目成本管理的意义

耗用项目所需资源是实现项目目标的重要前提之一，然而这些资源（人力资源、设备、材料、设施）的获取均需以项目成本为代价。在实际的项目管理运作过程中，决算超预算、预算超估算的现象时有发生，这与项目成本管理的缺陷密切相关，诸如：成本估算、成本预算工作不够深入细致；在成本估算、成本预算、成本控制等方面缺乏切实可行的标准、流程和规范；在项目实施过程中缺少项目成本管理的意识等。因此，为了及时发现和妥善处理项目执行中所出现的成本超支问题，达到有效节约项目成本的目的，在一个项目执行以前，项目经理和项目团队必须对项目所需的成本情况进行详细地分析和估算，编制资源需求计划，并编制项目所必需的成本估算和预算。在项目的执行过程中，为了保证其能够符合成本预算的要求，还需要采取相应的措施对项目成本进行控制。项目成本管理就是在批准的预算内,对项目实施所进行的按时、保质、高效的一系列管理过程和活动。项目管理人员只有很好地进行项目成本管理,才能在额定的预算内,按时、按质、经济高效地完成项目的各项任务。

(二)项目成本管理的内涵

项目成本管理是项目管理的一个重要组成部分,它是指为保证项目实际发生的成本不超过项目预算成本所进行的项目资源计划编制、项目成本估算、项目成本预算和项目成本控制等方面的管理过程和活动。在项目成本管理系统中,每一个环节都是相互联系和相互作用的。成本估算是成本预算的前提,成本预算是进行项目成本控制的基础,成本控制则是对成本预算的实施进行监督,以保证实现预算的成本目标。

按照《项目管理知识体系指南》(PMBOK)第3版,项目成本管理涉及成本规划、估算、预算和控制等过程,以便保证能在已批准的预算内完成项目。所以,项目成本管理主要包括资源需求规划、项目成本估算、项目成本预算、项目成本控制四个工作过程,如图6-3所示。

项目成本管理 { 资源需求规划 / 项目成本估算 / 项目成本预算 / 项目成本控制

图6-3 项目成本管理的内容

这里需要注意的是,虽然在图6-3中,每个过程的相互间有明确的界限,但在项目的具体实践中,以上这些过程之间是相互作用的,并且与项目其他管理之间也可能会交叉重叠,互相影响。对于某些项目,特别是一些中、小型项目,项目成本估算、成本预算和成本控制彼此之间联系尤其紧密。

(三)项目成本管理的理念

为了遵循项目成本管理的客观规律,在项目成本管理中应遵循如下理念:一是全过程——项目全生命期成本管理的理念;二是全方位——项目全面成本管理的理念。

1. 项目全生命期成本管理

项目全生命期成本管理的理念主要是由英美的一些学者于20世纪70年代末和80年代初提出的,项目全生命期成本管理是项目设计的一种指导思想和手段。项目全生命期成本管理要计算项目整个服务期的所有成本,包括直接的、间接的、社会的、环境的,等等。

项目全生命期成本管理理念的根本点就是要求人们从项目全生命期出发去考虑项目成本和项目成本管理问题,其中最关键的问题是如何实现项目的整个生命期总成本最小化。

2. 项目全面成本管理的理念

项目全面成本管理的理念是国际全面成本管理促进会前主席(原美国造价工程师协会主席)R.E.Westney先生在1991年5月所发表的《90年代项目的发展趋势》一文中提出的。R.E.Westney给全面成本管理下的定义是:"全面成本管理就是通过有效地使用专业知识和专门技术去计划和控制项目资源、成本、盈利和风险。"国际全面成本管理促进会对"全面成本管理"的系统方法所涉及的管理内容给出了界定,项目全面成本管理主要包括如下10个阶段与工作:

(1)启动阶段相关的项目成本管理工作;

(2)说明目的、使命、目标、指标、政策和计划阶段相关的项目成本管理工作;

(3)定义具体要求和确定管理技术的阶段相关的项目成本管理工作;

(4)评估和选择项目方案阶段相关的项目成本管理工作;

(5)根据选定方案进行初步项目开发与设计阶段相关的项目成本管理工作;

（6）获得设备和资源阶段相关的项目成本管理工作；
（7）实施阶段相关的项目成本管理工作；
（8）完善和提高阶段相关的项目成本管理工作；
（9）退出服务和重新分配资源阶段相关的项目成本管理工作；
（10）补救和处置阶段相关的项目成本管理工作。

◆ 思 考 题

1. 项目成本划分方法主要有哪几种？每种构成要素划分如何？
2. 项目成本管理的内容有哪些？
3. 项目成本管理的理念有哪些？

第二节 资源需求规划

在项目成本管理中，编制一个科学合理、切实可行的项目资源需求计划，对于确保项目在预定的成本目标下完成项目的最终目标至关重要。

一、概述

（一）资源需求规划的涵义

资源需求规划是指编制项目资源需求计划所进行的一系列工作活动。在项目资源需求计划中，必须明确回答项目的所有活动在特定的时间，需要投入什么样的资源（人力、设备、材料等）以及每种资源的需要数量、质量等问题。因此，资源需求规划是为项目成本的估算提供信息的工作过程，也是项目成本估算的前提。

（二）资源的分类

项目实施的过程中需要很多种资源，按照项目所需资源的特点进行分类，可将资源分为无限使用资源和有限使用资源。

无限使用资源是指供给相当丰富，而且价格低廉，在项目的实施过程中，项目组织可以根据需要任意使用的资源。简单的体力劳动者、通用的设备等都属于这类资源。

有限使用资源是指虽然市场上有比较充足的供应，但是价格昂贵或者在整个项目工期内根本不可能完全得到的资源。

在项目实施过程中，对资源分类的目的是为了便于对资源进行分类管理。在制定项目的资源计划时，应当保证无限使用资源的有效使用。而对于有限使用资源则必须进行全面的跟踪管理，严格监控有限使用资源的及时供应，因其若发生短缺或者使用效率不高等状况时，会对项目的工期和成本产生很大的影响。

（三）项目资源需求规划应关注的问题

项目资源需求规划是需要不断修改、不断调整的。在项目的初始阶段，由于经验的不足以及在项目实施过程中的种种不确定性，此时对资源的需求只是一个定性的和粗略的估计，还很难将项目所需要的各种资源准确地分配到各项活动中去。随着项目的进展，项目对资源的需求也逐渐明朗，这时可以根据实际情况，不断修改和调整项目的资源计划。

在项目实施过程中，由于项目处于不同的生命期阶段，其工作重点不同，项目对资源的需求也存在很大差别。在项目的概念和规划阶段，主要工作是进行项目设计、可行性研究和项目目标的制定，这些工作需要由一些高级技术人才、系统分析师和财务管理人员来承担，此时项目对这类人员的需求量比较大，而对普通体力劳动者和机器设备等物资的需求比较少。在项目的实施阶段，项目施工需要大量的设备材料，因此，这些资源成为项目的主要需求对象。在项目的收尾阶段，各项工作都接近尾声，项目对各种资源的需求都大幅降低。

项目资源计划的编制是一项很繁琐的工作，但是由于项目的不同，其复杂程度也有所差别。如果某一项目只需某种单一资源，不需要协调各种资源间的配比关系，那么这个项目的资源编制计划工作相对来说是比较容易的。如果某个项目同时需要使用多种资源，那么在进行资源计划的编制工作时，则不仅要考虑每种资源同项目的工期进度安排相匹配，还要考虑资源与资源之间的匹配。

二、项目资源需求规划的依据

项目资源需求规划的依据主要有：工作分解结构、项目进度计划、历史资料、项目范围说明书以及项目组织的管理政策和有关原则等。

（一）工作分解结构

工作分解结构是编制项目资源计划的重要依据，可以据此提出项目所包含的各项工作的资源需求，以此来编制项目资源需求计划。

（二）项目进度计划

项目进度计划反映了项目在什么时候需要完成什么任务，实际上也就反映了项目在什么时候需要什么资源，是编制项目资源计划的又一重要依据。项目进度计划不仅确定了完成项目所需的资源需求，而且最为关键的是它同时还明确了每种资源的投入时间，使项目在不同时期的资源需求也清楚明了。项目资源需求计划的制订者可以根据进度计划中非关键工序的时间差，来平衡项目在各个时期的资源需求，避免项目在不同阶段对资源的需求量大起大落，提高资金的使用效率。

（三）历史资料

历史资料记录了以前类似项目的资源需求、项目资源计划和项目实施实际消耗资源等方面的情况。编制一个新项目的资源计划时，可以通过搜集以往类似项目的资源使用信息，参考借鉴这些项目的经验和教训。通常一个项目结束以后，应该确立项目的有关备份并存档，以便将来作为历史信息使用。充分利用和借鉴相关历史资料来编制资源需求计划，既可以提高资源需求计划的准确性，又可以缩减编制工作的工作量。

（四）项目范围说明书

任何项目都有描述项目工作和界定项目目标的项目范围说明书。在制定项目资源需求计划时，必须全面逐项审查计划的资源需求是否能够满足项目的各项工作以及项目全部目标，对疏漏的资源需求要及时补充进去。

三、资源需求规划的工具和方法

（一）资源规划矩阵

如表6-1所示的资源规划矩阵，它汇集了项目各项工作需获得的各类资源需求量。该表的缺陷是无法囊括信息类的资源。资源规划矩阵的编制应以项目工作分解结构为基础。

表 6-1 资源规划矩阵

工作	资源需求量					相关说明
	资源 1	资源 2	…	资源 m-1	资源 m	
工作 1						
工作 2						
⋮						
工作 n-1						
工作 n						

表 6-2 所示的资源需求量清单不仅列出了所需的资源量,还可以披露每种资源何时需要,以及是否可以获得、如何获得等信息。这一表格既可以用于分析一个项目各项工作的资源需求量,也可以用来综合一系列工作需要的各类资源总量。

表 6-2 资源需求量清单

资源	需要量	何时需要	是否可以获得	如何获得
人力资源: 　　管理人员 　　监督人员 　　技术专家				
资金				
原材料				
设备				
工具				
场地				
其他				

(二) 资源需求甘特图

如图 6-4 所示的资源需求甘特图,直观地显示了资源在各个阶段的耗用情况,它比资源规划矩阵更为直观、简洁,但该图的缺憾是无法显示资源配置效率方面的信息。

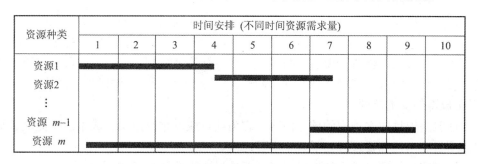

图 6-4 资源需求甘特图

（三）资源需求平衡法

资源需求平衡法是指通过确定出项目所需资源的确切投入时间，并尽可能均衡使用各种资源来满足项目进度计划的一种方法。该方法也是均衡各种资源在项目各阶段投入的一种常用方法。资源优化的思路和具体方法已在本书的第五章时间管理中详细阐述，在此不再赘述。

（四）资料统计法

资料统计法是指使用历史项目的统计数据资料，计算和确定项目资源计划的一种方法。这种方法要求其所使用的历史统计资料拥有具体的数量统计指标和充分的样本量。这些具体的数量指标应能反映项目资源的规模、质量水平、耗用程度以及比例关系等情况。它们可以是实物量指标、劳动量指标或价值量指标。实物量指标多数用来表明物质资源的需求数量，一般表现为绝对数指标。劳动量指标主要用于表明人力资源的使用状况，既可是绝对量也可是相对量指标。价值量指标主要用于表示资源的货币价值，其对于不同资源具有可比性。利用资料统计法计算和确定项目资源计划，能够编制出一个相对准确、合理可行的项目资源计划。但是这种方法也具有局限性，如必须有详细的历史数据，且要求这些历史数据要具有可比性等。

四、资源需求规划的结果

资源需求规划的结果是资源需求计划说明书，它将对项目所需资源的需求情况和使用计划进行详细描述。资源需求计划说明书主要由项目资源计划和项目资源计划的补充说明两部分组成。项目资源计划包括了项目的资源需求计划和对各种资源需求的描述，主要采用各种形式的表格予以反映，如表6-2所示的各类资源清单。由于有时项目资源需求计划无法对项目所需资源的各个方面进行详细说明，这时就需附有项目资源计划的补充说明。

思考题

1. 资源需求规划与资源需求计划的区别是什么？
2. 资源需求规划的依据有哪些？
3. 资源需求规划的工具和方法有哪些？

第三节　成本估算

一、概述

（一）成本估算的涵义

成本估算是指为实现项目的目标，根据项目资源计划所确定的资源需求，以及市场上各类资源的价格信息，对项目所需资源的成本所进行的粗算。成本估算的目的是针对项目使用的所有资源，如人工、材料、设备、服务以及准备金等，编制一个完成项目所有活动所需的近似费用表（初步的费用管理计划），即编制一个完成项目所需资源成本的概算。

（二）成本估算的步骤

成本估算是项目成本管理的核心内容，它为项目成本预算及项目成本控制提供了基础。一般编制项目成本估算要进行如下三个步骤：

（1）识别和分析项目成本的构成要素，即项目成本的资源组成；

(2)估算每个项目成本构成要素的单价和数量;
(3)分析成本估算的结果,识别各种可以相互代替的成本,协调各种成本的比例关系。

(三)成本估算时应关注的问题

由于项目的范围计划经常会调整,况且还应考虑在整个项目生命期内,人员工资结构是否变化、材料价格是否上涨、经营基础以及管理费用是否变化等问题,成本估算显然是在一个不确定性程度很高的环境下进行的,所以,成本估算应是一个不断优化的过程。随着项目的进展和相关详细资料的不断出现,应该对原有成本估计做相应的修正,以确保项目的实施能以成本估算为依据,项目的成本估算既要成为项目执行的约束,也要成为项目执行的动力。在一些应用项目中人们已提出了何时应修正成本估计,估计应达到什么样的精确度等措施。例如,美国造价工程师协会(AACE)已经确认在工程建筑成本估计的五个精度等级:数量化、粗略估计、初步估计、精确估计和成本控制。

与此同时,项目成本估算还需考虑不同成本替代方案对项目成本所产生的影响。例如,在设计阶段若增加额外工作量会相应增加项目的设计成本,但是高质量的设计可能会减少项目的实施成本,所以在成本估算过程中必须考虑所增加的设计成本能否被实施阶段所节约的成本所抵消,并分析设计成本与实施成本之间此消彼长的关系对项目总成本的影响程度,在不影响项目质量和进度等因素的前提下,尽量使项目的总成本最小化。

(四)成本估算与项目报价的区别

成本估算同项目报价是既有区别又相互联系的两个概念:成本估算所涉及的是对项目目标成本进行的量化评估,是项目组织为了向外提供产品或服务的成本费用总和;而报价则是一项经营决策,即项目组织向客户收取它所提供的产品或服务的收入总和,项目报价中不仅包括着项目成本,还包括着从事项目的组织应获取的报酬。

二、成本估算的依据

成本估算的依据是指对项目资源需求以及对这些资源预计价格产生影响的因素。成本估算的依据包括(但不局限于):资源需求计划、项目范围说明书、工作分解结构、资源单价、项目管理相关计划、历史资料、会计科目表等。

由于前面的三项已在前文反复介绍,在此仅从第四项资源价格开始介绍。

1. 资源单价

进行成本估算的个人和小组必须了解每种资源的单价(例如:每小时人员费用,单位体积材料价格),以便能估算出项目成本。

2. 项目管理的相关计划

项目管理计划提供了执行、监控项目的总体计划,其中能够为成本估算服务的主要有进度管理计划和人员配备管理计划。

(1)进度管理计划。进度管理计划中的活动资源估算涉及确定完成计划活动所需人员、设备、材料的数量和可用性等,其与成本估算联系十分紧密。

(2)人员配备管理计划。人员配备管理计划中的项目人员的属性和人工费率是编制进度计划费用估算的必要组成部分。

3. 历史资料

通常参与项目的一个或多个组织将留存以前项目的实施记录,这些记录将对编制成本估算提供帮助。历史资料的信息还可从商业性的成本估计机构、数据库等方面获得。

4. 会计科目表

会计科目表是指一个项目组织在总账系统中使用的用于报告该组织财务状况的一套代码，它有利于项目成本的估算与正确的会计科目相对应。

三、成本估算的工具和方法

为了更为准确合理地估算出项目的成本，人们开发出了许多成本估算方法，常用的有自上而下估算法、参数模型估算法、自下而上估算法三种。

1. 自上而下估算

自上而下估算法，又称类比估算法。该方法的估算过程是由上到下逐层进行的，它是一种最为简单的成本估算方法，实质上也是专家评定法。通常在项目的初期或信息不足时采用此方法，它是将以前类似项目的实际成本的历史数据作为估算依据，并以此来估算项目成本的一种方法。

该方法的主要步骤为：

（1）由项目的中上层管理人员收集类似项目成本的相关历史数据；

（2）项目的中上层管理人员通过有关成本专家的帮助对项目的总成本进行估算；

（3）按照工作分解结构图的层次把项目总成本的估算结果自上而下传递给下一层的管理人员，在此基础上，下层管理人员对自己负责的子项目或子任务的成本进行估算；

（4）继续向下逐层传递他们的估算，一直传递到工作分解结构图的最底层为止。

自上而下估算法的优点主要有：

（1）简单易行，花费少，尤其是当项目的详细资料难以获取时，能在估算实践上获得优势；

（2）在总成本估算上具有较强的准确性；

（3）对各活动的重要程度有清楚的认识，从而可以避免过分重视某些不重要的活动或忽视某些重要的活动。

该方法的缺点是，当估算的总成本按照工作分解结构图逐级向下分配时，可能会出现下层人员认为成本不足，难以完成相应任务的情况，然而碍于权力的威严，下层人员未必会立即表达自己对此估算的不同看法，从而更不可能就合理的预算分配方案与上一级的管理人员进行沟通，只能等待上一级管理人员自己发现其中的问题时才进行纠正，这样就会造成项目的进度拖延和成本浪费，甚至导致项目失败。

2. 参数模型估算法

参数模型估算法是一种比较科学的、传统的成本估算方法，它是以项目的某些特征为参数，通过建立数学模型（如回归分析和学习曲线）估算项目成本的方法。采用该方法所建的数学模型既可十分简单，也可非常复杂。采用参数模型估算法时，所建模型的适用性对于保证成本估算结果的准确性非常重要。为了保证参数模型估算法的实用性和可靠性，在建立参数模型时必须考虑：用来建模所参考的历史数据的精确性程度、用来建模的参数是否容易定量化处理、模型是否具有通用性等问题。由于此方法只考虑那些对成本影响较大的因素，而对那些对成本影响较小的因素忽略不计，因而其估算的成本精确度不是很高。

3. 自下而上估算

自下而上估算法，也称工料清单估算法，这种技术是先估算个别工作包的独立成本，然后将这些详细费用汇总到更高层次，从而估算出项目的总成本。

自下而上估算方法的费用与准确性取决于个别计划活动或工作包的规模和复杂程度。

自下而上估算法的最大缺陷在于：该方法存在着一个独特的管理博弈过程，下层人员担心日后的实际成本若超出估算成本会对己不利，同时也希望以后的实际成本低于估算成本以获得奖励，因而也许会夸大自己负责活动的估算，而高层管理人员一般则会按照一定的比例削减下层人员所作的成本估算，从而使得所有的成本估算参与者陷入一个博弈怪圈。

自下而上估算法的优点在于它是一种参与管理型的估算方法，与那些没有亲身参与工作的上级管理人员相比，底层的管理人员往往会对资源的估算有着更为准确的认识。另外，由于底层管理人员直接参与了成本估算工作，可以促使他们更愿意接受成本估算的最终结果，从而提高工作的效率。

此外，许多项目管理软件，如成本估算软件、计算机工作表、模拟和统计工具，被广泛用来进行费用估算，这些工具可以简化一些费用工具技术，便于进行各种费用估算方案的快速计算。

四、成本估算的结果

项目成本估算的结果主要有项目成本估算文件、成本估算的详细说明和项目成本管理计划这三个方面的内容。

1. 项目成本估算文件

项目成本估算文件是项目管理文件中最重要的文件之一，它包括项目各活动所需资源（包括人力、财力、物力，并考虑通货膨胀或意外事故等）及其成本的定量估算，这些估算可以用简略或详细的形式表示。成本通常以货币单位（如元、欧元、美元等）表示，但有时为了方便也可用人/天或人/小时等实物量单位表示。在某些情况下，为便于成本的管理控制，在成本估算时必须采用复合单位。

2. 项目成本估算的详细说明

项目成本估算的详细说明包括：

（1）项目范围说明书；

（2）项目成本估算的基础和依据文件，如采用的估算方法，确认估算是否合理，说明估算是怎样做出的等；

（3）项目成本估算所作的假设说明，如项目所需资源价格水平的估定；

（4）项目资源消耗的定额估定，如项目施工人员的工作效率；

（5）项目成本估算结果的误差变动区间，如￥10 000+/-￥1 000。

3. 项目成本管理计划

项目成本管理计划是整个项目计划的一个辅助部分，它说明了如何管理实际成本与计划成本之间发生的差异，管理力度视差异程度的不同也将有所不同。成本管理计划根据项目的需要，可以是高度详细或粗略框架的，同时既可以是正规的，也可以是非正规的，这些均取决于项目相关人员的需要。

◇ 思 考 题

1. 项目成本估算同项目报价有什么关系？
2. 项目成本估算的依据有哪些？
3. 项目成本估算的工具和方法有哪些？

第四节 成本预算

一、概述

1. 项目成本预算的定义

项目成本预算是一项将项目成本估算在各具体的活动上进行分配,确定项目各活动的成本定额,同时也确定项目意外开支准备金的标准和使用规则,从而为测量项目实际绩效提供标准和依据的项目管理工作。项目成本预算是进行项目成本控制的基础,是项目成功的关键因素,项目成本预算的中心任务是将成本预算分配到项目的各活动上,估计项目各活动的资源需要量。

2. 项目成本预算的作用

项目成本预算的作用主要包括以下三点:

(1)项目成本预算是按计划分配项目资源的活动,用以保证各项项目工作能够获得所需要的各种资源。在分配各项工作的成本预算时,既不能过分慷慨,以避免浪费,增加项目的成本开支;又不能过分吝啬,以免项目的各项工作无法完成或因偷工减料而使质量下降。要保证各种资源都得到充分利用,要注意提高资源的使用效率。

(2)项目成本预算也是一种控制机制。项目成本预算作为项目各项具体工作的全部成本定额,是度量项目各项工作在实际实施过程中资源使用数量和效率的标准,项目工作所花费的实际成本应该尽量控制在预算成本的限度以内。

(3)项目成本预算为项目管理者监控项目施工进度提供了基准,项目成本总要和一定的施工进度相联系,在项目实施的任何时点上,都应该有确定的预算成本支出,根据项目预算成本的完成情况和完成这些预算成本所消耗的实际工期,并与完成同样的预算成本额的计划工期相比较,项目管理者可以及时掌握项目的进展状况。

3. 项目成本预算的内容

项目成本预算的内容主要包括:直接人工成本预算、咨询服务成本预算、资源采购成本预算(材料成本和设备成本)和意外开支准备金预算。

在项目成本预算的构成中我们必须关注意外开支准备金预算。

意外开支准备金是指为项目在实施过程中发生意外情况而准备的保证金,提高意外开支准备金估计的准确性可以减轻项目中意外事件的影响程度。在项目实际过程中,意外开支准备金的储备十分必要,特别是中、大型项目必须要准备充足的意外开支准备金。意外开支准备金一般有两种类型:

(1)显在的意外开支准备金,通常在项目成本文件中明确标明;

(2)潜在的意外开支准备金,通常在项目成本文件中没有标明。

意外开支准备金经常充当成本预算的底线。若在每个子项中都能明确意外开支准备金的数额,那么项目意外开支准备金的最终结果就是将所有子项中意外开支准备金的数额加总,进而可确定其占整个项目成本预算的比重。

二、成本预算的依据

编制项目成本预算的依据有项目范围说明书、项目成本估算文件、工作分解结构、项目进度计划和合同等。

（1）项目成本估算文件。项目成本预算是将项目的成本估算分配至项目的各项工作和活动之中，因此，项目成本估算文件是确定项目成本预算的主要依据。

（2）工作分解结构。工作分解结构确认了需要分配成本的所有活动。

（3）项目进度计划。项目进度计划详细提供了项目各项工作的计划开始和结束日期、进度里程碑、工作包等，这些进度信息是按时间分配资金的依据。

（4）项目采购合同。项目采购合同所提供的需要采购的产品、服务或成果及其费用等合同信息也是编制成本预算的依据。

三、成本预算的工具和方法

项目成本预算的方法与项目成本估算方法大同小异，由于前面介绍的项目成本估算方法，如自上而下估算法、参数模型估算法、自下而上估算法，也可用于编制项目成本预算，故在此不再赘述。

无论采用何种工具和方法进行成本预算，都需经历如下步骤：

（1）分摊项目总成本到项目工作分解结构的各个工作包中，为每一个工作包建立总预算成本，在将所有工作包的预算成本额加总时，结果不能超过项目的总预算成本。图 6-5 为分摊预算成本的工作分解结构图。

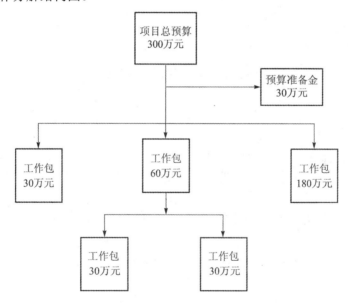

图 6-5　分摊预算成本的工作分解结构图

（2）每个工作包分解得到的成本再二次分配到工作包所包含的各项活动上。

（3）确定各项成本预算支出的时间计划以及每一时间点对应的累计预算成本（截止到该时间点的每期预算成本额的加总），制定出项目成本预算计划。

四、成本预算的结果

项目成本预算的结果主要包括如下四个方面：

1. 项目各项工作或活动的成本预算

项目各项活动的成本预算提供了各项活动的成本定量，在项目的实施过程中，将以此作为项目各项活动实际资源消耗量的标准。

2. 成本基准计划

成本基准计划表述了项目的进展与项目的累计费用之间的关系，它是时间分段的成本预算，也是度量和监控项目整体成本支出的依据。

3. 成本管理计划（更新的）

提供了如何对项目成本进行事前控制的计划和安排，是确保在预算范围内实现项目目标的指导性文件。

4. 项目资金需求计划

资金需求无论是总体需求还是阶段性需求（如每年或每季度），都是根据成本基准确定的。由于一般资金的占用通常不是连续性的出资，而是渐增型出资，因此，所需的总体资金等于成本基准加管理应急准备金。管理应急准备金可在每个阶段的出资中加入，或在需要时才动用，这取决于项目组织的政策。

◆ 思考题

1. 什么是意外开支准备金？
2. 成本预算的依据有哪些？
3. 成本预算的结果有哪些？

第五节 成本控制

一、概述

1. 项目成本控制的涵义

项目成本控制是按照事先确定的项目成本预算基准计划，通过运用多种恰当的方法，对项目实施过程中成本费用的使用情况进行管理控制，以确保项目的实际成本限定在项目成本预算范围内的过程。

项目成本控制实现的是对项目成本的管理，其主要目的是对造成实际成本与成本基准计划发生偏差的因素施加影响，保证其向有利的方向发展；同时对已经与成本基准计划形成偏差和正在形成偏差的各项成本进行管理，以保证项目的顺利进行。

2. 项目成本控制的内容

（1）检查成本实际执行情况；

（2）找出实际成本与计划成本的偏差；

（3）分析成本绩效从而确定需要采取纠正措施的活动，并且决定要采取哪些有效的纠正措施；

（4）确保所有正确的、合理的、已核准的变更都包括在项目成本基准计划中，并把变更后的项目成本基准计划通知项目利益相关者。

项目成本控制的过程必须和项目的其他控制过程（如项目范围的变更、进度计划变更和项目质量控制等）紧密结合，防止因单纯控制项目成本而出现项目范围、进度、项目质量等方面的问题。

有效的成本控制的关键是及时分析成本的绩效，尽早发现成本出现偏差的原因，以便在项目成本失控之前能够及时采取纠正措施。如果项目成本一旦失控，就很难在项目成本预算的范围内完成项目的目标。

3. 项目成本控制的作用

（1）有助于提高项目的成本管理水平；

（2）有助于项目团队发现更为有效的项目建设方法，从而可以降低项目的成本；

（3）有助于项目管理人员加强经济核算，提高经济效益。

二、成本控制的依据

项目成本控制的依据包括项目各项工作或活动的成本预算、成本基准计划、成本绩效报告、批准的变更申请、项目成本管理计划等。

1. 项目各项工作或活动的成本预算

项目各项工作或活动的成本预算是根据项目的工作分解结构图，为每个工作包进行的预算成本分配。在项目的实施过程中，通常以此为标准对各项工作的实际成本发生额进行监控，是进行成本监控的基础性文件。

2. 成本基准计划

成本基准计划是按时间分段的成本预算计划。将项目的成本预算与进度预算联系起来，可以用来测量和监督成本的实际情况，是进行项目成本控制最基础的依据。

3. 绩效报告

绩效报告提供了项目实施过程中有关成本方面的信息，其主要内容包括项目各个阶段和各项活动是否超预算。同时，绩效报告还提供正在执行的项目活动的相关信息，这些信息包括但不限于：

（1）已完成的和尚未完成的可交付成果；

（2）授权和发生的成本；

（3）项目完成计划活动的尚需成本估算；

（4）项目计划活动的完成工作量百分比。

4. 批准的变更申请

批准的变更申请是项目的利益关系人以不同的形式（口头的或书面的、直接的或间接的、组织外部要求的或内部提出的、强制规定的或可选择的）提出的有关更改项目工作内容和成本的请求，也可能是要求增加预算或减少预算的请求。

5. 项目成本管理计划

当执行成本管理控制过程时，应考虑项目管理计划及其成本和其他从属计划。项目成本管理计划是对在项目的实施过程中可能会引起项目成本变化的各种潜在因素进行识别和分析，提出解决和控制方案，为确保在预算范围内完成项目而提供的一个指导性文件。

三、成本控制的工具和方法

1. 成本变更控制系统

成本变更控制系统在成本管理计划中记录。项目成本变更控制系统规定了改变成本基准计划的步骤，它主要包括一些书面工作、跟踪系统和经许可可以改变的成本水平，从而对项目的成本进行有效的控制。

项目成本变更控制系统按照如下步骤进行成本控制：

（1）由项目利益关系人提出项目成本变更申请。

(2)核准成本变更申请。项目的管理者对变更申请进行评估,然后提交项目业主,由他们核准是否变更成本基准计划。

(3)变更项目成本预算。成本变更申请批准后,就必须对相关活动的成本预算进行调整,同时对成本基准计划进行相应的修改。

在采用项目成本变更控制系统时,必须注意两点:项目成本变更控制系统应该和整体变更控制系统相协调;项目成本变更的结果应该和其他的变更结果相协调。

2. 偏差分析法

偏差分析法,又叫挣值法,是评价项目成本实际支出与进度情况的一种方法,也是一种能够全面衡量项目进度、成本状况的整体方法。

偏差分析法采用货币量代替实物量测量项目的进度,同时,它不以投入资金的多少来反映项目的进展,而是以资金转化为项目成果量的多少来衡量项目的绩效,即通过测量和计算项目计划完成工作的预算成本 BCWS、项目已完工作的实际成本 ACWP 和项目已完工作的预算成本 BCWP,得到有关计划实施的进度和成本偏差的绝对值和相对值,从而实现判断和衡量项目成本实际执行情况的目的。

偏差分析法的分析过程如下:

首先,明确三个基本参数。

(1)项目计划完成工作的预算成本 BCWS(Budgeted Cost for Work Scheduled)。它是根据项目批准认可的进度计划和预算,到某一时点应当完成的工作所需投入资金的累计值。在项目的进度时间—预算成本坐标图中,随着项目的进展,BCWS 呈 S 状曲线不断增加,在项目结束时达到最大值。按我国的习惯可将其称作"计划的投资额"。

其计算公式:

$$BCWS = 计划工作量 \times 该工作量的预算成本 \qquad (6-1)$$

(2)项目已完工作的实际成本 ACWP(Actual Cost for Work Performed)。项目在计划时间内,实际完工投入的成本累计额,即某一时点已完成的工作所实际花费的总金额,其同样也是随着项目的推进而不断增加的。按我国的习惯可将其称作"消耗的投资额"。

(3)项目已完工作的预算成本 BCWP(Budgeted Cost for Work Performed)。它是指项目实施过程中实际完成工作量的预算成本总额,也称其为挣值 EV(Earned Value),按我国的习惯可将其称作"实现的投资额"。

其计算公式:

$$BCWP = 已完成工作量 \times 该工作量的预算成本 \qquad (6-2)$$

如果用函数关系表示的话,上述三个基本参数可以表述为:

$BCWS(t)$,$(0 \leqslant t \leqslant T)$

$ACWP(t)$,$(0 \leqslant t \leqslant T)$

$BCWP(t)$,$(0 \leqslant t \leqslant T)$

其中,T 表示项目完成时点,t 表示项目进展中的监控时点。在理想状态下,上述三条函数曲线应重合于 $BCWS(t)$,$(0 \leqslant t \leqslant T)$。如果管理不善,$ACWP(t)$ 会在 $BCWP(t)$ 曲线之上,说明成本已经超支;$BCWP(t)$ 会在 $BCWS(t)$ 曲线之下,说明进度已经滞后。

其次,明确两个偏差的计算。

两个偏差分别反映的是挣值(BCWP 或 EV)与项目已完工作的实际成本(ACWP)和项

目计划完成工作的预算成本（BCWS）二者之间的绝对量关系。

项目成本偏差（CV），其计算公式：

$$CV = BCWP - ACWP \tag{6-3}$$

这个指标表明当前状况下，项目已完工作的预算成本与实际成本之间的绝对差异。当 CV 为正数时，表明项目目前处于节约状态，完成同样工作所用的实际成本低于预算成本；当 CV 为负数时，表明项目目前处于超支状态，完成同样工作所用的实际成本高于预算成本。如图 6-6 所示。

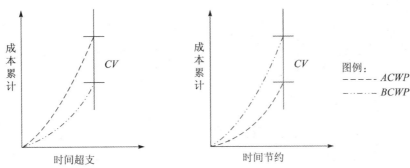

图 6-6 费用偏差示意图

项目进度偏差（SV），其计算公式

$$SV = BCWP - BCWS \tag{6-4}$$

这个指标的含义是截止到某一时点，项目已完工作的预算成本与计划完成工作的预算成本之间的绝对差异。当 SV 为正数时，表明项目实施进度处于超前状态；当 SV 为负数时，表明项目的实际进度落后于预算进度，处于滞后状态。如图 6-7 所示。

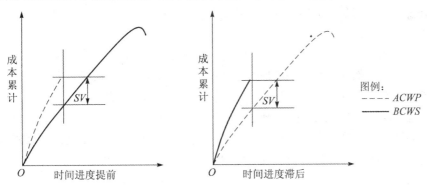

图 6-7 进度偏差示意图

再次，明确两个指数的计算。

两个指数分别反映的是挣值（BCWP 或 EV）与项目已完工作的实际成本（ACWP）和项目计划完成工作的预算成本（BCWS）二者之间的相对量（比值）关系。

成本执行指数 CPI（Cost Performance Index），其计算公式：

$$CPI = BCWP / ACWP \tag{6-5}$$

这个指标反映挣值与已完工作实际成本的相对关系，所衡量的是项目目前状况的成本效率。CPI 大于或者等于 1 是有利的，表明项目支出的实际成本低于预计成本；CPI 小于 1 是不利的，表明项目支出的实际成本高于预计成本。

进度执行指数 SPI（Schedule Performance Index），其计算公式：

$$SPI = BCWP/BCWS \qquad (6-6)$$

这个指标反映挣值与项目计划完成工作的预算成本的相对关系，所衡量的是项目目前状况的进度效率。SPI 大于或者等于 1 是有利的，表明项目实际完成的工作量超过预计工作量；SPI 小于 1 是不利的，表明项目实际完成的工作量少于预计工作量。图 6-8 表示了采用挣值法分析得到的评价曲线图。

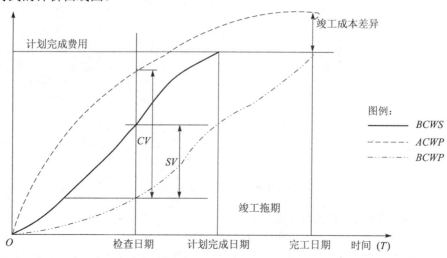

图 6-8 挣得值评价曲线图

最后，明确一个临界指数的计算。

临界指数是由梅瑞狄斯（Meredith）和曼特尔（Mantel）于 1985 年提出的。他们使用以下公式计算临界指数：

$$临界指数 = SPI \times CPI \qquad (6-7)$$

或 $\qquad$ 临界指数 $=(BCWP/BCWS) \times (BCWP/ACWP)$

临界指数大于或者等于"1"是有利的，小于"1"是不利的。

【例 6-1】某一公路修建项目，预算单价为 400 元/m。计划工期为 30 天，每天计划进度为 120 m。项目管理人员于开工后的第 5 天末进行实地测量，发现此刻公路修建项目已完工了 500 m，且获悉截止到该日应支付给承包商的公路工程款为 35 万元人民币。要求分析和计算：

（1）该项目此时的成本偏差（CV）和进度偏差（SV）是多少？它们说明了什么问题？

（2）该项目此时的成本执行指数（CPI）和进度执行指数（SPI）是多少？它们又说明了什么问题？

（3）该项目此时的临界指数是多少？

解：（1）截止到第 5 天末：

$$BCWP = 500 \times 400 = 200\,000（元）= 20（万元）$$
$$ACWP = 35（万元）$$
$$BCWS = 5 \times 120 \times 400 = 240\,000（元）= 24（万元）$$

所以：

$CV = BCWP - ACWP = 20 - 35 = -15$（万元）$< 0$，说明此时项目成本已经超支 15 万元。

$SV = BCWP - BCWS = 20 - 24 = -4$（万元）$< 0$，说明此时项目进度已经拖延 4 万元，折合为 0.83 天 [40 000/（400×120）= 0.833]。

（2）$CPI = BCWP/ACWP = 20/35 = 4/7 = 0.57 = 57\%$，小于 1，说明项目成本处于不利状态，即耗费了 100 元，只获取了 57 元的收益。$SPI = BCWP/BCWS = 20/24 = 5/6 = 0.83 = 83\%$，小于 1，说明项目进度处于不利状态，表明到了第五天末，项目只完成了预算工作量的 83%。所以，项目经理应密切关注 CPI 和 SPI 的走势，并分析原因，采取相应的措施。

（3）该项目此时的临界指数 $= CPI \times SPI = 0.57 \times 0.83 = 0.473$，其远小于 1，说明项目已处于非常不利的状态。

【例 6-2】 某工程包含 3 个工作包 A、B、C，总预算成本分别为 24 万元、60 万元和 16 万元。表 6-3 表示该工程项目的每期预算成本和计划进度情况。

表 6-3 某工程项目的每期预算成本   万元

工作包	预算成本	时间/周											
		1	2	3	4	5	6	7	8	9	10	11	12
工作包 A	24	4	4	8	8								
工作包 B	60					8	8	12	12	10	10		
工作包 C	16											8	8
合　计	100	4	4	8	8	8	8	12	12	10	10	8	8
累　计		4	8	16	24	32	4	52	64	74	84	92	100

首先分析挣值的计算过程：

假设到第九周末，工作包 A 已经全部完成，工作包 B 正在进行施工，并且已经完成了 50%的工程量，而工作包 C 还没有开始。表 6-4 表示到第 8 周末该工程的完工情况。

表 6-4 某工程截止到第 8 周末的完工情况   %

工作包	时间/周							
	1	2	3	4	5	6	7	8
工作包 A	10	25	50	80	100	100	100	100
工作包 B	0	0	0	5	15	25	30	40
工作包 C	0	0	0	0	0	0	0	0

根据各个工作包的完工量（完工百分比）和工程造价（工作包预算成本）可以计算出工作包各个时期的累计挣值，表 6-5 给出了累计挣值的计算结果。

表 6–5 某工程项目的每期累计挣值 万元

工作包	总预算成本	时间/周							
		1	2	3	4	5	6	7	8
工作包 A	24	2.4	6	12	19.2	24	24	24	24
工作包 B	60			3	9	15	18	24	
工作包 C	16								
合　计	100	2.4	6	12	22.2	33	39	42	48

假设根据实际的成本报告，到第 8 周末各个时期已完工作的实际成本如表 6–6 所示。

表 6–6 某工程各个时期已完工程的实际成本 万元

工作包	总预算成本	时间/周								实际总成本
		1	2	3	4	5	6	7	8	
工作包 A	24	2	5	9	5	3				24
工作包 B	60				2	8	10	12	13	45
工作包 C	16									
合　计	100	2	5	9	7	11	10	12	13	
累　计		2	7	16	23	34	44	56	69	69

可以根据表 6–3，绘制出该工程项目的计划完成工作的预算成本或叫累计预算成本曲线；根据表 6–5 绘制出该工程的累计挣值曲线；根据表 6–6 绘制出已完工作的实际成本曲线。将上述 3 条曲线绘制在同一个坐标上就可以进行成本绩效分析了（见图 6–9）。

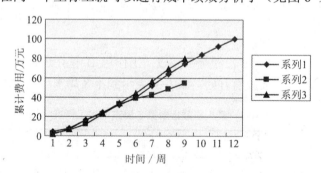

图 6–9 成本绩效分析

系列 1：计划完成工作的预算成本；系列 2：累计挣值；系列 3：已完工作实际成本

3. 预测技术

预测技术是根据已知的项目执行过程中获得的工作绩效信息，对项目未来状况重新发布估算和预测的一种方法。

预测技术所涉及的参数主要有：

（1）完成时预算 BAC（Budgeted At Completion），完成某个项目的全部预算额之和；

（2）实际已发生成本 ACWP（Actual Cost of Work Performed）；
（3）挣值 BCWP（Budgeted Cost of Work Performed）；
（4）成本执行指数 CPI（Cost Performance Index）；
（5）完工估算 EAC（Estimate at Complete）是指完成某项工程或者某个工作包的预计总成本，是截止到某一个时刻直接成本和间接成本的总和再加上所有确认的剩余工作的估算成本。

因此，预测 EAC 的通用公式可以表达为
$$EAC = ACWP + 到完成时的估算 \tag{6-8}$$
有很多方法可以用来预测 EAC，下面介绍常用的三种方法：

（1）数学推算的 EAC

这种预测 EAC 的方法是，不管过去已有的项目或工作包的效率如何，其余剩下的工作都将以完美的绩效完成，即以 CPI 值为"1"的状态完成。计算公式可以表示如下：

完工估算 = 完成时预算 − 已完工作的预算成本 + 已完工作的实际成本

即
$$EAC = BAC - BCWP + ACWP \tag{6-9}$$
对于上面的例 6-1 进行完工估算计算，结果如下：
$$EAC = 1\,440\,000 - 200\,000 + 350\,000$$
$$= 460\,000 + 790\,000$$
$$= 1\,590\,000（元）$$

该项目在第 5 天的已完工作的实际成本为 350 000 元，挣值为 200 000 元，假设在第 5 天之前的项目的效率是 0.57，而剩下的工程量将按照效率为"1"完成。由此方法得到的完工估算为 1 590 000 元，超出项目预算总成本 150 000（1 590 000 − 1 440 000）元。

（2）CPI 推算的 EAC

这种预算 EAC 的方法假设剩余工程量将按照到目前为止已完工工程的效率去进行。这种方法是为多数人接受的 EAC 方法。其计算公式如下：

完工估算 = 实际已发生成本 +（完成时预算 − 挣值）/ 成本执行指数

即
$$EAC = ACWP + (BAC - BCWP) / CPI \tag{6-10}$$
用此方法对上面的例 6-1 进行完工估算计算，计算结果如下：
$$EAC = 350\,000 + (1\,440\,000 - 200\,000) / 0.57 \approx 2\,525\,438（元）$$

按照上述方法，整个项目都是 0.57 的效率，由此方法得到的完工估算为 2 525 438 元，超出项目预算总成本 1 085 438 元。

（3）剩余成本重估的 EAC

这种估算方法将对剩余的工程量的成本进行重新估算，然后再把重新估算的值与已完工作的实际成本相加。其公式如下：
$$EAC = 已完工作的实际成本（ACWP）+ 重新估算的剩余工程成本 \tag{6-11}$$
这种估算方法一般是在认为项目实际与计划有较为严重的背离的时候，或者为了达到一定的项目指标，有必要调整当前的工作效率的时候。采用这种方法的缺点也是很明显的，可能需要额外投入较多的资源，重新估算剩余工程的成本。

四、成本控制的结果

项目成本控制的结果主要包括：

1. 成本估算（更新的）

随着项目的进展，项目管理者要根据实际的执行情况修改和更新原有的项目成本估算，并通知有关的项目利益关系人。

2. 成本预算（更新的）

成本预算的修改是对原有的成本预算计划和成本基准计划进行必要的更改和调整。

3. 纠正措施

纠正措施指采取措施使项目未来的活动所花费的实际成本控制到项目计划成本以内所做的努力。成本管理领域的纠正措施经常涉及调整计划活动的预算，如采取特殊的行动来平衡成本偏差。

4. 完工估算

完工估算 EAC（Estimate At Completion）是以项目的实际执行情况为基础，对整个项目成本的一个预测，书面记录计算的 EAC 数值或实施组织报告的 EAC 数值，并将这个数值通知项目的利益相关者。

5. 经验教训

将产生偏差的原因、采取纠正措施的理由和其他的成本控制方面类似的教训如实地进行记录，并将其纳入项目组织的项目历史数据库之中。

◇ 思考题

1. 成本控制的作用是什么？
2. 成本控制的工具和方法有哪些？
3. 成本控制的结果有哪些？

本章小结

● 项目成本是指为实现项目目标所耗用资源的成本费用总和。从不同的角度，项目成本有其不同的构成。

● 项目成本管理是项目管理的一个重要组成部分，它是指为保证项目实际发生的成本不超过项目预算成本所进行的项目资源计划编制、项目成本估算、项目成本预算和项目成本控制等方面的管理过程和活动。项目成本管理的过程可以分为资源需求规划、项目成本估算、项目成本预算和项目成本控制四个过程。在项目成本管理中应该树立如下两个理念：一是全过程成本管理的理念；二是全方位成本管理的理念。

● 资源需求规划是指编制项目资源需求计划所进行的一系列工作活动。在项目资源需求计划中，必须明确回答项目的所有活动在特定的时间，需要投入什么样的资源（人力、设备、材料等）以及每种资源的需要数量、质量等问题。项目资源需求规划的依据主要有工作分解结构、项目进度计划、历史资料、项目范围说明书以及项目组织的管理政策和有关原则等。进行项目资源规划的工具和方法主要有资源规划矩阵、资源需求甘特图、资源需求平衡法和资料统计法。其结果主要是资源需求计划说明书。

● 成本估算是指为实现项目的目标，根据项目资源计划所确定的资源需求以及市场上各类资源的价格信息,对项目所需资源的成本所进行的粗算。进行项目成本估算的依据包括资源需求计划、项目范围说明书、工作分解结构、资源单价、项目管理相关计划、历史资料、会计科目表。其方法主要包括自上而下估算、参数模型估算、自下而上估算等。其结果主要包括项目成本估算文件、成本估算的详细说明和项目成本管理计划这三个方面的内容。

● 项目成本预算则是一项将项目成本估算在各具体的活动上进行分配,确定项目各活动的成本定额;同时也确定项目意外开支准备金的标准和使用规则,从而为测量项目实际绩效提供标准和依据的项目管理工作。编制项目成本预算的依据有项目范围说明书、项目成本估算文件、工作分解结构、项目进度计划和合同等。项目成本估算方法也适用于编制项目成本预算。项目成本预算的结果主要包括项目各项活动的成本预算、成本基准计划、更新的成本管理计划、项目资金需求计划。

● 项目成本控制是按照事先确定的项目成本预算基准计划,通过运用多种恰当的方法,对项目实施过程中成本费用的使用情况进行管理控制,以确保项目的实际成本限定在项目成本预算范围内的过程。项目成本控制的依据包括项目各项工作或活动的成本预算、成本基准计划、绩效报告、批准的变更申请、项目管理计划等。其工具和方法有成本变更控制系统、偏差分析法、预测技术。其结果主要包括:更新的成本估算、更新的成本预算、纠正措施、完工估算和经验教训等。

练习与讨论

1. 某项目由四项活动组成,各项活动的时间和成本如下表所示:总工时 4 个月,总成本 50 000 元,表 6-7 所示的是第 3 个月末的状态。

表 6-7　各项活动的时间和成本表

活动	预计时间和成本	第1月	第2月	第3月	第4月	第 3 月末的状态
计划	1月,10 000 元					活动已完成,实际支付成本 10 000 元
设计	1月,10 000 元					活动已完成,实际支付成本 7 500 元
编程	1月,15 000 元					活动仅完成 50%,实际支付成本 11 000 元
测试与实施	1月,15 000 元					没开始

要求回答以下问题:
(1) 成本偏差 (CV) 是多少?
(2) 进度偏差 (SV) 是多少?
(3) 进度执行指数 (SPI) 是多少?
(4) 成本执行指数 (CPI) 是多少?
(5) 临界指数是多少?

2. 某项目计划工期为 4 年,预算总成本为 800 万元。在项目的实施过程中,通过对成本的核算和有关成本与进度的记录得知，在开工后第二年末的实际情况是：开工后两年末实际成本发生额为 200 万元，所完成工作的计划预算成本额为 100 万元。与项目预算成本比较可知：当工期过半时，项目的计划成本发生额应该为 400 万元。试分析项目的成本执行情况和计划完工情况。

3. 某公司目前正在执行项目 M，执行前项目团队曾经对整个项目做过预算，完工时预算为 50 万元，截止到 2005 年 6 月，M 项目已经执行了 10 个月，实际已发生成本 32 万元，该项目已经完成了 3/4 的工作量，已经完成的工作量按预算定额计算出来的成本为 40 万元，项目团队认为当前的偏差属于典型偏差，可以用其代表未来偏差。

要求：计算 M 项目的完工时估算 EAC。

案例研究

案例 1

联想成功的诀窍——降低成本

2002 年下半年，联想公司成为亚洲 PC 机销售第一名。联想之所以有这样的成绩，在于它不断提高成本控制能力，使之成为运作卓越的企业。

（1）培养成本管理意识。

联想在企业内部培养成本管理的意识和能力，并建立一种成本管理模型，使企业每一个人都知道每花一分钱就少一分竞争力和一分利润。因此，企业每一个人每花一分钱，都要问问究竟能够给产品带来什么价值。联想人认为，取得竞争优势的利器不是控制成本，而是充分利用成本的运作。

联想感到，每个公司要做的事情就两件：提高产品对用户的价值；降低产品成本。公司所有规范、流程、人员、人员的岗位职责、各种制度和各种事情都要折射到、影射到增加价值和降低成本。如果某一件事情折射不过去，这件事就不要去做。

（2）及时调整组织结构。

1994 年，联想成立微机事业部，改变了多头管理的状况，将电脑的研发、生产、销售集中到一个部门去操作。原来涉及微机业务的 20 多个部门、300 多人被简化设置为 6 个大部、120 多人。

1995 年，联想设立了商务部以及物控部，加强从采购生产、接受订单到发货的整个物流的全面控制过程，从而使运作更加高效。

1996 年，联想根据市场部和销售部这两个关系非常密切，非常需要配合的部门缺乏统一指挥、协调致使前端的市场和后端的销售脱节的问题，把销售部和市场部合并为统一的市场部。

到 1998 年，联想又根据市场细分趋势，把业务分得更加精细。电脑公司被调整为四个利润中心，两个成本中心和一个费用中心。它们分别独立核算、互为客户，形成成本运作。

这一切的结构调整都是为了更加清楚地突出顾客的价值，优化公司的成本结构，使联想更好、更优地回应市场。

（资料来源：中国成本网，www.chengben.net，部分有删改）

问题：
1. 阅读此案例后你有何感受？
2. 你认为应如何理解成本管理的重要性？

案例 2

TCL 的项目成本控制

TCL 集团有限公司创于 1981 年，名列 2000 年中国电子信息百强企业第五。2001 年 TCL 集团销售收入 211 亿元，利润 7.15 亿元，上缴税金 10.84 亿元，出口 7.16 亿元，品牌价值 145 亿元，是广东省最大的工业制造企业之一和最有价值品牌之一。

TCL 的发展不仅有赖于敏锐的观察力，强劲的研发力、生产力、销售力，而且还得益于对项目研发成本的有效控制与管理。

提到成本控制，人们便产生加强生产的现场管理、降低物耗、提高生产效率的联想，却往往忽略了对研发成本的控制。产品成本通常主要由研发与设计成本、制造成本、销售成本三部分构成，但很多人在成本控制方面只关注制造成本和销售成本。而 TCL 将目光放得更前一点，即以研发过程的成本控制作为整个项目成本控制的起点。

他们认为，一个产品的生命期包含了产品成长期、成熟期、衰退期三个阶段，这三个阶段的成本控制的重点是不同的，即研发与设计成本、生产成本、销售成本。实际上，产品研发和设计是生产、销售的源头。一个产品的目标成本其实在设计成功时就已经基本成型，对于后期的产品生产等制造工序（实际制造成本）来说，其最大的可控度是降低生产过程中的损耗以及提高装配加工效率（降低制造费用）。有很多产品在设计阶段就注定其未来的制造成本高过市场价格，其原因是在成本的设计阶段，产品成本的 80%就已经确定。

为了保证设计的产品在给定的市场价格、销售量、功能的条件下取得可以接受的利润水平，TCL 在产品设计开发阶段引进了目标成本和研发与设计成本的控制。

他们在研发与设计过程中进行成本控制所遵循的三个原则是：

（1）以目标成本作为衡量的原则。通过目标成本的计算有利于在研发设计中关注同一个目标：将符合目标功能、目标品质和目标价格的产品投放到特定的市场。目标成本最终反映了顾客的需求，以及资金供给者对投资合理收益的期望。因此，客观上存在的设计开发压力，迫使开发人员必须去寻求和使用有助于他们达到目标成本的方法。

（2）剔除不能带来市场价格却增加产品成本的功能。顾客购买产品，最关心的是"性能价格比"，也就是产品功能与顾客认可价格的比。

（3）从全方位来考虑成本的下降与控制。作为一个新项目的开发，应该组织相关部门人员全都参与（起码应该考虑将采购、生产、工艺等相关部门纳入项目开发设计小组），这样有利于大家集中精力从全局的角度去考虑成本的控制。正如前面所提到的问题，研发设计人员往往容易陷入过于重视表面成本而忽略了隐含成本的误区。

他们在设计阶段中降低成本所采取的四大措施为：

（1）价值工程分析；

（2）工程再造；

（3）加强新产品开发成本分析，达到成本与性能的最佳结合点；

（4）减少设计交付生产前需要修改的次数。

TCL通过对研发与设计成本的控制，有效地降低了项目成本，是项目成本管理中值得借鉴的地方。

（资料来源：中国成本网，www.chengben.net，部分有删改）

问题：
1. 你认为产品成本控制的关键是什么？
2. 试分析TCL是如何有效地进行成本控制的？

第七章

项目质量管理

Chapter 7 Project Quality Management

■ **本章主要内容**
- 概述
- 项目质量规划
- 实施质量保证
- 实施质量控制
- 质量管理体系

■ **本章核心概念**
- 质量 Quality
- 质量规划 Quality Planning
- 质量保证 Quality Assurance
- 质量控制 Quality Control

■ **本章学习目标**
- 了解质量管理的发展历程
- 理解质量的内涵
- 掌握项目质量规划与控制的工具和方法
- 了解质量管理体系

第一节 概　述

一、质量管理的发展历程

质量管理的发展经历了如下三个阶段，如图 7-1 所示。

1. 质量检验阶段（Quality Checkout，QC）

传统质量管理的特点是在产品生产过程中单纯依靠检验来剔除废品，以保证质量。这种管理方法起源于古代，第一次工业革命后，在资本主义大生产中也一直沿用。所不同的是在手工业方式下，产品的制造者和检验者常常是合一的；而在机器大生产方式下，制造者和检验者是分离的，产品的检验工作是一道独立的工序。

图 7-1　质量管理发展的三个阶段

直到20世纪20年代，由于资本主义生产发展的需要，一些学者开始将数理统计方法引入产品生产过程的质量控制中。1924年，美国贝尔电话实验室的休哈特（W.A.Shewhart）提出了第一张控制图，把产品质量分散的原因区分为偶然原因和异常原因，对后者进行追查处理，以便生产过程能够处于控制状态。1928年，美国贝尔电话实验室的道奇（H.F.Dodge）与罗密克（H.G.Romig）提出了统计抽样方案，编制了第一批抽查数表，在质量保证方面应用了数理统计方法。1931年，休哈特的《工业产品质量的经济检验》一书问世，从美、英等国的科学研究中提出了"统计检验法"。这些成就都为现代质量管理奠定了理论基础，打破了质量管理中"事后检验"的传统，提出了"预防缺陷"的概念和数理统计方法。

2. 统计质量管理阶段（Statistics Quality Control，SQC）

二次世界大战开始后，美国的工业生产特别是军火工业生产迅猛发展，许多民用公司也都转而生产军品，但往往由于质量得不到保证而延误交货期，难以满足战争的需要。为此，美国国防部邀集了休哈特等专家，制定了"战时质量管理制度"，强令有关公司严格执行，有力地推进了数理统计方法的应用，半年时间就大见成效，引起人们的普遍关注。战后，各公司转为生产民品时，仍继续采取这种方法。其他国家也纷纷效法，在生产中广泛地应用并延至20世纪50年代。这个阶段称为统计质量管理阶段，简称SQC阶段。

3. 全面质量管理阶段（Total Quality Control，TQC）

从20世纪60年代开始，各工业先进国家的企业质量管理系统日臻完善，实践效果日益明显，质量管理的理论也得到了长足的发展。1961年，美国质量管理专家菲根堡姆博士（Armand V. Feigenbaum）所著《全面质量管理》一书中首次提出了全面质量管理（Total Quality Control，TQC）的概念："全面质量管理是为了能够在最经济的水平上并考虑到充分满足用户要求的条件下进行市场研究、设计、生产和服务，把企业各部门的研制质量、维持质量和提高质量的活动构成为一体的有效体系。"这里强调了：

（1）质量的经济性和用户要求的满足；
（2）开发、设计、生产和服务的全过程；
（3）研制质量、维持质量和改进质量结合的质量管理活动；
（4）形成有效的体系。

菲根堡姆的全面质量管理概念逐渐被世界许多国家所接受，并被各国进一步发展，在实践中也取得了丰硕的成果。全面质量管理工作的基本思想是：

（1）为用户服务的思想。企业要千方百计地满足用户的需求，"质量第一，用户至上"应作为企业的座右铭。在企业内部，各部门、各工序间的关系也应看成是生产者与消费者之间的关系，不符合质量要求的零部件不送往下一道工序。

（2）预防为主的思想。把产品质量管理的重点从事后检验转移到事先预防上来，把不合格品消灭在产品的形成过程中。

（3）一切用数据说话的思想。要用数理统计的方法大量收集和整理数据，分析问题和提出问题，在制定质量措施计划时，要拿出具体的数据，做到定量管理。

（4）发动群众参与管理的思想。广泛开展群众性的QC小组活动和各种形式的质量管理活动，使质量第一的思想深入人心，人人都关心和参与质量管理工作。

全面质量管理的基本特点是：

（1）对全面质量的管理。不仅要管理产品的质量，还要管理过程质量、工作质量，用工作质量来保证过程质量，从而保证产品质量。

（2）全过程的管理。从产品的设计、制造、销售直到使用、服务的全过程，都要进行管理。

（3）全员参加的管理。企业中的每个人、每个部门都与企业的产品质量有关。即质量管理人人有责。

（4）全面质量管理又是综合性的管理。利用数理统计的方法、先进的科学技术和现代科学管理方法对质量进行管理。

1994年，国际标准化组织（ISO）发布了国际标准ISO 8402《质量管理和质量保证术语》，在该标准中正式定义了全面质量管理（Total Quality Management，TQM）："一个组织以质量为中心，以全员参与为基础，目的在于通过让顾客满意和本组织成员及社会受益而达到长期成功的管理途径。"并有以下"附注"：

（1）"全员"指该组织结构中所有部门和所有层次的人员；

（2）最高管理者强有力和持续的领导以及该组织内所有成员的培训是质量管理取得成功所必不可少的；

（3）在全面质量管理中，质量这个概念和全部管理目标的实现有关；

（4）"社会受益"意味着在需要时满足"社会要求"；

（5）有时把全面质量管理（TQM）或它的一部分称为"全面质量"、"公司范围内的质量管理（CWQC）"、"TQC"等。

二、质量的涵义

美国著名管理学家朱兰（J.M.Juran）博士给出的质量定义是："组织的基本任务就是提供能满足用户要求的产品，'产品'包括货物和劳务。这样的产品既能给生产该产品的组织带来收益，又不会对社会造成损害。"满足用户要求这一基本任务提供了质量的基本定义：质量就是适用性（Fitness for Use）。他的"质量就是适用性"的内涵超越了传统的"质量就是符合性"的概念。适用性和符合性是在含义和范畴上完全不同的两个概念。符合性是从生产者（Producer）的角度出发，判断产品是否符合规格。通过培训和积累经验，企业的管理部门将产品的合格性判断交给基层的现场操作人员去完成。他们遵照企业的产品检验制度，依据产品质量规格标准进行判断，如果符合规格就放行，流转到下一个地点。如果不符合规格，则根据其不符合规格的程度分别加以处理。适用性是从客户（Customer）的角度出发，是指产品在使用期间能满足客户的需求。客户最有资格对产品的适用性程度做出评价。而如何不断满足客户对产品适用性的需求是企业永恒的目标。

在国际标准ISO 9000：2000《质量管理体系基础和术语》（Quality Management System – Fundamentals and Vocabulary）中质量被定义为"一组固有特性满足要求的程度"。"固有特性"是指产品具有的技术特征，不是后来人为附加的内容。例如，汽车零部件的尺寸、发动机的功率、航空公司的准班率、速递公司的效率和差错率、物流配送公司的服务流程等。显然，产品的价格不属于"固有特性"范畴。可见，国际标准ISO 9000：2000中关于质量的定义以"固有特性"限定了产品的质量范畴，这样，就使质量的概念更加明确了。"满足要求的程度"是指将产品的固有特性和要求相比较，根据产品"满足要求的程度"对其质量的优劣做出评价。由此可见该质量定义的客观性、合理性和科学性。

ISO 9000：2000中的质量包括以下三方面的内涵：

1. 质量的动态性

随着科学技术的发展和顾客需求的不断改变，质量要求也应该适应上述变化，适时准确地识别客户的质量要求，修订规范，改进流程和方法，研究开发新产品，以满足顾客的需求和期望。

2. 质量的相对性

企业应该注意到市场需求的区域性差别，包括不同国家和地区的自然环境条件、经济发展水平、技术发达程度、文化传统习惯等诸多方面的因素。企业针对不同的目标市场应该能够提供具有不同性能的产品，使产品对环境有较好的适应性。

3. 质量的可比性

产品的等级高和产品的质量好是完全不同的两个概念。等级是对具有相同功能特征但技术等级各异的实体所规定的范畴或者级别。质量偏低永远是个问题，而等级较低则不见得是个问题。例如，一支高级的金笔可能质量很差，而一支普通的签字笔质量却很好。所以，在评价产品质量时，应该注意到将比较的对象限制在同一"等级"基础上。

实现产品的适用性是企业质量管理的基本任务。在 ISO 9000：2000 中质量管理被定义为"在质量方面指挥和控制组织的协调的活动"，这种活动通常包括质量方针、质量目标、质量策略、质量控制、质量保证和质量改进。

质量方针（Quality Policy）是由组织的最高管理者正式发布的该组织总的质量宗旨和方向。质量目标是在质量方面所追求的目标，是企业满足客户要求和达到客户满意的具体落实，也是评价质量管理体系有效性的重要判定指标。质量规划是质量管理的一部分，致力于制定质量目标，并规定必要的运行过程和相关资源以实现质量目标。质量控制是质量管理的一部分，致力于满足质量要求。质量保证是质量管理的一部分，致力于提供所提出的质量要求会得到满足的信任和保证。质量改进是致力于增强满足质量要求的能力。

三、项目质量管理的涵义

项目质量是指项目的可交付成果能够满足客户需求的程度。而项目质量管理是为了保证项目的可交付成果能够满足客户的需求，围绕项目的质量而进行的计划、协调和控制等活动。项目质量管理必须考虑项目管理和项目产品两方面。项目质量管理适用于所有项目，而无论项目性质如何，产品质量措施和技术是针对项目生产的具体产品。例如，电器产品的质量管理措施和方法不同于建筑项目的质量管理措施和方法，但项目质量管理的方法对二者均适用。在任何一种情况下，只要项目管理和项目产品二者之一不符合质量要求，就会给某个或所有项目利害关系者带来严重的消极后果。

项目质量管理是一项具有广泛含义的企业管理活动，它侧重于以下三个方面：

（1）项目质量管理贯穿从企业质量方针政策的制定到用户对项目产品质量的最终检验的全过程，它是专门针对保障和提高项目质量而进行的管理。

（2）项目质量管理需要所有项目利益关系人的共同努力，它包括：① 项目客户、项目所属的公司和项目经理等关于质量目标、方针和职责的制定；② 项目管理人员根据上面所制定的质量目标、方针，制定项目的质量计划；③ 项目团队关于项目质量计划的具体实施。

（3）项目质量管理不仅包括项目的产品质量管理，而且还包括制造项目产品过程中工作质量的管理，因为项目最终产品的质量是由产品生产过程来保证的，只有保证高质量的生产过程，才能生产出高质量的产品。

项目质量管理的主要目的是确保项目的可交付成果满足客户的需求。项目团队必须与客户建立良好的关系，理解他们明确的需求以及隐含的需求。因为客户是项目质量是否达到要求的最终裁判者。

项目质量管理的概念与质量管理的概念有许多相同之处，也有不同之处，不同之处则是由项目的一次性等特性所决定的。质量管理是针对日常运作所进行的活动，日常运作是重复做某件事情，一旦过程设计好了，只需以保守的态度采用诸如统计过程控制等方法进行监控即可，其工作的重点是在质量监控上。在运作管理中，通常也会采用破坏性的测试，测试之后产品就会报废，例如，每100件产品可能会抽取一个进行测试。但在项目中，由于只有一次做好的机会，无法进行上述的破坏性测试，因此，必须在项目的早期强调质量保证和质量控制。

四、项目质量管理的内容

项目质量管理包括三个主要工作过程：质量规划、实施质量保证、实施质量控制，如图7-2所示。项目质量管理通过制定质量方针、建立质量目标和标准，并在项目生命周期内持续使用质量计划、质量控制、质量保证和质量改进等措施来落实质量方针的执行，确保质量目标的实现，最大限度地使客户满意。

项目质量管理 { 质量规划，实施质量保证，实施质量控制

图7-2 项目质量管理的内容

思 考 题

1. 质量管理的发展主要经历了哪些阶段？
2. 项目质量和项目质量管理的涵义是什么？
3. 项目质量管理的主要内容有哪些？

第二节 项目质量规划

一、概述

项目质量规划是围绕着项目进行质量目标规划、运行过程规划、确定相关资源等活动的过程。项目质量规划的结果是明确项目质量目标；明确为达到质量目标应采取的措施，包括必要的作业过程；明确应提供的必要条件，包括人员设备等资源条件；明确项目参与各方、部门或岗位的质量职责。质量规划的这些结果可用质量计划、质量技术文件等质量管理文件形式加以表达。

1. 项目质量目标规划

项目的质量目标是项目在质量方面所追求的目的。无论何种项目，其质量目标都包括总目标和具体目标。项目质量总目标表达了项目拟达到的总体质量水平，如某建筑项目的质量总目标就是合格品率100%，优良品率80%。项目质量的具体目标包括项目的性能目标、可靠性目标、安全性目标、经济性目标、时间目标和环境适应性目标等。项目质量的具体目标一般应以定量的方式加以描述。不同的项目，其质量目标规划的内容和方法也不相同，但考虑的因素是基本相同的，主要有：

（1）项目本身的功能性要求。每一个项目都有其特定的功能，在进行项目质量目标规划时，必须考虑其功能，以满足项目的适用性要求。

（2）项目的外部条件。项目的外部条件使项目的质量目标受到了制约，项目的质量目标应与其外部条件相适应，所以，在确定项目的质量目标时，应充分掌握项目的外部条件，如工程项目的环境条件、地质条件、水文条件等。

（3）市场因素。市场因素是项目的一种"隐含需要"，是社会或用户对项目的一种期望。所以，进行项目质量目标规划时，应通过市场调查来探索、研究这种需要，并将其纳入质量目标之中。

（4）质量经济性。项目的质量是无止境的，要提高项目质量，必然会增加项目成本。所以，项目所追求的质量不是最高，而是最佳，即既能满足项目的功能要求和社会或用户的期望，又不至于造成成本的不合理增加。在做项目质量目标规划时，应综合考虑项目质量和成本之间的关系，合理确定项目的质量目标。

2. 运行过程规划

项目的质量管理是通过一系列活动、环节和过程而实现的。项目的质量规划应对这些活动、环节、过程加以识别和明确。当然，不同的项目，其质量管理的运行过程亦有区别。但就其运行过程规划而言，至少都应明确以下四个方面：

（1）项目质量环。简单地说，项目质量环就是影响项目质量的各个环节，是从识别需要到评定能否满足这些需要的各个阶段中，影响质量的相互作用的活动的概念模式。不同的项目，其质量环也有所不同。

（2）质量管理程序。应明确项目不同阶段的质量管理内容和重点，明确质量管理的工作流程等问题。

（3）质量管理措施。包括质量管理技术措施、组织措施等。

（4）质量管理方法。包括项目质量控制方法、质量评价方法等。

3. 确定相关资源

为了进行项目质量管理，需要建立相应的组织机构，配备人力、材料、检验工具等必备资源。

例如某化肥厂建设工程项目，专门在项目组织内部设立了质量管理部门，负责材料、质量检测工具的购买、保管和使用，并设立专职的质量控制工程师，负责质量控制、有关质量问题的日常事务处理与设备基础和钢结构的验收工作；按专业设兼职的质量控制工程师，负责专业内有关质量控制事宜。

二、质量规划的依据

（1）项目特点。不同类型、不同规模、不同特点的项目，其质量目标、质量管理运行过程及需要的资源各不相同，因此，应针对项目的具体情况进行质量规划。

（2）项目质量方针。项目的质量方针反映了项目总的质量宗旨和质量方向，质量方针提供了质量目标制定的框架，是项目质量规划的基础之一。

（3）项目范围陈述。项目范围陈述说明了项目所有者的需求及项目的主要要求，项目质量规划应适应这些需求和要求。

（4）产品描述。产品是项目的成果。尽管可能在项目范围陈述中已经描述了产品的相关要素，然而产品的描述通常包含更加详细的技术要求和其他相关内容，这是项目质量规划的必要依据。

（5）标准和规则。不同的行业、不同的领域，对其相关项目都有相应的质量要求，这些要求往往是通过标准、规范、规程等形式加以明确的，这些标准和规则对质量规划将产生重要影响。例如，建筑工程项目的质量规划就应符合建筑施工规范、建筑结构规范等国家和行业标准。

三、质量规划的工具和方法

项目质量规划的技术主要有成本收益分析、质量标杆法、流程图、因果图和试验设计等。

（一）成本收益分析

成本收益分析是一种将项目所涉及的全部成本和收益系统地进行权衡的过程。在进行成本收益分析时，首先要衡量项目的收益和成本，然后才能评估其经济效益。将收益和成本进行比较并对它们进行关联研究都属于效益的范畴。

一般来说，效益的表达式有如下两种：

$$经济效益 = 收益 - 成本 \quad\quad\quad (7-1)$$

$$经济效率 = 收益 / 成本 \quad\quad\quad (7-2)$$

由以上两式可知，经济效益是投资的总体效果，经济效率是投资的单位效果。只有方案的经济效益>0 或经济效率>1，即收益>成本时，该方案才具有可行性。

编制项目质量计划时，必须考虑项目质量成本与项目质量收益的平衡。项目质量成本是指实施项目质量管理活动所需支出的有关费用；项目质量收益是指满足了质量要求而减少返工所获得的好处。

质量成本包括：

（1）内部故障成本。交货前因产品未能满足质量要求所造成的损失（如重新提供服务、重新加工、返工、报废等）。

（2）外部故障成本。交货后因产品未能满足质量要求所造成的损失（如产品的维护、担保、退货、责任赔偿等）。

（3）预防成本。为确保项目质量而进行预防工作所耗费的费用（如质量工作计划、质量情报、质量管理教育、质量管理活动等费用）。

（4）鉴定成本。为评定是否符合质量要求所进行的试验、检验和检查的费用。

项目的质量管理需要实施两方面的工作：一是质量保证工作；二是质量检验和质量矫正工作。这两方面的工作涉及两类成本，即质量保证成本（由预防成本和鉴定成本组成）和质量纠正成本（由内部故障成本和外部故障成本组成）。这两类成本呈反方向变动关系：质量保证成本越高，质量纠正成本也就越低；质量保证成本越低，质量纠正成本也就越高。成本收益分析就是要使质量保证成本和质量纠正成本之和最小，那么即使收益不变，质量管理的经济效益和经济效率也都会有所提高。

（二）质量标杆法

质量标杆法就是以其他项目的质量计划和质量管理的结果为基准，从而制定出本项目质量计划的一种方法，其他项目可以是项目团队以前完成的类似的项目，也可以是其他项目团队已经完成或正在进行的项目。在参照标杆项目的质量方针、质量标准、质量管理计划、质量工作说明等文件时，必须结合本项目的实际情况来编制项目质量的计划。在使用这一方法时，要特别注意基准项目实际发生的质量问题和教训，在制定本项目质量计划时，要采取一些防范措施和应急计划，以避免类似问题的再次发生。

（三）流程图

流程图提供了项目的工作流程以及各活动之间的相互关系。流程图法有助于项目团队发现可能产生质量问题的工作环节，有助于明确项目质量管理的责任，有助于找出解决质量问题的方法和措施。图7-3是一个设计复查程序的流程图。

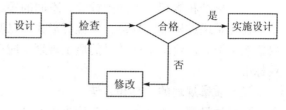

图 7-3　设计复查程序流程图[*]

（四）因果图

1. 因果图的涵义

质量管理的目的在于减少不合格品、降低成本和提高效率，控制产品质量和工作质量的波动。但是，在实际设计、生产和各项工作中，常常出现质量问题。为了解决这些问题，就需要查找原因，研究对策，采取措施。

一个问题（即结果）的发生绝非单纯一种或两种原因所致，常常有多种复杂的因素。有时要找到其中真正起作用的因素还是很困难的。例如产品质量的波动就可能与许多因素相关，如使用的原材料、机器和刀卡量具、加工方法和操作方法、操作者的技术水平和思想状况等。在这种情况下，就要对产生问题的诸因素加以分析研究。

因果图就是对问题（即结果）有影响的一些较重要的因素加以分析和分类，并在同一张图上把它们的关系用箭头表示出来，对因果做明确系统的整理。因果图来源于实际经验。由于因果图形如鱼骨，又称"鱼骨图"、"鱼刺图"。

因果图于1953年首先开始在日本川崎制铁公司使用，后又介绍到其他一些国家，在质量管理中应用很广。因果图的主要内容有：

（1）结果（问题或特性）：工作和生产过程出现的结果，例如尺寸、重量、纯度及强度等质量特性；工时、开动率、产量、不合格品率、缺陷率、事故率、成本、噪声等工作结果。这些特性或结果是期望进行改善和控制的对象。

（2）原因：对结果能够施与影响的因素。

（3）枝干：表示结果与原因之间的关系，也包括原因与原因之间的关系。最中央的干为主干，用双线箭头表示。从主干两边依次展开的称为大枝、中枝和细枝，用单线箭头表示。因果图的图例如图7-4所示。

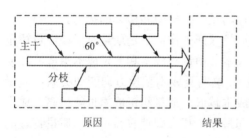

图 7-4　因果图的图例

2. 因果图的绘制步骤

（1）决定成为问题的结果（特性），其中包括质量特性或工作结果。结果是需要并准备改善与控制的对象。明确问题并加深理解十分重要，因此，应召集有关人员及对该问题有丰富知识和经验的人员进行讨论并向参加者说明情况。单纯凭一、两个人的意志确定问题是容易出现偏差的。

---

[*] 骆珣等. 项目管理教程. 机械工业出版社，2004

在决定成为问题的结果时，在方法上主要依靠帕累托图，用统计数据说明问题。在帕累托图中"柱高的"项目应作为主要的探讨对象，但需对该项目进行充分研究，确定是否有条件解决以及为解决该项目所付出的代价和效果是否相称。

（2）做出主干与结果（特性），并选取影响结果的主要因素。一般解决加工不良或散差等质量特性一类的问题，可将原因大致分为材料、设备、人员、制造和加工、测量方法等大枝。在解决出勤率、噪声等问题时，也应根据具体情况选出大枝。然后，再对大枝的分类项目细究下去，进一步画出中枝和细枝，直到可采取措施处置或原因可见为止。因果图的枝干如图 7-5 所示。

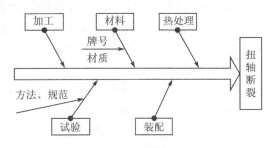

图 7-5 因果图的枝干

（3）检查原因是否有遗漏，如有遗漏应予以补充。

（4）对特别重要的原因应附以标记。各种原因对结果的影响不同，应将重要原因标以记号。标有标记的原因不能太多，一般不超过 4~5 项。

（5）记载因果图的标记及有关事项。例如产品名称、生产数量、参加人员、单位、制图者、日期以及制图时的生产状态等。

3. 因果图的分类

因果图是通过带箭头的线来表示体系的，它把结果和原因间的关系表示出来。因此，按表示的体系不同，因果图可以有以下形式：

（1）结果分解型。结果分解型的要点是沿着为什么发生这样的结果这个疑问思路一追到底，如图 7-5 所示。扭轴断裂有几个大的方面原因？是材料问题、热处理问题、加工问题、装配问题，还是试验问题？这些问题的原因又是什么？如材料有问题，是牌号不对、材料成分不对、金相组织不对，还是型钢有裂纹？这样可以一直追到问题原因能够查明并得到改善为止。其优点是可以系统地掌握各因素之间的关系，其缺点是容易漏掉较小的问题。对于制造过程的质量问题，结果分解型常按五大因素（人、原材料、设备、方法和环境）分成五个大枝，再分别找出影响它们的因素填入中枝、细枝和小枝。

（2）工序分类型。工序分类型是按生产或工作的顺序画出大枝，然后把对工序有影响的原因填在相应的工序上。工序分类型的因果图优点是作图简单，易于理解，缺点是相同原因可能出现多次并难以表现几个原因联系在一起而影响质量的情况。

（3）原因罗列型。原因罗列型是把所考虑到的全部因素不分层次地罗列出来，再根据因果关系整理这些原因项目，然后作出因果图。即先罗列，再整理。这种作法不采取按原因粗分类或按工序顺序追查原因，而是自由地提出所有可能的原因。原因罗列型因果图的优点是不易漏掉主要原因，原因与结果间的关系也有多种连接方法，从而丰富了因果图的内容。其缺点是结果与小枝间难于连接，且作图比较麻烦。

4. 作因果图的注意事项

（1）结果（特性）要提得具体。如"零件不合格"就不具体，应指出是尺寸不合格还是其他缺陷造成不合格，在尺寸不合格中又要明确哪个尺寸不合格，否则，因果关系不易明确。

（2）应该明确是为了改善还是为了维持现状。改善就是要改变平均值，维持就是要缩小波动。由于寻找因素的着眼点不同,对改善和维持要明确区别。

(3)发表意见要充分,分析应尽可能深入细致。因果图的意义就在于防止对问题产生的原因有主观固定的看法。充分发表意见,特别是重视现场人员的意见,则能深入细致地分析所发生的问题,这是解决问题的基础。

(4)一个结果(特性)作一个因果图。如果同一零件有两个缺陷项目,则应分别作因果图。

(5)改变思路。对原因的意见难以提出时,改变思路常常可以收到很好的效果,如把寻找提高的因素改变为寻找障碍的因素。

(五)试验设计

试验设计是一种统计分析方法,它有助于鉴定哪些因素对项目质量产生的影响大,从而找出影响项目质量的关键因素,为编制项目质量计划提供方便。例如,高级发动机比低级发动机成本高,但它能用较短的时间完成所分配的工作。通过试验设计可以了解项目中各种高级、低级发动机组合装置的成本和使用寿命,从而做出正确的决策。

四、质量规划的结果

1. 质量计划

质量计划是对特定的项目、产品、过程或合同,规定由谁及何时使用哪些程序和相关资源的文件。质量计划是质量规划的结果之一。项目的质量计划是针对具体项目的要求,以及应重点控制的环节所编制的对设计、采购、项目实施、检验等质量环的质量控制方案。质量计划往往并不只是一个文件,而是由一系列文件所组成的。项目开始时,应从总体考虑,编制一个保证项目质量规划性的质量计划,如质量管理计划;随着项目的进展,编制相应各阶段较详细的质量计划,如项目操作规范。项目质量计划的格式和详细程度并无统一规定,但应与用户的要求、供应方的操作方式和活动的复杂程度等相适应,计划应尽可能简明。

质量计划应明确指出所开展的质量活动,并直接或间接(通过相应程序或其他文件)指出如何实施所要求的活动。其内容包括:

(1)需达到的质量目标,包括项目总质量目标和具体目标;

(2)质量管理流程,可以用流程图等形式展示过程的各项活动;

(3)在项目的各个不同阶段,职责、权限和资源的具体分配;

(4)项目实施中需采用的具体的书面程序和指导书;

(5)有关阶段适用的试验、检查、检验和评审大纲;

(6)达到质量目标的测量方法;

(7)随项目的进展而修改和完善质量计划的程序;

(8)为达到项目质量目标必须采取的其他措施,如更新检验技术、研究新的工艺方法和设备、用户的监督、验证等。

这些内容可能包含在不同的质量计划文件之中。

2. 质量技术文件

质量技术文件主要用以表述保证和提高项目质量的技术支持内容,包括与项目质量有关的设计文件、工艺文件、研究试验文件等。技术文件应准确、完整、协调、一致。

3. 质量检查表

质量检查表是用来核实项目质量计划的执行和控制是否得到实施的一种工具。该表以工作分解结构为基础,由详细的条目组成,常采用询问式或命令式的短语。

思考题

1. 质量规划所包含的工作过程有哪些?
2. 质量目标规划考虑的主要因素有哪些?
3. 运行过程规划在编制时应明确的方面有哪些?
4. 质量规划的依据是什么?
5. 质量规划有哪些工具和方法?

第三节 实施质量保证

一、概述

实施质量保证是为保证项目质量计划的顺利进行,经常性地对项目质量计划的执行情况进行评估、核查和改进的过程,使项目质量能够满足客户的要求。

实施质量保证是项目对客户在产品质量方面的担保,它相当于疾病预防,它是为获得优质产品而提前采取的措施,预防的目的是为了防止缺陷的发生。它的目的是确保项目一次性成功。

质量保证包括项目内部质量保证和外部质量保证。内部质量保证是向项目团队提供的质量保证;外部质量保证是向客户和其他项目利益关系人提供的质量保证。实施质量保证主要包括以下内容:

1. 制定科学、合理、可行的质量标准

在评估项目质量计划的执行情况时,制定科学合理的质量标准是非常必要的。项目质量标准可以根据以前的项目经验、国家或地区的质量标准来制定。

2. 建立实施质量保证体系

为了使项目顺利实施,保证各项质量要求达到预期的目标,项目要建立起完善的实施质量保证体系。实施质量保证体系是指实施项目质量管理所需的组织结构和质量管理程序。

3. 开展有计划的质量改进活动

质量改进是为了提交符合客户质量要求的项目可交付成果,在项目组织内部开展的旨在提高项目质量的各项活动。实际上,质量改进活动是一种持续的、不断完善的项目活动,它包括对项目产品、项目活动、项目作业、项目管理等各方面质量的不断完善。

二、实施质量保证的依据

1. 项目质量计划

项目质量计划是实施质量保证最根本的依据。

2. 项目质量计划的实际执行情况

项目质量计划的实际执行情况提供了项目质量的实际情况、相应的事实分析和评价,这是实施质量保证的重要依据。

3. 项目质量工作说明

项目质量工作说明是对项目质量管理工作的描述以及对实施质量保证和控制方法的说明。

三、实施质量保证的工具和方法

编制项目质量规划所采用的工具和方法在实施质量保证中同样适用。除此之外,实施质量保证还可以采用如下方法：

1. 质量审计

质量审计是按照审计程序对特定的质量管理活动进行的结构化的审查。通过质量审计，可以获得质量管理过程中的经验教训，从而提高项目的实施水平。质量审计可以是定期的，也可以是随时的，可由公司内部的审计员或特定领域有专门知识的第三方执行。

2. 事先规划

在实施质量保证的过程中，要针对可能出现的质量问题预先制定出防范措施。同时还要确定防范的范围和等级，如果范围过小或等级过低，就可能达不到质量要求；如果范围过大或等级过高，就会增加项目的工作量和费用。因此，实施质量保证的范围和等级要力求适当。

3. 质量活动分解

实施质量保证要对与质量有关的活动进行逐层分解，直到最基本的和比较容易控制的质量活动，从而对项目质量进行有效的保证。

4. 实施质量保证体系

实施质量保证体系是质量管理的基础，一个项目团队只有建立起有效的实施质量保证体系，才能全面地开展项目质量管理活动，从而实现项目的质量目标。如某项目为提高质量水平，设立了质量保证部门，该部门又下设了质保材料、质保检验、质保管理、质保工程和质保审计五个部门，这五个部门相互协调、相互制约，形成了一套有效的实施质量保证体系，从而提高了该项目的质量水平。

四、实施质量保证的结果

实施质量保证的结果主要是项目质量改进与提高的建议，它能提高项目活动的效率与效果。一般包括如下几个方面的内容：

（1）目前存在的项目质量问题及其后果；

（2）产生项目质量问题的原因分析；

（3）项目质量改进或提高的目标；

（4）进行项目质量改进或提高的方法和步骤；

（5）项目质量改进或提高的成果确认方法。

思考题

1. 实施质量保证的依据有哪些？
2. 实施质量保证有哪些工具和方法？
3. 实施质量保证的结果有哪些？

第四节　实施质量控制

一、概述

实施质量控制是质量管理的一部分，致力于满足质量要求。实施质量控制的目标就是确保项目质量能满足有关方面所提出的质量要求（如适用性、可靠性、安全性等）。实施质量控制的范围涉及项目质量形成全过程的各个环节。项目质量受到各阶段质量活动的直接影响,任一环节的工作没有做好,都会使项目质量受到损害而不能满足质量要求。质量环的各阶段是由项目的特性所决定的,根据项目形成的工作流程,由掌握了必需的技术和技能的人员进行一系列有计划、有组织的活动,使质量要求转化为满足质量要求的项目或产品,完好地交付给用户,并应根据项目的具体情况进行用后服务,这是一个完整的质量循环。为了保证项目质量,这些技术计划必须在受控状态下进行。

实施质量控制的工作内容包括作业技术和活动,即包括专业技术和管理技术两方面。实施质量控制应贯彻预防为主与检验把关相结合的原则,在项目形成的每一个阶段和环节,即质量环的每一阶段,都应对影响工作质量的人、机、料、法等因素进行控制,并对质量活动的成果进行分阶段验证,以便及时发现问题,查明原因,采取措施,防止类似问题重复发生,使问题在早期得到解决,减少经济损失。为使每项质量活动都有效,在质量控制过程中对干什么、为何干、如何干、由谁干、何时干、何地干等问题应做出规定,并对实际质量活动进行监控。项目的进行是一个动态过程,所以,对项目实施的质量控制也具有动态性。为了掌握项目随着时间变化而变化的状态,应采用动态控制的方法和技术实施质量控制。

(一)实施质量控制的特点

项目不同于一般产品,对于项目的质量控制也不同于一般产品的质量控制,其主要特点有:

(1)影响质量的因素很多。项目的进行是动态的,影响项目质量的因素也是动态的。在项目的不同阶段、不同环节、不同过程,影响因素也不尽相同。所以,加强对影响质量的因素的管理和控制是实施质量控制的一项重要内容。

(2)实施质量控制的阶段性。项目需经历不同的阶段,各阶段的工作内容、工作结果都不相同,所以每阶段的质量控制内容和控制重点亦不相同。

(3)易产生质量变异。质量变异就是项目质量数据的不一致性,产生这种变异的原因有两种:偶然因素和系统因素。偶然因素是随机发生的,是客观存在的,是正常的;系统因素是人为的,是异常的。偶然因素造成的变异称为偶然变异,这种变异对项目质量的影响较小。系统因素所造成的变异称为系统变异,这类变异对项目质量的影响较大,易识别。所以在项目的实施质量控制中,应采取相应的方法和手段对质量变异加以识别和控制。

(4)易产生判断错误。在实施质量控制中,经常需要根据质量数据对项目实施的过程或结果进行判断。由于项目的复杂性和不确定性,造成质量数据的采集、处理和判断的复杂性。往往会对项目的质量状况做出错误判断。因此,需要在对项目实施质量控制中,采用更加科学、更加可靠的方法,尽量减少判断错误。

(5)项目一般不能解体、拆卸。已加工完成的产品可以解体、拆卸,对某些零部件进行检查,但项目一般做不到这一点。所以,对项目实施质量控制应更加注重对项目进展过程的控制,注重对阶段结果的检验和记录。

(6)项目质量受成本、工期的制约。项目的质量不是独立存在的,它受成本和工期的制约。在对项目进行质量控制的同时,必须考虑其对成本和工期的影响,同样应考虑成本和工期对质量的制约,使项目的质量、成本、工期都能实现预期目标。

(二)实施质量控制的步骤

就实施质量控制的过程而言,质量控制就是监控项目的实施状态,将实际状态与事先制定的质量标准进行比较,分析存在的偏差及产生偏差的原因,并采取相应对策。这是一个循环往复的过程，对任一控制对象的控制一般都按这一过程进行。该控制过程主要包括以下步骤：

（1）选择控制对象，项目进展的不同时期、不同阶段，质量控制的对象和重点也不相同，这需要在项目实施过程中加以识别和选择；

（2）为控制对象确定标准或目标；

（3）制定实施计划，确定保证措施；

（4）按计划执行；

（5）跟踪观测、检查；

（6）发现、分析偏差；

（7）根据偏差采取对策。

上述步骤可归纳为四个阶段：计划、执行、检查和处理。在实施质量控制中，这四个阶段循环往复，形成"戴明循环"。"戴明循环"（由戴明（Deming）博士提出）倡导一种持续改进的方法，也称为 PDCA 循环。P（plan）代表计划，即通过市场调研来确定质量管理的目标以及为实现此目标所需的各种方法和对策；D（do）代表执行，即将制定的方法和对策付诸实施；C（check）代表检查，即对实施的结果进行检查；A（action）代表处理，即对检查出来的问题进行控制，并总结经验。

计划阶段的主要工作任务是确定质量目标、活动计划和管理项目的具体实施措施。该阶段的具体工作是：分析现状，找出质量问题及控制对象；分析产生质量问题的原因和影响因素；从各种原因和因素中确定影响质量的主要原因或影响因素；针对质量问题及影响质量的主要因素制定改善质量的措施及实施计划，并预计效果。

执行阶段的主要工作任务是根据计划阶段制定的计划措施，组织贯彻执行。该阶段要做好计划措施的交底和组织落实、技术落实和物质落实。

检查阶段的主要工作任务是检查实际执行情况，并将实施效果与预期目标对比，找出存在的问题。

处理阶段的主要工作任务是对检查的结果进行总结和处理。其具体工作包括：总结经验，纳入标准，即通过对实施情况的检查，明确有效果的措施，制定相应的工作文件、工艺规程、作业标准以及各种质量管理的规章制度，总结好的经验，防止再次发生同样的问题。

将遗留问题转入下一个控制循环。通过检查，找出效果仍不显著或效果仍不符合要求的措施，作为遗留问题，进入下一个循环，为下一期计划提供数据资料和依据。

（三）项目不同阶段的质量控制

影响项目质量的因素主要有五大方面：人、材料、设备、方法和环境。对这五个方面因素的控制，是保证项目质量的关键。项目的不同阶段对其质量起着不同的作用，有着不同的影响，所以其质量控制的重点也不相同。

1. 项目决策阶段的质量控制

项目决策阶段包括项目的可行性研究和项目决策。项目的可行性研究直接影响项目的决策质量和设计质量。所以，在项目的可行性研究中，应该进行方案比较，提出对项目质量的总体要求，使项目的质量要求和标准符合项目所有者的意图，并与项目的其他目标相协调，与项目环境相协调。项目决策是影响项目质量的关键阶段，项目决策的结果应能充分反映项目所有者对质量的要求和意愿。在项目决策过程中，应充分考虑项目费用、时间、质量等目标之间的对立统一关系,确定项目应达到的质量目标和水平。

2. 项目设计阶段的质量控制

项目设计阶段是影响项目质量的决定性环节,没有高质量的设计就没有高质量的项目。在项目设计过程中,应针对项目特点,根据决策阶段已确定的质量目标和水平,使其具体化。设计质量是一种适合性质量。即通过设计,应使项目质量适应项目使用的要求,以实现项目的使用价值和功能;应使项目质量适应项目环境的要求,使项目在其生命周期内安全、可靠;应使项目质量适应用户的要求,使用户满意。实现设计阶段质量控制的主要方法是方案优选、价值工程等。

3. 项目实施阶段的质量控制

项目实施是项目形成的重要阶段,是实施质量控制的重点。项目实施阶段所实现的质量是一种符合性质量,即实施阶段所形成的项目质量应符合设计要求。项目实施阶段是一个从输入转化到输出的系统过程。项目实施阶段的质量控制,也是一个从对投入品的质量控制开始,到对产出品的质量控制结果的系统控制过程。

在项目实施阶段的不同环节,其质量控制的工作内容不同。根据项目实施的不同时间阶段,可以将项目实施阶段的质量控制分为事前控制、事中控制和事后控制。

4. 项目最终完成阶段的质量控制

项目最终完成后,应进行全面的质量检查评定,判断项目是否达到具体质量目标,对于工程类项目,还应组织竣工验收。

(四)工序质量控制

1. 工序质量控制概念

工序是指一个(或一组)工人在一个工作地(如一台机床)对一个(或若干个)劳动对象连续完成的各项生产活动的总和。项目由一系列相互关联、相互制约的工序所构成。要控制项目质量,首先应控制工序质量。

工序质量包括两方面内容:一是工序活动条件的质量;二是工序活动效果的质量。就质量控制而言,这两者是互为关联的。一方面要控制工序活动条件的质量,使每道工序投入品的质量符合要求;另一方面应控制工序活动效果的质量,使每道工序所形成的产品(或结果)达到其质量要求或标准。工序质量控制,就是对工序活动条件和活动效果进行质量控制,从而实现对整个项目的质量控制。

工序质量控制的原理是采用数理统计方法,通过对工序样本数据进行统计、分析,来判断整个工序质量的稳定性。若工序不稳定,则应采取对策和措施予以纠正,从而实现对工序质量的有效控制。

2. 工序质量控制点的设置

工序质量控制点是指在不同时期工序质量控制的重点。质量控制点的涉及面较广,根据项目的特点,视其重要性、复杂性、精确性、质量标准和要求等,质量控制点可能是材料、操作环节、技术参数、设备、作业顺序、自然条件、项目环境等。质量控制点的设置,主要视其对质量特征影响的程度及危害程度加以确定。

质量控制点的设置是保证项目质量的有力措施,也是进行质量控制的重要手段。在工序质量控制过程中,首先应对工序进行全面分析、比较,以明确质量控制点;然后应分析所设置的质量控制点在工序进行过程中可能出现的质量问题或造成质量隐患的因素,并加以严格控制。

二、实施质量控制的依据

1. 项目质量计划和项目质量工作说明

项目质量计划明确了项目质量的最终要求，通过项目质量工作说明可以把项目质量的最终要求转变成实施质量控制的具体标准和参数。

2. 项目质量计划的实际执行情况

项目质量计划的实际执行情况是实施质量控制最基本的依据。

3. 质量检查表

质量检查表是针对具体活动编写的，其目的是核实某些具体的质量工作环节是否已经实施，它还可以表明这些具体环节的实施情况。

三、实施质量控制的工具和方法

在进行质量控制时，可采用的工具和方法有很多，在此，我们仅介绍几种常用的方法，即质量检验法、控制图、帕累托图和调查表。

（一）质量检验法

质量检验法包括测量、检查和测试等活动，其目的是确定项目质量是否与质量标准的要求相一致。检验可以在任何层次中进行，其对象可以是一个单项活动的结果，也可以是整个项目的最终成果。

（二）控制图

控制图法是通过描述各样本的质量特征所在的区域来进行质量控制的方法，其用途是判断项目的质量是否处于控制中，如图 7-6 所示。当项目质量特征在上控制界限和下控制界限范围内时（上控制界限和下控制界限范围是根据项目质量规定的标准制定的），说明它处于受控状态；如果落在上控制界限和下限控制界限之外时，说明质量已经处于失控状态，应该采取措施使它回到受控状态。

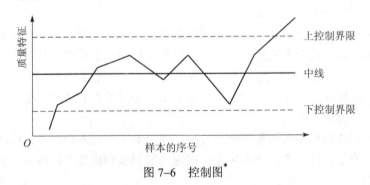

图 7-6 控制图[*]

（三）帕累托图

1. 帕累托图的概念

产品出现缺陷、工作出现差错是不可完全避免的，进行质量控制的目的就是要把不合格品、缺陷和工作差错减少到最低限度。产品或工作质量出现缺陷和问题当然不是好事，但是却提供了可贵的数据，这些数据是以经济上的浪费和工作上的损失为代价而得来的。如果把这些数据加以详细记录、归档、分析和研究，查明发生缺陷和问题的原因并加以改进，使之

---

[*] 骆珣等. 项目管理教程. 机械工业出版社，2004

不再发生或使发生次数控制在允许范围以内,则可使产品和工作质量提高一步,减少损失,降低成本。

处理各种数据以便采取措施来改进质量的方法很多,其中之一是帕累托图。这种方法是由意大利经济学家帕累托(Wilfredo Pareto)提出的,所以又称帕累托图。后来,帕累托图由美国质量管理专家朱兰(J.M Juran)博士引入质量管理中,成为一种简单可行、一目了然的质量管理工具。绘图时,把数据按项目分类,按每个项目所包括数据的多少,从大到小进行项目排列,并以此作为横坐标,把各项数据发生的频数和所占总数据的百分比作为纵坐标,这样做出的直方图即为帕累托图。

2. 帕累托图的绘制步骤

(1)将用于帕累托图所记录的数据进行分类。分类方法有多种,可以按工艺过程、缺陷项目、作业班组、品种、尺寸、事故灾害种类等分类。但首先应考虑:

① 按结果分类,即按不合格项目、缺陷类型、事故种类等分类,这种分类只有当工作完毕后才能得出;

② 按原因分类,如缺陷产生的原因是多方面的,可以把数据按原因分类。

(2)确定数据记录的时间。汇总成帕累托图的日期没有必要规定期限,只要能够汇总成作帕累托图所必需的足够的数据即可。一般取 50 个以上的数据,但收集数据的时间不宜过长,过长时可按一定期限的数据作帕累托图。

(3)按分类项目进行统计。统计按确定数据记录的时间来做,汇总成表,以全部项目为 100%来计算各个项目的百分比,得出频率。

(4)计算累计频率。按表 7-1 进行。

表 7-1 累计频率计算表

序号	项目	频数	频率 / %	累计频率 / %
1	A	n_1	$f_1 = n_1/N \times 100$	$F_1 = f_1$
2	B	n_2	$f_2 = n_2/N \times 100$	$F_2 = F_1 + f_2$
3	C	n_3	$f_3 = n_3/N \times 100$	$F_3 = F_2 + f_2$
4	D	n_4	$f_4 = n_4/N \times 100$	$F_4 = F_3 + f_2$
5	E	n_5	$f_5 = n_5/N \times 100$	$F_5 = F_4 + f_2$
6	其他	n_6	$f_6 = n_6/N \times 100$	$F_6 = F_5 + f_2$
总计		N		$F_6 = 100$

表 7-1 中 n_1, n_2, …, n_6 是按频数大小顺序排列。

(5)准备坐标纸,画出纵横坐标,注意纵横坐标要均衡匀称。

(6)按频数大小作直方图。

(7)按累计比率作排列曲线。

(8)记载帕累托图标题及数据简历。

填写标题后还应在空白处写明产品名称、工作项目、工序号、统计期间、各种数据的来源、生产数量、记录者及制图者等项。

作帕累托图时,纵坐标如有可能用不良项目所损失的金额来表示,则对经济核算来讲更加清晰。

3. 应用实例

精密铸造机匣质量不良项目有表面疵点、气孔、未充满、形状不佳、尺寸超差及其他等项，先记录两班工人一周内所生产的产品不良情况数据，如表 7-2 所示。

表 7-2 缺陷情况调查表

时间 组别	1日	2日	3日	4日	5日	6日
甲班	••• + ○ △△ □ ×	•••• +++ ○ ×	•• + △	••• + ○○ △ □	•••• + ×	••• ++ △ ×
乙班	••••• ++ ○○ △ □	••• + ○○ △	••• + ○ △	••• + ○ △ ×	•••• + □	••• +++ △△

注：表 7-2 中，•表示疵点，+ 表示气孔，○表示未充满，△表示形状不佳，□表示尺寸超差，×表示其他。

根据表 7-2 中的数据，分别将甲乙两班一周内不良项目归结为表 7-3。

表 7-3 缺陷项目记录表

缺陷项目	甲班频数	乙班频数	合 计
疵点 •	19	22	41
气孔 +	9	9	18
未充满 ○	6	7	13
形状不佳 △	4	6	10
尺寸超差 □	3	3	6
其他 ×	4	3	7
合计	45	50	95

由表 7-3 可见，乙班比甲班缺陷项目频数稍多一些，但缺陷项目内容差别不大，所以无需分层，确定两班之和的频数来作帕累托图。由表 7-3 数据作帕累托图用表如表 7-4 所示。

表 7-4 帕累托图用表

缺陷项目	频 数	频率/%	累计频率/%
疵点 •	41	43.2	43.2
气孔 +	18	18.9	62.1
未充满 ○	13	13.7	75.8
形状不佳 △	10	10.5	86.3
尺寸超差 □	6	6.3	92.6
其他 ×	7	7.4	100
合计	95	100	

作帕累托图如图 7-7 所示，作图时一般应把"其他"一项放在最后。

4. 作帕累托图的注意事项

（1）作帕累托图时，如有必要，可按时间、工艺、机床、操作者、环境等进行分层。

（2）可将最主要的问题进一步化小，再作帕累托图。

（3）对于一些影响较小的问题，如不易分类形成独立项目，则可将它们归入"其他"，最后再加以解决。如果"其他"类频数太多，则需重新考虑加以分类。

5. 帕累托图的用法

（1）通过帕累托图来找出重点改进项目。

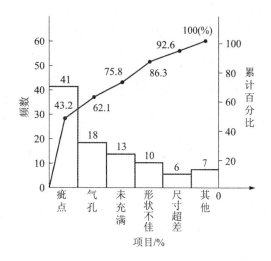

图 7-7 铸造缺陷帕累托图

如果现场工作的每个人都按个人的技术和经验决定如何改善所遇到的问题，那么，可能出现效果显著、效果一般、效果不佳以及无效果等几种情况。即使效果显著，也只能说明判断基本正确，但并不是建立在科学的统计方法基础上。而若出现后几种情况，则造成很大的浪费，包括人力、物力及时间的浪费。要使效果显著，就要选好解决问题的进攻目标。利用帕累托图这种建立在统计基础上的科学方法就能达到这个目的。在帕累托图上，对结果有较大影响的只是"柱高"的前两、三项，而后面的项目对改善效果影响不大。因此，可以根据重要程度把项目分为 A、B、C 三级。A 级——在帕累托图上所占比重大，约占全部项目的 70%～80%；B 级——在帕累托图上所占比重较小，约占全部项目的 15%～25%（减去 A 级项目所占百分比）；C 级——在帕累托图上所占比重很小，是除去 A、B 两级项目所剩余的项目。

从图 7-7 帕累托图中可见前三项（疵点、气孔、未充满）占 75.8%，为 A 类项目。首先解决这些项目，尤其是占 43.2% 的第一项，就会得到很好的效果。根据经验，解决 A 级项目，即解决"柱高"的项目比解决"柱低"的项目要容易得多，"柱低"的项目一般很难控制。

（2）改进效果的鉴定。

采取措施后，这些措施是否有效仍可用帕累托图来进行检查。不要以为一旦采取对策措施就万事大吉，还需用帕累托图来考察其效果，以防止这种情况的再发生，并通过项目排列的改变，找出进一步解决问题的进攻目标。图 7-8 左为改善前的帕累托图，右为改善后的帕累托图。

（3）任何问题的改善均可应用帕累托图。

不仅产品质量方面问题的改善可以应用帕累托图，其他诸如效率问题、节约问题、安全问题、仓库管理问题等工作质量方面问题均可应用帕累托图来进行改善。

（四）调查表

运用统计方法进行质量控制的主要依据是数据。数据要反映客观的实际情况，不应有虚假的成分，否则即使进行了严格、精确地计算和分析，其结果仍不可信。收集数据以及其他资料应有比较切实可行的方法，调查表就是一种很好的收集数据的方法。它的特点是：

（1）规格统一，使用简单方便；

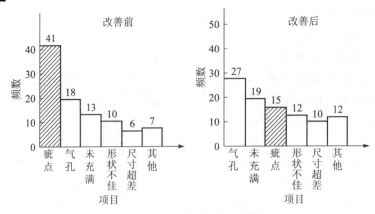

图 7-8 改善前后的帕累托图

（2）自行整理数据，提高效率；

（3）填表过程中的差错事后无法发现，因此，应格外仔细。

按使用目的不同，调查表可有各种形式，现分述之。

1．工序分布调查表

适用于计量数值数据的调查，如零件尺寸、重量等质量特性的工序分布情况。当然，调查工序分布情况可以使用直方图，但作直方图时，除收集数据外，还要根据数据作频数分布，即需分两个步骤。然而，调查工序分布情况常常并不要求了解每个数据值，而只需清楚整体分布状态及其与标准规格的关系。因此，最简单的方法是在收集数据的同时，进行分类和频数统计。工序调查表就是为了达到这个目的而设计的一种表格，如表 7-5 所示，根据工序分布调查表可以绘制工序分布图，如图 7-9 所示，它表明了实际加工尺寸与理论尺寸的差值出

表 7-5 工序分布调查表

名　称	支架	质量特性	尺寸	批　号	2005 年 6 月
代　号	07-6	标　准	50±0.06	日　期	2005 年 6 月
工序名称	铣平面	总　数	2100	检查者	XXX
单　位	4 车间	检查数	184	制表者	XXX

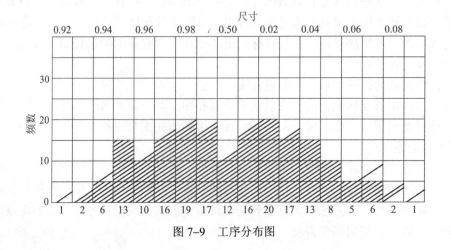

图 7-9 工序分布图

现的次数,横坐标表示尺寸误差大小,纵坐标表示频数,图下方的数值是在这次调查中某一误差出现的次数。

2. 缺陷项目调查表

为了减少生产中出现的各种缺陷情况,需要调查各种缺陷项目的比率大小。为此可采用缺陷项目调查表,如表 7-6 所示。根据缺陷项目调查表可以绘制缺陷频数分布图,如表 7-7 所示。

表 7-6 缺陷项目调查表

名 称	拔 叉	项目数	6	日 期	2005 年 6 月
代 号	05-06	缺陷件数	127	检查者	XXX
工序名称		检查数	1000	制表者	XXX

表 7-7 缺陷频数分布

缺陷项目	缺 陷 频 数	小计
表面疵病	||||| ||||| ||||| ||||| ||||| ||||| ||	32
砂 眼	||||| ||||| ||||| ||||| |||	23
形状不良	||||| ||||	9
加工超差	||||| ||||| ||||| ||||| ||||| ||||| ||||| ||||| ||||| |||	48
变 形	||||| ||	7
其 他	||||| |||	8
总 计		127

3. 缺陷位置调查表

外伤、油漆脱缺、脏污以及铸锻件等表面缺陷在产品中常常作为检验的重要项目。为了减少这种缺陷,采用缺陷位置调查表具有很好的效果。这种调查表是在产品外形图或展开图上标出缺陷位置,并且可以给出缺陷种类和数量,不同缺陷可用不同符号或颜色标记。缺陷位置调查如表 7-8 所示。

表 7-8 缺陷位置调查表

名称	130	调查项目	1. 尘粒	日期	2005 年 6 月 20 日
代号			2. 流漆	检查者	XXX
工序名称	喷漆		3. 色斑	制表者	XXX

4. 缺陷原因调查表

上述缺陷项目调查表和缺陷位置调查表只表明了缺陷项目发生的频数和位置,而通过分层还可以用缺陷原因调查表进一步查明原因,以便采取改进措施。缺陷原因调查表如表 7-9 所示。

表 7-9　缺陷原因调查表

名称		轴	原因	进给（◇）	日　期	2005 年 6 月
代号		01-006		刀具（×）	操作者	XXX
工序名称		轴孔粗糙度		操作（△）	制表者	XXX
日期		6 月 15 日	6 月 15 日	6 月 15 日	6 月 15 日	6 月 15 日
设备机床 1	工人 A	◇◇ × △	◇ ×× △△	◇ △△	◇◇ × △△	◇◇ △
	工人 B	× △	◇ ×× △	◇ △△	◇ × △	◇ △

5. 特性检查表

特性检查表是用于检查质量特性是否合乎要求，以对工序质量或产品质量进行检查与确认。尤其当检查项目多而容易遗漏时，可用特性检查表逐项进行，以避免错误和重复检查。特性检查表如表 7-10 所示。

表 7-10　特性检查表

名称	105 炮	检查内容	全炮	日期	2005 年 6 月 20 日
炮号	No.75841	检查员	XXX	军代表	XXX
序号	项　目		标　准	检查记录	备　注
1	击针突出量		2.44～2.75 mm	2.5 mm	
2	击针印偏值（转 180°）		小于印痕一半	合格	
3	炮管尾端面与闩体镜面间隙		5.22～5.56 mm	5.3 mm	
4	高低机手能力		小于 6 kg	5.5 kg	

6. 操作检查表

为了使工序操作人员能够严格地遵守操作规程以保证产品质量，在某些重要工序或批量很大的工序可以使用自检用的操作检查表，如表 7-11 所示。

表 7-11　操作检查表

名称	小轴	工序名称	镀铜	检查者	XXX
代号	08-006	日期	2005 年 6 月 20 日	制表者	XXX
分类	序号	检查项目		检查结果	备　注
电镀前准备工作	1	是否有水溅			
	2	硫酸是否洗干净			
	3	是否有杂物附着			
	4	锈是否除干净			
	5	产品是否有缺陷			

续表

名称	小轴	工序名称		镀铜	检查者	XXX
代号	08-006	日期		2005年6月20日	制表者	XXX
分类	序号	检查项目			检查结果	备注
电镀操作	6	电镀位置是否合适				
	7	夹具是否合适				
	8	接触是否良好				
	9	电镀液体温度是否合适				
	10	电镀时间是否合适				
	11	电镀有无异常				
电镀后	12	电镀是否光亮				
	13	电镀槽是否干净				

7. 对策表

当通过数据整理分析、帕累托图、因果图以及集思广益的办法找出存在的问题后，为了迅速和有步骤地解决问题，可以用对策表来明确对策措施、标准要求，并定员、定期保证对策的实施，从而确保产品质量和工作质量。对策表简单明确，责任分明，便于推行，应用广泛，是一种十分有用的质量管理工具。

四、实施质量控制的结果

1. 项目质量改进

项目质量改进是实施质量控制最主要的成果，即通过实施质量控制带来项目质量的提高，采取措施提高项目的效率。

2. 验收决定

通过对项目质量进行检验，决定是否接受项目的质量。如果项目质量达到了规定的标准，就做出接受的决定；如果项目质量没有达到标准，则做出拒绝的决定。被拒绝的项目可能需要返工。

3. 返工

返工是指针对在实施质量控制中发现的质量不符合要求的工作采取措施，使它符合质量标准的活动。返工一般是由于质量计划不合理或质量保证不得力，也可能是由于某些意外情况而发生的。返工可能会拖延项目的进度，增加项目的成本，损害项目团队的形象。因此，项目团队应该采取有效的控制措施，避免返工。

4. 项目调整

项目调整是根据实施质量控制中存在的较为严重的质量问题以及项目利益关系人提出的质量变更要求，对项目的活动采取纠正措施进行调整。比如，一个项目的某项活动存在着严重的质量问题，对整个项目的影响较大，项目团队已经无法满足客户的质量要求，这时就需要与客户协商降低项目的质量标准。项目调整一般是按照整体变更的程序来进行的。

5. 质量检查表的完善

实施质量控制是以质量检查表为依据的，而完善后的质量检查表记录了实施质量控制的有关信息，为下一步的质量控制提供了基础。

思考题

1. 影响项目质量的因素有哪些？如何分别进行控制？
2. "戴明循环"有哪几个步骤？
3. 如何绘制帕累托图？
4. 因果图的绘制步骤是怎样的？
5. 调查表有哪些形式？

第五节　质量管理体系

一般来说，项目的实施总是以组织（企业）为依托的。所以，组织（企业）是否建立质量管理体系及建立的质量管理体系能否有效运行，将直接关系到项目质量的保证程度。

质量管理体系是指在质量方面指挥和控制组织的管理体系。这一管理体系由建立质量方针和目标并实现这些目标的相互关联或相互作用的一组要素所组成。质量管理体系将影响质量的技术、管理、人员和资源等因素综合在一起，使之在质量方针的指引下，为达到质量目标而互相配合、努力工作。质量管理体系包括硬件和软件两大部分。组织在进行质量管理时，首先根据达到质量目标的需要，准备必要的条件，如人员素质、试验、加工、检测设备的能力等资源，然后，通过设置组织机构，分析确定需要开发的各项质量活动（过程）。分配、协调各项活动的职责和接口，通过程序的制定给出从事各项质量活动的工作方法，使各项质量活动能经济、有效、协调地进行，这样组成的有机整体就是组织的质量管理体系。

国际标准化组织（ISO）于 1986 年发布 ISO 8402《质量——术语》，1987 年发布 ISO 9000《质量管理和质量保证标准——选择和使用指南》、ISO 9001《质量体系——设计开发、生产、安装和服务的质量保证模式》、ISO 9002《质量体系——生产和安装的质量保证模式》、ISO 9003《质量体系——最终检验和试验的质量保证模式》、ISO 9004《质量管理和质量体系要素——指南》等 6 项国际标准，通称为 ISO 9000 系列标准。该系列标准发布后经两次修改，于 2000 年 12 月 25 日正式发布了 ISO 9000：2000《质量管理体系——基础和术语》、ISO 9001：2000《质量管理体系——要求》、ISO 9002：2000《质量管理体系——业绩改进指南》。该系列标准用于指导组织建立质量管理体系并使之有效运行，同时也是进行质量管理体系认证的依据。

我国于 1992 年采用了 ISO 国际标准，并发布了 GB/TI 9000 系列标准，用于指导我国的质量体系认证工作。根据 ISO 9000：2000 系列标准，我国于 2000 年 12 月 28 日发布了 GB/TI 9000—2000《质量管理体系——基础和术语》、GB/TI 9001—2000《质量管理体系——要求》、GB/TI 9004—2000《质量管理体系——业绩改进指南》。这一系列标准将是我国在今后一段时间内指导组织建立质量管理体系，进行质量体系认证的主要依据，

GB/TI 9000—2000 标准起到了奠定理论基础、统一术语概念和明确指导思想的作用，具有很重要的地位，该标准在合并修订 1994 版相关标准的基础上，增加了八项质量管理原则和质量管理体系的 12 条基础说明。

GB/TI 9001—2000 标准取代了 1994 版的 GB/TI 9001、GB/TI 9002 和 GB/TI 9003 标准，组织主要依据该标准建立质量管理体系并进行质量管理体系认证工作。

GB/TI 9004—2000 标准是组织为改进业绩而规划、建立和实施质量管理体系的指南性标

准，该标准为那些希望超出 GB/TI 9001 的要求，寻求对组织业绩持续改进的组织的最高管理者提供了指南。然而，用于认证和合同不是本标准的目的。

思考题

什么是质量管理体系？

本章小结

● 质量管理的发展经历了三个阶段：质量检验阶段、统计质量管理阶段和全面质量管理阶段。

● 在国际标准 ISO 9000:2000《质量管理体系基础和术语》中质量被定义为："一组固有特性满足要求的程度。"这个定义包括以下三方面的内涵：质量的动态性、质量的相对性和质量的可比性。

● 项目质量管理主要包括质量规划、实施质量保证和实施质量控制。在项目质量的规划和控制中，形成了一些专门技术和工具，本章重点介绍了帕累托图、因果图和调查表等工具。

● 质量管理体系是指在质量方面指挥和控制组织的管理体系。国际标准化组织（ISO）先后发布了 ISO 9000 系列标准。该系列标准用于指导组织建立质量管理体系并使之有效运行，同时也是进行质量管理体系认证的依据。我国于 1992 年等同采用了 ISO 国际标准，并发布了 GB/TI 9000 系列标准，用于指导我国的质量体系认证工作，但不用于认证和合同。

练习与讨论

1. 某航空公司为了提高他们的服务质量，对 1 000 多位经常搭乘该公司班机的顾客进行了一项调查。调查显示，顾客认为航班延误的原因主要包括：天气状况不佳、飞机迟到、缺少登机口管理员、机器故障、行李未及时运上飞机、起飞通知错误、检票延迟、检查行李、空中交通延误、座位选择混乱、乘务人员迟到或缺勤、燃料供应不及时、照顾迟到的顾客、机组人员迟到或缺勤等。调查结果如表 7-12 所示。

表 7-12　某航空公司调查结果表

原　　因	反 馈 人 数
天气状况不佳	260
飞机迟到	72
缺少登机口管理员	210
机器故障	30
行李未及时运上飞机	320
起飞通知错误	15
检票延迟	24
检查行李	22

续表

原 因	反馈人数
空中交通延误	170
座位选择混乱	73
乘务人员迟到或缺勤	26
燃料供应不及时	40
照顾迟到的顾客	62
机组人员迟到或缺勤	23
总　计	1 347

要求：根据以上的信息，绘制因果分析图。

2. 表 7-13 是某零件的缺陷项目频数及频率表，请根据上述缺陷项目频数及频率表做出该零件的缺陷帕累托图，并据重要程度，把缺陷项目分为 A、B、C 三级，说明哪些是需首要解决的缺陷项目。

表 7-13　某零件的缺陷项目频数及频率表

缺陷项目	频　数	频率/%	累计频率/%
尺寸偏差	96	52.17	52.17
气孔	52	28.26	80.43
边缘不光滑	16	8.70	89.13
疵点	13	7.07	96.20
其他	7	3.80	100
合　计	184	100	—

案例研究

M 球拍制造公司如何改善产品质量？

M 球拍制造公司成立于 20 世纪 80 年代，其产品主要是生产标准的或者定制的乒乓球拍。公司所有者一直希望打入竞争激烈但更有利可图的尖端产品市场而未果，一是因为缺乏资本，二是因为产品的性能与质量尚不足以在该市场进行竞争。

M 公司的营业收入在 20 世纪 80 年代和 90 年代一直保持了平稳增长，但是在进入 21 世纪后，该公司却未能跟上市场规模的增长，其市场份额开始萎缩。

该公司从内部评估中认识到设计、制造、客户服务质量中的一些问题其实在过去的 3~4 年里就一直存在。调查表明这些问题在过去几年一直在严重蚕食公司的销售额和利润额。根据质量调查的结果，该公司管理层正在计划一种他们需要的全新的、大力度的管理措施来改进该公司的产品质量。

问题：

1. 如果你是这个公司的总经理，你认为应该如何进行产品质量管理？

2. M 球拍制造公司产品滞销原因何在？你能否采用因果图分析影响乒乓球拍质量的主要因素？

第八章

项目采购管理

Chapter 8　Project Procurement Management

■ **本章主要内容**

- 概述
- 项目采购规划
- 项目招标投标
- 项目合同管理
- 项目采购合同收尾
- 索赔管理

■ **本章核心概念**

- 采购 Procurement
- 采购规划 Procurement Planning
- 招投标文档 Document of Solicitation & Bid
- 合同管理 Contract Management
- 索赔 Claim for Compensation

■ **本章学习目标**

- 了解项目采购的方式
- 掌握自制或外购决策分析和经济订货量分析方法
- 了解项目招投标的特征和程序
- 理解项目采购合同管理的内容，熟悉解决合同纠纷的方式
- 理解索赔的涵义、原因及形式

第一节　概　　述

一、采购及分类

采购是指从项目外部获得货物和咨询服务的采办过程。

1. 按采购方式不同的划分

项目采购按采购方式分为招标采购和非招标采购，具体分类如图 8-1 所示。

- 项目采购
  - 招标采购
    - 公开招标采购
    - 邀请招标采购
  - 非招标采购
    - 询价采购
    - 直接采购

图 8-1　项目采购分类（按采购方式）

招标采购是由需方提出招标条件和合同条件，由许多投标商同时投标报价的采办过程。通过招标，需方能够获得价格更为合理、条件更为优惠

的货物或服务供应。招标采购又分为无限竞争的公开招标和有限竞争的邀请招标两类。

公开竞争性招标是由招标单位通过报刊、广播、电视等媒体工具发布招标广告，凡对该招标项目感兴趣又符合投标条件的法人，都可以在规定的时间内向招标单位提交意向书，由招标单位进行资格审查，核准后购买招标文件，进行投标。公开竞争招标的方式可以给一切合格的投标者以平等的竞争机会，能够吸引众多的投标者，故又称之为无限竞争性招标。

有限竞争性招标又称为邀请招标或选择招标。有限竞争性招标是由招标单位根据自己积累的资料，或由权威的咨询机构提供信息，选择一些合格的单位发出邀请，应邀单位（必须有3家以上）在规定时间内向招标单位提交投标意向，购买招标文件进行投标。这种方式的优点是应邀投标者在技术水平、经济实力、信誉等方面具有优势，基本上能保证招标目标顺利完成。其缺点是在邀请时如带有感情色彩，就会使一些更具竞争力的投标单位失去机会。

对受客观条件限制和不易形成竞争的项目还可以采取协商议标。非招标采购又可以分为询价采购、直接采购等。

询价采购，即比价方式，一般习惯称做"货比三家"。它适用于项目采购时即可直接取得现货的采购，或价值较小、属于标准规格的产品采购。询价采购是根据来自几家投标商（至少三家）所提供的报价，然后将各个报价进行比较的一种采购方式，其目的是确保价格的竞争性。

直接采购是指在特定的采购环境下，不进行竞争而直接签订合同的采购方法，它主要运用于不能或不便进行竞争性招标或竞争性招标无优势的情况。例如，有些货物或服务具有专卖性质从而只能从一家制造商或承包商获得，在重新招标时没有其他承包商愿意投标等。

2. 按对象不同的划分

项目采购按对象的不同可分为货物采购和咨询服务采购，如图8-2所示。

项目采购 { 有形采购——货物采购
无形采购——咨询服务采购

图8-2 项目采购分类（按采购对象）

货物采购属于有形采购，是指购买项目所需的各种投入物，如机器、设备、仪器、仪表等物料，以及选择合格的承包单位来完成项目的施工任务，同时还包括与之相关的运输、安装、测试、维修、人员培训等服务。

咨询服务采购属于无形采购，是指聘请咨询公司或咨询专家来完成项目所需的各种服务，包括项目的可行性研究、项目设计、项目管理、施工监理、技术支持和人员培训等。

二、项目采购管理

项目采购管理（Project Procurement Management）是指为达到项目的目标而从项目组织的外部获取所需的货物和服务的过程。项目采购管理的总目标是以最低的成本及时地为项目提供满足其需要的管理服务。项目采购管理需要回答项目执行过程中是否需要采购、怎样采购、采购多少、采购所需要的费用以及采购的时间等问题。如果需要采购，则采购管理是从采购规划开始，至采购合同收尾的整个过程。

项目采购管理 { 项目采购规划
项目招标投标
项目采购合同管理
项目采购合同收尾
索赔

图8-3 项目采购管理的内容

项目采购管理由如下一系列具体的管理工作过程组成，如图8-3所示。

（1）项目采购规划。项目采购规划是指编制项目采购计划的工作过程。项目采购计划是一份解决需要从项目组织的外部采购何种商品、何时采购、采购多少、怎样采购等相关问题的文件。

（2）项目招标投标。在制定了项目采购计划之后，项目团队要了解市场行情、获得投标报价、承包商报价单、投标申请书等文件，并根据项目采购计划所制定的承包商选择标准，从众多的投标商中选择一个或多个作为项目的供应来源。

（3）项目采购合同管理。项目采购合同管理包括与承包商进行合同谈判、合同签订以及监督合同履行的一系列管理工作。

（4）项目采购合同收尾。项目采购合同收尾是指合同全部履行完毕或合同因故终止所需进行的一系列管理工作，如采购结算、索取保险赔偿金和违约金等。

（5）索赔。索赔是在项目承包合同履行中，依据法律、合同规定及惯例，当事人一方对非己过错而应由合同另一方承担责任所造成的损失，向另一方提出赔偿要求的行为。

思考题

1. 项目采购的分类方式有哪些？
2. 项目采购管理的内容有哪些？
3. 项目采购规划与项目采购计划的区别是什么？

第二节 项目采购规划

一、项目采购规划的准备

项目采购是一项复杂的工作，它应遵循一定的采购程序，更重要的是，项目组织及其采购代理人在实施采购前必须清楚地知道所需采购的货物或服务的各种类目、性能、规格、质量要求、数量等，必须了解并熟悉国内、国际市场的价格和供求情况、所需货物或服务的供应来源、外汇市场情况、国际贸易支付办法、保险、损失赔偿惯例等有关国内、国际贸易等方面的情报和知识。上述几个方面，都必须在采购准备及实施采购过程中细致而妥善地做好。

当然，项目组织不大可能全面掌握所需货物及服务在国际及国内市场上的供求情况和各投标商的产品性能、规格及价格等信息。这一任务要求项目组织、业主、采购代理机构通力合作来完成。采购代理机构尤其应该重视市场调查和信息，必要时还需要聘用咨询专家来帮助制定采购规划，提供有关信息，甚至参与采购的全过程。

二、项目采购规划的工作内容

项目采购规划就是制定项目过程中应采购何物以及何时、如何采购等活动计划的一系列工作过程。

1. 项目采购规划的工作内容

项目采购规划工作主要包括以下六方面内容：

（1）采购什么，即采购的对象及品质。这是由资源需求计划和各种资源需求描述决定的。

（2）何时采购，即采购的时间和日期。如果采购时间过早，会增加库存成本；如果采购过晚，则会由于库存不足而使项目停工待料。采购时点的决定方式可以采用经济订货点等方法。

（3）如何采购，即采购过程中采用的工作方式：是自制还是外购，采用招标采购还是非招标采购，选择何种合同类型等。

（4）采购多少，即采购的数量。可以通过经济订货量分析方法来确定合适的采购数量。

（5）从何处采购，即选择适当的供应商作为项目的供应来源。这时应满足以下两个条件：一是经济性，即在供应来源中选择成本最小的；二是可能性，供应商必须能够及时提供项目所需的物料、工程或服务。

（6）以何种价格采购，即以适当的价格获取所需的资源。项目团队要在资源质量和交货期限的限制条件下，寻找最低的合同价格。

2. 项目采购计划的制定

在实际中，我们应视采购途径及对象的不同来制定相应的项目采购计划，如：

（1）在需要通过一家总承包商采购所有或大部分所需要的货物和服务的情况下，从询价到合同终止的整个过程只需要制定一次项目采购计划。

（2）在需要向多家承包商采购大部分所需货物和服务的情况下，从询价直至合同终止的各个采购过程，即在采购进行过程中的某个时候，需要为每一个具体的采购活动制定一次项目采购计划。此时，一般还需有订货和采购专家的支持才能进行项目采购规划。

（3）在仅采购小部分所需的货物和服务情况下，从询价直到合同终止的各个采购过程，同样需要制定多次项目采购计划，与上述不同的是，这时没有订货和采购咨询专家的帮助也能进行项目采购规划。

三、项目采购规划的依据

项目采购规划的依据主要有项目范围说明书、产品说明、资源需求计划、市场状况等。

1. 项目范围说明书

范围说明书说明了项目目前的界限，提供了在采购规划过程中必须考虑的项目要求和策略的重要资料。随着项目的进展，范围说明书可能需要修改或细化，以反映这些界限的所有变化。

2. 产品说明

项目产品（项目最终成果）的说明提供了在采购规划过程中需要考虑的所有技术问题或注意事项的重要材料。

3. 采购活动所需的资源

项目实施组织若没有正式的订货单位，则项目管理班子将不得不自己提供资源和专业知识支持项目的各种采购活动。

4. 市场状况

采购规划过程必须考虑市场上有何种产品可以买到，从何处购买，以及采购的条款和条件是怎样的。

5. 其他计划结果

只要有其他计划结果供使用，则在采购规划过程中必须加以考虑。

6. 制约条件和基本假设

由于项目采购存在着诸多变化不定的环境因素，在实施采购过程中，项目组织者面对变化不定的社会经济环境所做出的一些合理推断，就是基本假设。制约条件和基本假设的存在限制了项目组织的选择范围。

四、项目采购规划的工具和方法

项目实施组织对需要采购的产品拥有一定的选择权,通常运用自制或外购选择决策分析、要素加权分析法和经济订货量分析等技术来进行选择。

(一)自制或外购选择决策分析

自制或外购选择决策分析,是用来确定某种具体的产品是由项目实施组织自己生产还是从外部购买的管理技术。自制或外购分析还必须反映项目实施组织的发展前景和项目的目前需要的关系。

自制或外购选择决策分析是以成本习性分析和盈亏平衡分析为前提和基础的。

1. 成本习性分析

按照成本习性原理,企业的全部成本可以分为"变动成本"和"固定成本"两大类。凡成本总额与业务量总数成正比例增减变动关系的,称为变动成本;凡成本总额在一定时期和一定业务量范围内,不受业务量增减变动影响而固定不变的,称为固定成本。但若就单位产品中的固定成本而言,则与业务量的增减成反比例的变动。在明确了变动成本与固定成本之后,那么,总成本公式就可以写成

$$y = a + bx \tag{8-1}$$

式中,y 为总成本;a 为固定成本总额;b 为单位变动成本;x 为业务量(假设生产量=销售量)。因此,息税前利润可以表示为

$$EBIT = px - (a + bx) \tag{8-2}$$

式中,$EBIT$ 为息税前利润;p 为销售单价。

2. 盈亏平衡分析

所谓盈亏平衡,就是指企业在一定时期的收支相等,即保本,不盈不亏,利润为零,当企业处于这种情况时,我们称企业达到盈亏平衡状态或保本状态。盈亏平衡分析就是研究企业恰好处于盈亏平衡状态时成本、业务量、利润三者关系的一种定量分析方法,也称为保本分析或损益平衡分析。

任何理论和方法都是建立在一定的假设前提下的,线性盈亏平衡分析模型也是如此,其具体假设有:

(1)相关范围假设。

① 期间假设。无论固定成本还是变动成本都是在一定的期间内加以计算的。

② 业务量假设。固定成本与变动成本都是在一定业务量范围内计量的,超过这个业务量上限,成本状态就可能会发生变化。

(2)模型线性假设。

① 项目正常生产年份的总成本可划分为固定成本和变动成本两部分,其中固定成本是不随产量变动而变化的成本,变动成本则与产量呈完全线性关系,单位变动成本为常数。

② 采购量变化时采购单价不变,采购成本与采购量呈线性关系,采购没有数量折扣。

③ 生产量与采购量平衡假设。

④ 项目所需的产品(服务)的品种结构不变假设。

⑤ 项目环境稳定假设。项目在分析期内,产品(服务)市场价格、生产工艺、技术装备、生产方法、管理水平等均无变化。

当处于盈亏平衡状态时，则 $EBIT = 0$，公式（8-2）就成为：$px-(a+bx)=0$，得出盈亏平衡点业务量：

$$X_{BEP} = x = \frac{a}{p-b} \quad (8-3)$$

盈亏平衡点业务额：

$$S_{BEP} = p \times X_{BEP} \quad (8-4)$$

自制与外购的盈亏平衡分析图如图 8-4 所示。在图 8-4 中，从外购成本线任何一点向横轴引垂线，在盈亏平衡点左侧被外购成本线与自制总成本线所截的一段，即为该点业务量下自制大于外购的成本额；反之，若在盈亏平衡点右侧被两线所截的一段，即为该点业务量下的外购大于自制的成本额。也就是说：如果项目需求数量不超过盈亏平衡点业务量 X_{BEP}，则外购成本小于自制成本，宜外购；如果项目需求数量超过盈亏平衡点业务量 X_{BEP}，则自制成本小于外购成本，宜自制。

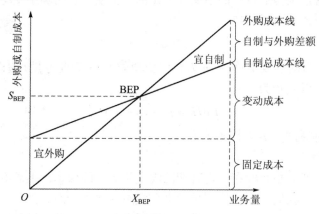

图 8-4　自制与外购的盈亏平衡分析图

【例 8-1】 2005 年 9 月某企业启动了一个新项目，该项目需要 A 原材料 500 千克，根据市场调研及相关资料分析，A 原材料的市场售价为 48 元/千克，如果该企业自己生产，A 材料的单位变动成本为 30 元，固定成本总额为 7 200 元。

要求：计算 A 材料的盈亏平衡业务量，并对该项目 A 材料自制还是外购做出决策。

解：

$$\text{A 材料盈亏平衡业务量} = X_{BEP} = \frac{a}{p-b} = \frac{7\,200}{48-30} = 400 \text{（kg）}$$

因为该项目对 A 原材料的需要量为 500 kg，大于盈亏平衡业务量 400 kg，由图 8-4 可以看出，500 kg 的外购成本大于自制总成本，因此，宜选用自制方案。

（二）要素加权分析法

要素加权分析法的思路是针对各投标商设定一系列的评价指标或要素，并给予它们一定的权重，然后对各个要素分别打分，综合分值最高的投标商即为最好的承包商。要素加权分析法需要采购专家的打分及判断，采购专家就是具有专门知识的单位和个人、咨询公司、行业团体、承包商以及项目实施组织内部的其他单位具备采购专业知识的个人，项目组织可以聘请采购专家作为顾问，甚至邀请他们直接参与采购过程。

1. 专家判断法的步骤

（1）列出影响项目的重要因素，将所有要素按其重要性大小降序排列。

（2）根据各要素的重要性给每项要素一个权重数值，一般选用 1~5 来表示，其中，数字 5 表示最重要。也可用百分数来表示。

（3）分别对每项要素评分，在评分时不必考虑权重因素。评定的分数最好规定一个范围，常见的如 1~10，1~100 等。

（4）如果每位专家的评分结果差异很大，此刻有必要考虑修改评分程序。

（5）将单项得分与权重相乘的结果填入加权得分栏，再把所有的加权得分相加，就得出每个投标商各自总的加权得分，总加权得分最高的投标商即为首选承包商。

2. 在项目采购的承包商选择过程中，应主要考虑的因素

（1）成本。成本就是投标者的报价，这可能是选择承包商的决定因素，但是如果承包商最后不能及时提供合乎标准的物料、工程和服务，那么尽管他的报价最低，也不能选择这样的承包商。

（2）技术方案。选择承包商时应该考虑其技术实施方案是否适用并具有灵活性，是否考虑了实施中可能存在的风险。

（3）进度计划。选择承包商时还要考虑承包商的进度计划是否科学、合理，是否能在项目规定的时间内完成项目的目标。

（4）承包商在同类项目中的经验。如果承包商在同类项目中积累了很多经验，就很有可能在规定的时间内提供符合标准的物料、工程和服务。

此外，根据项目的不同，在选择承包商时还应考虑一些其他的特殊因素。

【例 8-2】 某项目在评标时，根据招标文件的要求，若干专家给予各种因素的权重分别为：承担单位在类似项目中的经验为 20%，承担单位提出的技术方案为 30%，进度计划为 10%，成本为 40%。设定每个需要考虑的因素总分为 100 分，表 8-1 中是汇总所有专家评分后的平均分。

要求：运用要素加权分析法，对上述甲乙丙三个投标商进行选择。

表 8-1 运用要素加权分析法对甲、乙、丙三个投标商的比较

要 素	权重	单项得分			加权得分		
		甲	乙	丙	甲	乙	丙
在类似项目中的经验	20%	70	90	85	14	18	17
技术方案	30%	80	80	85	24	24	25.5
进度计划	10%	75	70	70	7.5	7	7
成本报价	40%	90	70	90	36	28	36
总加权得分		—	—	—	81.5	77	85.5

解：

甲投标商的综合得分 = 70 × 0.2 + 80 × 0.3 + 75 × 0.1 + 90 × 0.4 = 81.5

乙投标商的综合得分 = 90 × 0.2 + 80 × 0.3 + 70 × 0.1 + 70 × 0.4 = 77

丙投标商的综合得分 = 85 × 0.2 + 85 × 0.3 + 70 × 0.1 + 90 × 0.4 = 85.5

丙投标商的综合得分最高。因此，应该选择丙投标商作为承包商。

（三）经济订货量分析

采购数量一般通过经济订货量分析来确定。经济订货量分析是指通过建立经济订货量模型，对要采购的产品进行分析，确定采购的批量和采购的时间，使订购成本和库存成本之和最小的一种分析方法。订购成本、库存成本与订货量的关系如图8-5所示。

经济订货量的基本模型存在以下的假设条件：

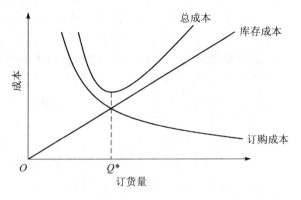

图 8-5　成本与订货量关系图

（1）项目组织能及时补充物料；
（2）能集中到货，而不是陆续入库；
（3）不允许缺货；
（4）物料单价不变，不考虑现金折扣；
（5）项目组织现金充足，不会因现金短缺而影响采购；
（6）采购数量稳定，并且能预测；
（7）市场供应充足。

假设每次订货费用为 K，采购数量为 D，年单位储存成本为 A，经济订货量为 Q^*，则

$$\text{订购成本和库存成本之和} = \frac{Q^*A}{2} + \frac{DK}{Q} \tag{8-5}$$

若使订购成本和库存成本之和最小，则：

$$Q^* = \sqrt{\frac{2KD}{A}} \tag{8-6}$$

公式（8-6）是经济订货量的基本模型，由其还可以推导出每年最佳订货次数、最佳订货周期、订货总成本等。

每年最佳订货次数公式：

$$N^* = \frac{D}{Q^*} = \frac{D}{\sqrt{\frac{2KD}{A}}} = \sqrt{\frac{DA}{2K}} \tag{8-7}$$

最佳订货周期公式：

$$t^* = \frac{1}{N^*} = \frac{1}{\sqrt{\frac{DA}{2K}}} = \sqrt{\frac{2K}{DA}} \tag{8-8}$$

订货总成本公式：

$$TC = \frac{A\sqrt{\frac{2KD}{A}}}{2} + \frac{DK}{\sqrt{\frac{2KD}{A}}} = \sqrt{2KDA} \tag{8-9}$$

经济订货量的基本模型是在前述假设条件下建立的，但现实生活中能够满足这些假设条件的情况很少，事实上，物料可能陆续入库，使库存量陆续增加，尤其是产成品入库，总是陆续供应和陆续耗用的。在这种情况下，就要对基本模型加以修改。假设每日送货量为 p，物料每日耗用量为 d，故送货期内的全部耗用量为：$d \times Q^*/p$，则

$$Q^* = \sqrt{\frac{2KDp}{A(p-d)}} \qquad (8-10)$$

【例 8-3】 某项目要采购某种物料 6 400 件，该物料的每件年单位储存成本为 2 元，每次订货费用为 16 元。

要求：计算并回答下列问题：

（1）如何确定该种物料的经济订货量？

（2）该种物料的最佳订货周期是多少天？

（3）如果该种物料是陆续供应和耗用的，假设其每日送货量为 30 件，每日耗用量为 10 件，则如何确定该种物料的经济订货量？

解：

（1）$Q^* = \sqrt{\dfrac{2KD}{A}} = \sqrt{\dfrac{2 \times 16 \times 6\,400}{2}} = 320$（件）

（2）$N^* = \sqrt{\dfrac{DA}{2K}} = \sqrt{\dfrac{6\,400 \times 2}{2 \times 16}} = 20$（次）

$t^* = \dfrac{360}{20} = 18$（天）

（3）$Q^* = \sqrt{\dfrac{2KDp}{A(p-d)}} = \sqrt{\dfrac{2 \times 16 \times 6\,400 \times 30}{2 \times (30-10)}} = 392$（件）

经过上述计算可以得出：（1）该种物料的经济订货量为 320 件；（2）该种物料的最佳订货周期为 18 天；（3）如果该种物料是陆续供应和耗用的，该种物料的经济订货量为 392 件。

五、项目采购规划的结果

1. 采购管理计划

采购管理计划中需说明如何对具体的采购过程进行管理，它包括：

（1）使用合同的类型；

（2）是否需要有独立的估算作为评估标准，由谁负责，何时编制这些估算；

（3）项目实施组织是否设计了采购部门，项目管理组织在采购过程中自己能采取何种行动；

（4）是否需要使用标准的采购文件，从哪里可以找到这些标准文件。

根据项目的具体要求，采购管理计划可以是正式的，也可以是非正式的；可以非常详细，也可以很粗略，此计划是项目整体计划的补充部分。

2. 合同工作说明书

合同工作说明书详细地说明了采购项目，以便潜在的承包商确定他们是否能够提供该采购项目的货物或服务。合同工作说明书的详细程度可以视采购项目的性质、买主的要求或者

预计的合同形式而异。

合同工作说明书在采购过程中可能被修改和细化。例如，潜在的承包商可能建议使用效率更高的方法或成本更低的产品。每一个单独的采购项目都要求有单独的合同工作说明书。但是，多种产品或服务可以组成一个采购项目，使用一个合同工作说明书。

合同工作说明书应尽可能清晰、完整、简洁。其中包括对所存要求的附属服务的说明，在某些应用领域，对于合同工作说明书的内容和格式已有具体的规定。

3. 自制或外购决策文件

自制或外购决策文件说明了产品、服务或成果是由项目团队自制还是外购，它还包括是否购买保险或履约保函。自制或外购决策文件可以只需简要说明决策的原因和依据。

思考题

1. 项目采购规划的依据是什么？
2. 项目采购规划的结果有哪些？
3. 选择承包商时主要考虑哪些因素？

第三节 项目招标投标

一、招标投标概述

招标投标是由招标人和投标人经过要约、承诺、择优选定，最终形成协议和合同关系的平等主体之间的一种交易方式，是"法人"之间达成的有偿并具有约束力的法律行为。招标投标具有下述基本特征：

1. 平等性

招标投标的平等性，应从商品经济的本质属性来分析。商品经济的基本法则是等价交换。招标投标是独立法人之间的经济活动，按照平等、自愿、互利的原则和规范的程序进行，双方享有同等的权利和义务，受到法律的保护和监督。

2. 竞争性

招标投标的核心是竞争，按规定每一次招标必须有三家以上投标，这就形成了投标者之间的竞争。他们以各自的实力、信誉、服务、报价等优势，战胜其他的投标者。此外，在招标人与投标者之间也展开了竞争，招标人可以在投标者中间"择优选择"，有选择就有竞争。

3. 开放性

正规的招标投标活动，必须在公开发行的报纸杂志上刊登招标公告，打破行业、部门、地区甚至国别的界限，打破所有制的封锁、干扰和垄断，在最大限度范围内让所有符合条件的投标者前来投标，进行自由竞争。

二、招标投标活动应遵循的基本原则

招标投标活动应当遵循公开、公平、公正和诚实信用的原则。

公开原则就是要求招标投标活动具有很高的透明度，实行招标信息、招标程序公开，即发布招标通告，公开开标，公开中标结果，使每一个投标人获得同等的信息，知悉招标的一切条件和要求；公平原则就是要求给予所有投标人平等的机会，使其享有同等的权利并履行相应的义务，不歧视任何一方；公正原则就是要求评标时按事先公布的标准对待所有的投标人；诚实信用原则也称诚信原则，是民事活动的基本原则之一。我国招标投标法规定了任何单位和个人不得将依法必须进行招标的项目化整为零或者以其他任何方式规避招标，不得串通报标、泄漏标底、骗取中标，不得签订非法律允许的转包合同等诸多义务要求当事人遵守，并规定了相应的罚则。

三、招标投标的一般程序

招标投标活动一般分为四个阶段，即招标准备阶段、投标准备阶段、开标评标阶段和决标签约阶段，如图8-6所示。

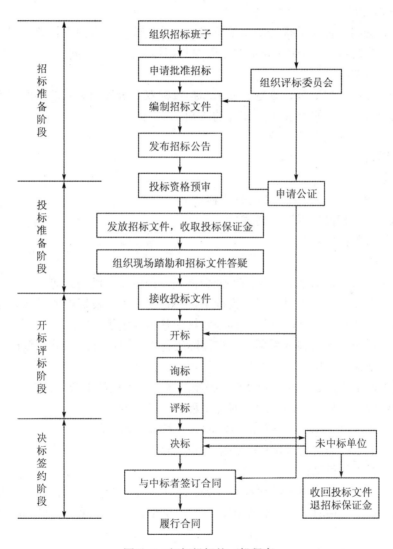

图8-6 招标投标的一般程序

1. 招标准备阶段

此阶段基本分为八个步骤，即具有招标条件的单位填写招标申请书，报有关部门审批；获准后，组织招标班子和评标委员会；编制招标文件和标底；发布招标公告；审定投标传单；

发放招标文件；组织招标会议；接受招标文件。

2. 投标准备阶段

根据招标公告或招标单位的邀请，投标单位选择符合本单位能力的项目，向招标单位提交投标意向书，并提供资格证明文件和资料；资格预审通过后，组织投标班子，跟踪投标项目，购买招标文件；参加招标会议；编制投标文件，并在规定时间内报送给招标单位。

3. 开标评标阶段

按照招标公告规定的时间、地点，由招投标方派代表并在公证人在场的情况下，当众开标；招标方对投标者进行资料后审、询标、评标；投标方做好询标解答准备，接受询标质疑，等待评标决标。

4. 决标签约阶段

评标委员会提出评标意见报送决定单位确定；依据决标内容向中标单位发出《中标通知书》；中标单位在接到通知书后在规定的期限内与招标单位签订合同。

四、项目招标文件

招标文件是标明工程数量、规格、要求和招投标双方责权利关系的书面文件。编制招标文件需要遵循合法性、公平性和可操作性的原则。

招标文件一般包括以下几部分：

（1）招标邀请书，投标人须知；

（2）合同条款；

（3）技术规格（规范）、图纸和勘察资料；

（4）投标书格式和投标保证书格式；

（5）工程量清单；

（6）资格审查需要的报表；

（7）双方签署的协议书格式，履约保证金格式，预付款保函格式等。

其中：投标人须知包括项目概况、投标单位的资格要求、投标中的时间安排及相应的规定、投标书的编制要求、开标时间、评标与定标的基本原则等。

合同条款包括通用条款和专用条款。在国际工程中，通用合同条款一般选择国际上公认和通行的标准范本作为依据，常见的有：

（1）国际咨询工程师联合会（FIDIC）编制的《土木工程施工合同条款》；

（2）英国咨询工程师协会编写的《海外工程合同条款》；

（3）欧洲开发基金（EDF）编写的《欧洲开发基金建筑条款》；

（4）英国土木工程师协会（ICE）编制的标准合同条款。

专用合同条款主要包括：

（1）基本条款，包括当事人的权利与义务、承包方式、合同语言、通知、保密等；

（2）主要条款，包括有关的工作范围、内容、价格、工程变更、支付和结算、建设工期和工程要求等；

（3）保证条款，包括有关的保函、保险、误期罚款等；

（4）法律条款，包括有关的税收、合同的生效和终止、合同的变更和中止、合同的废除、不可抗力、仲裁等；

（5）其他条款，如转包分包、临时工程等。

技术规格（规范），包括承包商施工中的质量要求、验收标准、材料的品级和规格、为满足质量要求应遵循的施工技术规范，以及计量与支付的规定等。

图纸和勘察资料，对于单价合同，只有招标图纸，就可组织招标；对于总价合同，则必须有施工图纸。勘察资料是一份说明项目范围内的地形、地貌、地质、水文、气象、沿线的交通运输及建筑材料分布情况的文件。

投标书格式和投标保证书格式，包括投标单位、投标项目（名称）、投标总报价、投标有效期。

工程量清单，其编写包括项目划分及工程量整理两项工作。整理工程量的依据是设计图纸和技术规范。

五、发布招标公告

招标文件编好后，即可根据既定的招标方式，在主要报刊上刊登招标公告或发出投标邀请通知。招标公告和投标邀请通知的主要内容包括项目采购类目、项目资金来源、招标内容和数量、时间要求、发放招标文件的日期和地点、招标文件的价格、投标地点、投标截止日期（必须具体到年、月、日、时）和开标时间以及招标单位的地址、电话、邮编等。

六、资格预审

资格预审是对申请投标的单位进行事先资质审查。资格预审的主要内容有投标者的法人地位、资产财务状况、人员素质、各类技术力量、技术装备状况、企业信誉和业绩等。

七、标底的编制

标底又称底价，是招标人对招标项目所需费用的自我测算的期望值，它是评定投标价的合理性、可行性的重要依据，也是衡量招标活动经济效果的依据。标底应具有合理性、公正性、真实性和可行性。影响标底的因素有很多，在编制时要充分考虑投资项目的规模大小、技术难易、市场条件、时间要求、价格差异、质量等级要求等因素。从全局出发，兼顾国家、项目组织和投标单位三者的利益。标底的构成包括三部分，即项目采购成本、投标者合理利润和风险系数。标底直接关系到招标人的经济利益和投标者的中标率，应在合同签订前严加保密。

八、投标书

投标书是由投标单位授权的代表签署的一份投标文件，投标书是对业主和承包商双方均具有约束力的合同的重要部分。与投标书同时递交的还有投标书附录、投标保证书和投标单位的法人代表资格证书及授权委托书。投标书附录是对合同条件规定的重要要求的具体化。投标书的主要内容包括：

（1）投标书说明；
（2）投标一览表；
（3）投标分项报价表；
（4）货物说明一览表；
（5）技术规格偏离表；
（6）商务条款偏离表；
（7）投标详细分项报价表；
（8）投标详细技术书；
（9）投标人提供的相关文件（主要包括法人代表授权书、资格申明、制造商授权函、产品资格证书、中标服务费承诺书等）；

（10）投标保证金（通常采用银行保函的形式，保证金额一般不超过投标报价的2%）；

（11）中标承诺书。

九、《招标投标法》相关规定

我国《招标投标法》对必须招标采购的项目范围做出了明确规定，即在中华人民共和国境内进行下列工程建设项目，包括项目的勘察、设计、施工、监理以及与工程建设有关的重要设备、材料等的采购，必须采取招标的方式。《招标投标法》规定必须进行招标的项目包括：

（1）大型基础设施、公用事业等关系社会公共利益、公众安全的项目；

（2）全部或部分使用国有资金投资或者国家融资的项目；

（3）使用国际组织或国外政府贷款、援助资金的项目。

《招标投标法》第4条规定：任何单位和个人不得将依法必须进行招标的项目化整为零或者以其他方式规避招标。《招标投标法》第49条对必须进行招标的项目而不招标的、将必须进行招标的项目化整为零或者以其他任何方式规避招标的应承担的法律责任均做了明确的规定。

◆ 思考题

1. 招标投标的基本特征有哪些？
2. 招标投标活动应当遵循的基本原则有哪些？

第四节　项目合同管理

一、概述

（一）合同的定义及特征

1999年10月1日生效的《中华人民共和国合同法》（以下简称《合同法》）第2条第1款规定，合同就是平等主体的自然人、法人或其他组织之间设立、变更、终止民事权利义务关系的协议。

根据《合同法》的规定，我国合同法所调整的合同关系具有以下特征：

（1）合同是平等主体之间的法律关系；

（2）合同的主体包括自然人、法人及其他组织；

（3）合同是平等主体之间设立、变更、终止民事权利义务关系的协议；

（4）合同是双方当事人之间事实上达成的合意。

（二）项目合同的类型

在项目采购的过程中，可以根据采购货物或服务的具体情况和各种合同类型的适用情况进行权衡比较，从而选择最适合的合同类型。按照不同的标准，合同可以有不同的分类，在此我们仅对以下两类合同加以介绍。

1. 总承包合同与分包合同

根据合同内容的包含关系，可将项目合同分为总承包合同与分包合同。

总承包合同就是业主与承包商之间签订的合同；分包合同则是承包商在工程中标以后，将过程的部分承包给分包商，并与分包商签订的合同。这个分包合同的内容是总承包合同的组成部分，应该符合总承包合同的相关合同条款的规定。分包商只和总承包商发生合同关系，总承包商应就分包商的权利和义务向业主负责，当分包商违约时，业主只追究总承包商的违约责任。总承包合同与分包合同的优缺点详见 8-2。

表 8-2　总承包合同与分包合同的优缺点比较

合同类型	优　点	缺　点
总承包合同	一个单位负责整个项目，责任集中 项目管理相对简化	依赖于一个建设单位的资源，风险相对集中 不能选择各种专业的工程公司
分包合同	可以利用多方资源 可以分散风险 可以选择各种专业的工程公司	责任分散 项目管理复杂

2. 固定价格合同（总价合同）、成本补偿合同和单价合同

按合同的计价方式的不同，项目合同可分为固定价格合同（总价合同）、成本补偿合同和单价合同。

（1）固定价格合同（Firm Fixed Price Contract）。

固定价格合同是经项目组织和承包商协商，在合同中订立双方同意的固定价格作为今后结算的依据，而不考虑实际发生的成本是多少。如果实际成本较低，对承包商有利，对项目组织不利；反之，如果实际成本较高，对项目组织有利，对承包商不利。固定价格合同对于项目组织来说风险比较小，只要计算好采购物料、工程或服务的成本，然后按照这个成本签订合同，而不管承包商所花费的实际金额，也不必多付超过固定价格的部分，但是承包商有可能只获得较低的利润，甚至亏损，特别是当项目所需的资源的价格发生大幅度上涨时，承包商就会面临很大的风险。因此，签订这种合同时，双方必须对产品成本的估计均有确切的把握。固定价格合同适用于技术不太复杂、工期不太长、风险不太大的项目，因为这种合同界定比较明确，超支的风险较低。

（2）成本补偿合同（Cost Compensating Contract）。

成本补偿合同是以承包商提供资源的实际成本加上一定的酬金（利润和管理费用）为结算价格的合同。成本补偿合同适用于那些不确定性因素较多，所需资源的成本难以预测又急于上马的项目。

成本补偿合同又可进一步细化为三种类型：成本加固定百分比酬金合同、成本加固定酬金合同和成本加奖励合同。

① 成本加固定百分比酬金合同（Cost Plus Earnings Contract）

此合同规定在双方同意的合理范围内，以实际成本为基础，加上按合同规定的成本利润率计算的酬金作为结算价格。例如，若承包商提供 A 产品的实际成本为 98 000 元，合同规定承包商的成本利润率 14%，则 A 产品的结算价格 = 98 000 × (1 + 14%) = 111 720 元。由此看出，项目（或产品）的实际成本越高，承包商获利则越多，所以采用这种定价方法容易造成承包商故意抬高成本，项目组织蒙受损失的风险较大，故在实际工作中项目组织很少

采用这种合同。

② 成本加固定酬金合同（Cost Plus Fixed Fee Contract）

此合同规定的结算价格由实际成本和酬金两部分构成，实际成本实报实销，酬金则在合同中明确规定数额，与实际成本高低无关。相对于成本加固定百分比酬金合同来说，这种合同可以避免承包商故意抬高成本，减少项目组织的风险，也能保证承包商获得一定的利润，但其不足之处是不能促使承包商千方百计地节约成本。

③ 成本加奖励合同（Cost Plus Incentive Fee Contract）

合同双方预先约定一个目标价格（其中包括目标成本和目标利润）或价格上限，并约定当实际成本超过目标成本时，双方按合同规定的比例由项目组织和承包商双方共同分摊；实际成本低于目标成本时，也按合同规定的比例由项目组织和承包商双方共同分享。成本加奖励合同可以激励承包商想方设法降低成本。

(3) 单价合同（Unit Price Contract）。

单价合同指的是工程的价款直接根据承包商实际完成的工程数量，结合事先拟订的工程量清单的单价进行结算的合同。单价合同的结算价格是承包商每单位产品付出的劳动与劳动单位价格的乘积。这种合同适用于那些比较正规，但是工作量难以预计的项目。

【例 8-4】 某项目组织与承包商签订了一个成本加奖励合同，合同目标成本为 50 万元，目标利润为 9 万元，合同约定买卖（项目组织和承包商）双方的节约额分摊比例为 40/60，还谈判确定了一个 65 万元的合同价格上限。

要求：分析并回答以下问题：

① 如果卖方（承包商）履行合同完毕时实际成本是 40 万元，买方（项目组织）将支付给卖方（承包商）多少利润？支付的总金额是多少？

② 如果卖方（承包商）履行合同完毕时实际成本是 55 万元，买方（项目组织）将支付给卖方（承包商）多少利润？支付的总金额是多少？

③ 如果卖方（承包商）履行合同完毕时实际成本是 70 万元，买方（项目组织）将支付给卖方（承包商）多少利润？支付的总金额是多少？

解：

① 卖方（承包商）履行合同完毕时的实际成本为 40 万元，低于 65 万元的合同价格上限，因其比合同目标成本 50 万元节约了 10 万元（50 - 40），此节省额卖方（承包商）分摊的比例为 60%，所以，此时买方（项目组织）将支付给卖方（承包商）的利润为两部分：一部分是其应得的目标利润 9 万元，另一部分是目标成本节约额奖励 10×60% = 6 万元，二者之和为 9 + (10×60%) = 15 万元，买方（项目组织）将支付给卖方（承包商）的总金额为 40 + 15 = 55 万元。

② 卖方（承包商）履行合同完毕时的实际成本为 55 万元，虽低于 65 万元的合同价格上限，但比合同目标成本 50 万元超支了 5 万元（50 - 55 = - 5），所以，卖方（承包商）9 万元的目标利润将减少，其应负担的超支损失为 5×60% = 3 万元，此时，买方（项目组织）将支付给卖方（承包商）利润为 6 万元 [9 - (5×60%)]，买方（项目组织）将支付给卖方（承包商）的总金额为 61 (55 + 6) 万元。

③ 卖方（承包商）履行合同完毕时的实际成本为 70 万元，由于其已超出 65 万元的合同价格上限，因此，买方（项目组织）不会支付卖方（承包商）任何利润奖励。与此同时，

买方（项目组织）也不会支付卖方（承包商）所有的成本，买方（项目组织）实际支付卖方（承包商）的总金额为 65 万元，此时卖方（承包商）的实际损失为 5 万元（65－70＝－5）。

二、项目采购合同管理的内容

（一）项目采购合同管理的定义

项目采购合同管理作为项目管理的一个组成部分，融于项目管理的整个过程中。项目采购合同管理是确保承包商按照合同提供产品或者服务的过程。在大型项目中，采购合同管理包括为不同承包商提供沟通的渠道。与采购合同管理相关的项目管理过程包括项目计划执行、项目进展汇报、质量控制和变更控制等。

（二）项目采购合同管理的内容

1. 对承包商工作的管理

项目组织应该定时地以适当的方式对承包商的工作进行管理和监督，确保他们所提供的物料、工程和服务符合合同的要求。比如，项目组织可以派出一名相关技术专家实地考察承包商的生产情况，并监督、指导承包商的工作。

2. 采购质量管理

为了确保项目组织采购的物料、工程和服务的质量符合项目的要求，项目组织要按照合同的规定对承包商提供的物料、工程和服务的质量进行检查和验收。验收的主要方式包括：根据货物的样品进行验收、根据到达现场的实物进行验收、根据权威部门的鉴定结果进行验收。

3. 采购合同变更管理

在项目采购合同的执行过程中，可能会由于合同双方各自的原因或外部的各种不确定性因素，需要对合同的一些条款进行更改。合同的变更具有以下的特征：

（1）合同的变更会对双方的利益产生影响，因此双方必须协商一致；

（2）合同的内容和条款发生了变动；

（3）合同变更后将产生新的权利、义务关系；

（4）合同的变更要按照规定的程序来进行。

采购合同变更的程序如图 8-7 所示。

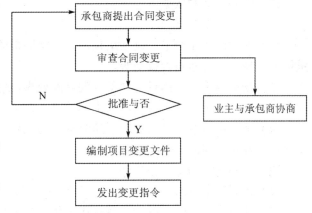

图 8-7　项目采购合同变更程序

4. 解决合同纠纷

项目采购合同在变更后，如果不能顺利执行，有时就会导致合同纠纷的出现。项目组织要对明确的和潜在的合同纠纷采取适当措施，尽可能避免合同纠纷发展成为法律争端。解决项目采购合同纠纷的主要方式有：

（1）协商解决。即合同双方当事人按照合同中有关解决纠纷的条款进行协商，相互谅解，为双方今后经济往来的继续和发展，相互都做出一些有利于解决纠纷的让步，最终达成和解协议。协商解决的优点是可以节省费用，并有利于双方合作的发展。但是如果所涉金额过大，双方都不肯让步，或一方故意违约，没有协商的诚意等，就必须进行调解、仲裁、诉讼。

（2）调解解决。如果合同中没有规定解决纠纷的条款，则应通过双方都认可的第三方来进行调解。调解可在交付仲裁和诉讼前进行，也可在仲裁和诉讼过程中进行。经调解达成和解后，可不再求助于仲裁或诉讼。

（3）仲裁解决。合同双方当事人根据双方达成的书面协议，自愿把纠纷提交双方都同意的第三者依照一定的仲裁程序进行裁决，并制作仲裁裁决书。裁决结果对合同双方都具有约束力，但仲裁组织本身无强制执行的能力和措施。如果败诉方不执行裁决，胜诉方有权向法院提出申请，由法院要求败诉方执行。仲裁的结果是最终的，仲裁比诉讼简便，并且可节省费用。

（4）诉讼解决。诉讼指司法机关和案件当事人在其他诉讼参与人的配合下，为解决案件依法定诉讼程序所进行的全部活动。根据所要解决的案件的不同性质，可分为民事诉讼、刑事诉讼和行政诉讼。当合同双方不能通过协商和调解来解决纠纷时，就只能通过诉讼由法院来解决纠纷。当事人在诉讼前应注意诉讼管辖地和诉讼时效等问题。

5. 项目组织内部对合同变更的协调

合同变更后会对项目管理的其他方面产生影响，所以应该使项目组织都了解项目合同的变更，并且根据合同变更对项目带来的影响进行相应的调整。

6. 支付管理

项目组织在对承包商支付款项时，要按照合同规定的支付方法和承包商所提供物料、工程和服务的数量和质量进行付款，并且对其实施严格的管理。一般来说，合同规定的支付方法有现金支付和转账支付，现金支付是针对小额价款结算的；转账支付是针对大额价款支付的，必须通过开户银行进行。

三、合同管理的依据

（1）签订的采购合同。

（2）前期的工作结果，包括承包商是否能够按照要求提供产品或者服务，产品满足的质量标准，规定的价格是否接受等。

（3）变更要求，包括对合同条款的修改要求，修改将要采购产品或者服务的说明。如果承包商不能够提供满意的产品，提出申请终止合同。

（4）承包商清单。承包商应该随时提交要求付款产品的清单。产品清单的内容、相关技术文件等都是合同的一个组成部分。

四、合同管理的工具和方法

（1）合同变更控制系统。它定义了合同变更的过程，包括纸面文件、过程跟踪、讨论记录、授权控制等。合同变更控制系统应该集成到项目的变更控制系统中。

（2）合同工作报告。它反映了承包商执行合同的情况，是项目工作报告的组成部分。

（3）支付系统。合同支付实际上是由项目管理组织财务系统来执行的。只有在一些大型项目中，才能够建立单独的合同支付系统。无论是哪种情况，合同支付都需要项目团队的检查和确认。

五、合同管理的结果

（1）信函。在采购中，买卖双方关于合同内容和条件的沟通都需要有文字记录。

（2）合同变更。合同变更的结果（同意或者不同意）都需要通过项目计划和项目实施来反馈，在合同变更后，项目计划需要更新。

(3) 支付请求。如果项目使用内部支付系统，只要注明"已付"。如果项目使用外部支付系统，则需要发出付款请求。

思考题

1. 按合同的计价方式的不同，合同类型有哪些？它们的特点是什么？
2. 合同纠纷解决的方式有哪些？

第五节　项目采购合同收尾

一、合同收尾概述

项目组织和承包商按照合同履行完各自的义务后，合同就此终止。合同一旦签订就不能随意终止，但是当出现一些特殊情况时，合同可能提前终止。

（1）合同双方混同为一方，如承包商加入项目组织，这时合同就提前终止；

（2）合同由于不可抗的原因提前终止，如一项建筑工程的地皮被政府强制征用，导致项目终止，因此，采购合同也将提前终止；

（3）合同双方通过协商，解除各自的义务，如项目组织和承包商通过协商达成一致意见，承包商不再提供货物，项目组织也不继续付款，此时合同就终止了；

（4）仲裁机构或法院宣告合同终止，如当合同纠纷交由仲裁机构或法院裁决时，合同被判决终止。

当采购合同已经完成或因故终止时，就需要进行项目采购合同收尾。

二、项目采购合同收尾的依据

项目采购合同收尾的依据主要是合同文件，它泛指与合同双方有关的所有文件，主要包括：合同本身、合同的执行情况、申请和批准的合同变更、项目组织的支付记录和承包商的发货单等。

三、项目采购合同收尾的工具和方法

采购审计（Procurement Audit）是合同收尾的主要方法，采购审计是指根据有关的法律和标准对从采购计划的编制到合同收尾的整个采购过程所进行的结构性审查。采购审计的目的在于确认项目组织采购过程中的成功和不足之处，是否存在违法现象，以便吸取经验和教训。

四、项目采购合同收尾的结果

（1）合同归档。对项目采购过程中的所有合同文件要加以整理并建立索引记录，以便日后备查，它是整个项目记录的一部分。

（2）正式验收和收尾。对采购的工程、货物和服务进行最后验收，包括解决所有项目进展中遗留的合同问题，承包商的最终付款通常也同步进行，还要确认合同已经完成并且可以移交。负责合同管理的项目组织人员应该向承包商发出正式的文件，从而确认合同的终止。

> **思考题**
>
> 1. 项目合同提前终止的情况有哪些?
> 2. 项目采购合同收尾的依据和结果有哪些?

第六节 索 赔

一、索赔的涵义

索赔是在项目承包合同履行中,依据法律、合同规定及惯例,当事人一方对非己过错而应由合同另一方承担责任所造成的损失,向另一方提出赔偿要求的行为。

索赔是双方的,包括由于业主未能全面履行自己的职责和义务,造成承包商在实施合同中增加了责任,以及施工期限延长而额外支付费用,即承包商对业主的索赔;包括由于承包商未尽责任和义务而引起业主费用增加,即业主对承包商的索赔(通常也将其称为"反索赔")。

二、索赔的分类

1. 按索赔的当事人进行分类

按索赔的当事人进行分类,可分为承包商同业主之间的索赔、承包商同分包商之间的索赔、承包商同供应商之间的索赔、承包商同保险公司之间的索赔等。

2. 按索赔的目的进行分类

按索赔的目的进行分类,可分为工期索赔和费用索赔。工期索赔是指承包商向业主要求延长施工的时间,使原定的工程竣工日期顺延一段合理的时间。这样,承包商可以避免承担误期损害赔偿费。费用索赔是指承包商向业主要求补偿不应该由承包商自己承担的经济损失或额外开支,也就是取得合理的经济补偿。

3. 按索赔的处理方式进行分类

按索赔的处理方式进行分类,可分为单项索赔和总索赔。单项索赔就是采取一事一索赔,是针对某一干扰事件而提出的,即在每一索赔事项发生后,按索赔的正当程序向业主提出的索赔,不与其他的索赔事项混在一起,从而避免了多项索赔工作的相互影响与制约。总索赔就是对整个工程(或某项工程)中所发生的数起索赔事项,综合在一起进行索赔,这样就大大增加了索赔工作的难度。在实际索赔工作中,我们一般采用前一种方式。

三、索赔的原因

1. 工程项目变更所致

工程项目变更主要是指在工程施工过程中业主提出的变更有关设计、追加或取消某些工程、改变施工顺序等。

2. 业主风险与违约所致

业主风险与违约包括:业主未按合同规定及时提供施工场地、道路、水电及相关施工条件,业主提供的工程地质情况与实际有差别,业主未按合同规定提供施工图纸,业主要求赶工,未按规定时限向承包商支付工程款等。

3. 不可抗力的自然因素所致

不可抗力的自然因素主要有:自然条件的变化,如恶劣的气候条件、地震、洪水等;社会条件的变化，如国家政策性价格调整、法律的变更等。

4. 合同自身问题所致

合同自身问题主要指合同文件格式不规范，合同中涉及的有关词语未准确定义，技术标准要求不明确、模棱两可等，这些都是合同本身的错误、矛盾或遗漏。

四、索赔的程序

合同实施阶段中的每一个施工索赔事项，都应依照国际工程施工索赔的惯例和工程项目合同条件的具体规定办理。具体的索赔程序如图 8-8 所示。我们可以把它归纳为如下三个步骤：提出索赔要求；报送索赔资料；提交索赔报告；索赔处理。

（一）提出索赔要求

当发生索赔事件或承包商意识到存在索赔机会时，首先必须由承包商将有关索赔的情况及索赔意向以书面的形式通知监理单位。按照 FIDIC 合同条件的规定，无论合同中有何规定，承包商如果根据本条件的任何条款或其他有关规定企图索取任何追加付款的话，都应在引起索赔的事件第一次发生之后的 28 天内，将他的索赔意向通知监理工程师，同时将一份副本呈交雇主。索赔通知书的内容一般较简洁，仅说明索赔事项的名称、发生的时间、事件的简单描述，以及可依据的相关合同条款，提出自己的索赔要求。

（二）报送索赔资料，提交索赔报告

在发出索赔意向通知书后 28 天内，或监理单位可能同意的其他合理时间内，承包商应抓紧准备索赔资料，报送监理单位一份说明索赔额及提出索赔依据的详细资料。当据此提出的索赔事件具有连续影响时，上述详细报告应被认为是临时详细报告，承包商应按监理单位可能要求的此类时间间隔，发出进一步的临时详细报告，给出索赔的累计总额，并于索赔事件所产生的影响结束后 28 天内发出一份最终的详细索赔报告。如监理单位有要求的话，承包商还应将所有的详细索赔报告复印送交业主。

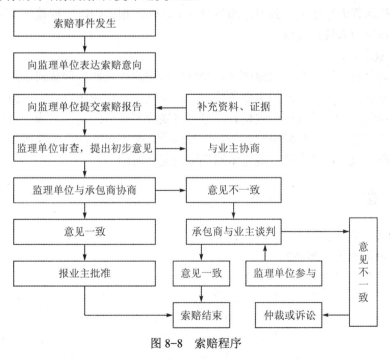

图 8-8 索赔程序

一份完整的索赔报告一般应包括以下四个部分：

1. 总论部分

一般包括序言、索赔事项概述、具体的索赔要求、工期延长天数或索赔款额、报告书编写及审核人员名单。总论部分的阐述要简明扼要、说明问题。

2. 合同引证部分

这部分主要说明自己具有的索赔权利，这是索赔能否成功的关键，其内容主要来自该项目的合同文件及参照的有关法律法规。

3. 计算部分

本部分主要是通过定量计算来确定合理的索赔款额或延长的工期。费用索赔报告就是索赔款额的计算，而工期索赔报告就是工期延长的论证。

4. 证据部分

证据部分通常以索赔报告的附件形式出现，它包括该索赔事件所涉及的一切证据资料以及对这些证据的说明。具体内容可参照前面的索赔依据。

在编写索赔报告时，一般应注意以下几方面：实事求是；责任分析应清楚、明确、有根据，注意论证的逻辑性；善于利用案例；文字简练，论证透彻；逐项论证，层次分明。

（三）索赔处理

对索赔的处理可采用如下方式：协商解决、调解解决、仲裁解决以及诉讼解决。

1. 会议协商解决

第一次协商一般采取非正式的形式，双方互相试探立场观点，争取达到一致见解。如需正式会议，则双方应提出论据及有关资料，内定可接受的方案，争取通过一次或数次会议，达成解决索赔问题的协议。

2. 邀请中间人调解

当双方直接谈判无法达成一致时，为争取友好解决，根据国际工程施工索赔的经验，可由双方协商邀请中间人进行调停。

3. 提交仲裁或诉讼

同任何合同争端一样，对于索赔争端，最终的解决途径是通过仲裁或法院诉讼解决。

索赔条款可以作为买卖合同的主要条款之一，除规定一方如违反合同，另一方有权索赔外，还包括索赔期限、索赔依据和索赔办法等。特别应当指出的是，明确、合理地规定索赔期限，有着重要的意义。索赔期限的长短，应根据项目种类、特性及验收所需时间等因素而定。在规定索赔期限时，也应具体规定索赔期限的起止时间。

思考题

1. 索赔的涵义是什么？
2. 导致索赔的原因有哪些？
3. 常见的索赔处理方式有哪几种？

本章小结

- 项目采购按采购方式分为招标采购和非招标采购。招标采购又可分为公开招标采购和邀请招标采购;非招标采购又可以分为询价采购、直接采购等。项目采购按对象的不同可分为货物采购和咨询服务采购。

- 项目采购管理的工作内容包括:项目采购规划、项目招标投标、项目采购合同管理、项目采购合同收尾、索赔。

- 项目采购规划指制定项目过程中应采购何物以及何时、如何采购等活动计划的一系列工作过程。

- 项目采购规划的依据有:项目范围说明书、产品说明书、采购活动所需的资源、市场状况、其他计划结果、制约条件和基本假设。项目采购规划的技术方法主要有:自制或外购选择决策分析、要素加权分析法、经济定货量分析等方法。项目采购规划的结果包括采购管理计划、合同工作说明书和自制或外购决策文件。

- 招标投标活动应当遵循公开、公平、公正和诚实信用的基本原则。招标投标活动一般分为四个阶段:招标准备阶段、投标准备阶段、开标评标阶段、决标签约阶段。

- 项目合同的类型根据其内容的包含关系,可分为总承包合同与分包合同;按合同的计价方式的不同,可分为固定价格合同、成本补偿合同和单价合同。

- 项目采购合同管理的内容包括对承包商工作的管理、采购质量管理、采购合同变更管理、解决合同纠纷、项目组织内部对合同变更的协调和支付管理。

- 项目合同管理的依据主要有签订的采购合同、前期的工作结果、变更要求、承包商清单。合同管理使用的工具有合同变更控制系统、合同工作报告、支付系统。合同管理的结果包括信函、合同变更、支付请求。

- 项目采购合同收尾的依据主要是合同文件。项目采购合同收尾的主要方法是采购审计。项目采购合同收尾的结果包括合同归档、正式验收和收尾。

- 项目采购合同索赔按当事人、目的和处理方式有不同的分类,索赔的原因有工程项目变更、业主风险与违约、不可抗力的自然因素和合同自身问题。索赔的过程归纳为三个步骤:即提出索赔要求;报送索赔资料,提交索赔报告;索赔处理。

练习与讨论

1. 某公司新项目需要甲零件 200 件,公司如果自制该零件需增加固定成本 30 000 元,该零件的自制的单位变动成本为 700 元,如果外购,零件的单价为 800 元。

    要求:计算该零件自制与外购的盈亏平衡点,并就目前项目的需求水平,说明甲零件应自制还是外购。

2. 某项目现有三个投标商 A、B、C,经采购专家评分,各自的得分结果如下表所示。

    要求:运用要素加权分析法的思路对该项目进行承包商选择决策,相关数据如表 8-3 所示。

表 8-3 运用要素加权分析法对投标商 A、B、C 的比较

要素	权重	单项得分			加权得分		
		A	B	C	A	B	C
在类似项目中的经验	4	3	2	4			
技术方案	3	4	3	3			
进度计划	3	3	5	4			
成本	2	4	2	4			
总加权得分		—	—	—			

3. 某项目需要采购某种物料 2 000 件，该物料的年单位储存成本为 4 元，每次订货费用为 10 元。

要求：计算并回答以下问题：

（1）该物料的经济订货量？

（2）该物料每年的订货次数及最佳订货周期？

4. 某项目组织与承包商签订了一个成本加奖励合同，合同目标成本为 30 万元，目标利润为 4.5 万元，合同约定买卖（项目组织和承包商）双方的节约额分摊比例为 60/40，还商定合同价格上限为 40 万元。

要求：分析并回答以下问题：

（1）如果卖方（承包商）履行合同完毕时实际成本是 20 万元，买方（项目组织）将支付给卖方（承包商）多少利润？其支付的货款总额是多少？

（2）如果卖方（承包商）履行合同完毕时实际成本是 39 万元，买方（项目组织）将支付给卖方（承包商）多少利润？其支付的货款总额是多少？

（3）如果卖方（承包商）履行合同完毕时实际成本是 45 万元，买方（项目组织）将支付给卖方（承包商）多少利润？其支付的货款总额是多少？

案例研究

案例 1

小王如何应对 wt 公司的成本追加请求

小王是东湖高新技术公司实验室主任。2004 年 4 月，小王担任项目经理的一个研究项目中需要有大量的数据调查予以支持，但项目团队自身无力承担这项调查任务，于是小王与项目团队决定就该项调查工作运用项目采购管理的流程进行"项目采购"。

他们首先从项目采购规划入手，在他们所制定的采购计划中，明确回答了以下问题：

（1）采购对象：与某研究相关的大量调查数据，样本数据不少于 20 000 个，每个样本的记录不少于 20 个独立指标，并对调查收集的数据进行处理，得出分析结论。

（2）该数据调查报告的提交时间 2005 年 3 月 31 日。

（3）选择外购方式，采用招标采购，选择固定价格合同。

（4）小王与其团队估计该调查项目（如果他们自己完成的话）的成本约为人民币 40 万元。（标底价）

共有 62 个组织对该调查项目竞标，大多数都是咨询公司，最后北京市一家咨询公司 wt 公司中标，然后小王按照项目采购计划与其签订固定价格合同，合同价格以 wt 公司的报价基准定为 32 万元。

现在是该调查项目进行的第 10 个月的月底，中标的 wt 咨询公司给小王打来电话说他们已经用完了项目的资金，数据调查工作已基本完成，但不能出具分析报告了，如果小王的公司能够再给追加 6 万元，则最终的调查报告能够如期圆满完成。

现在小王犹豫着是否再给 wt 公司支付 6 万元，并就此事咨询了公司的法律顾问李律师。李律师分析说："如果要对该咨询公司采取法律手段处理的话，所有费用将超过 10 万元；并且由于 wt 公司调查报告的进度拖延、可交付成果的范围萎缩等因素，将导致小王所作的研究项目进度拖延，因此也会承担违约索赔 10 万元。"

问题：
1. 如果你是小王，你认为这件事该如何解决？
2. 请你分析 wt 咨询公司是故意将最初的投标价制定得比较低吗？
3. 你认为小王所在公司今后可以避免类似事件的发生吗？如果可以，该如何避免？
4. 如果小王的公司将 wt 咨询公司告上法庭，你认为谁会胜诉？

案例 2

小浪底工程为何节省了 38 亿元的投资？

被国内外专家称为"世界上最富挑战性"的小浪底水利枢纽工程，是治理黄河的关键性控制工程，也是世界银行在中国最大的贷款项目。在长达 11 年的建设中，工程建设经受了各方面的严峻考验，克服了许多意外的风险因素，难得地节余投资 38 亿元，占总投资的近 11%。并有专家建议该工程施工质量等级定为优良。

小浪底建管局总经济师曹应超介绍说，预计到工程全部结束，可完成预算投资 309.24 亿元，比总投资 347.24 亿元节余 38 亿元，其中内资 24.59 亿元，外资 1.56 亿美元。这些节余部分归功于宏观经济环境变好，但主要来自于业主管理环节的节余。其中物价指数下降、汇率变化和机电设备节余等因素，共计节余资金 13.98 亿元；工程管理环节节余 27.3 亿元，共计 41 亿元。减去国内土建工程项目因工程设计变更及新增环保项目等因素的 3.3 亿元超支，共节余 38 亿元。

在通货紧缩期进行施工的大型工程，因为物价因素出现节余并不为奇。但小浪底 38 亿元的节余中，27.3 亿元是来自于管理环节，这的确令人惊异。专家分析，这主要得益于小浪底工程坚持了先进的建设机制。小浪底是目前国内全面按照"三制"（业主负责制、招标投标负责制、建设监理制）管理模式实施建设的规模最大的工程，以合同管理为核心，从各个环节与国际管理模式接轨，在国内大型水电工程中领先了一步。

一、出色的工程监理队伍

小浪底工程拥有一支 300 多人，最多曾达 500 多人的监理工程师队伍，他们的工作使合同履行有了严格的保证，也对节约投资起了巨大作用。监理工程师受业主委托或授权，依据业主和承包商签订的合同，行使控制工程进度、质量、投资和协调各方关系等职能，是业主在现场的唯一项目管理者和执行者。

项目管理

谁来监理小浪底这个世界性工程呢？1991年前期工程开工后，小浪底人在埋头苦学中产生了中国第一代监理队伍，他们如饥似渴地学习国际通用的FIDIC（国际工程师联合会）合同条款，认真履行着事前预控和全过程跟踪、监理、管理职责，两年间高质量地实现了水利部提出的"三年任务两年完成"的目标。1994年5月4日，小浪底工程经世行专家团15次严格检查后正式通过评估，这次评估证实了小浪底土生土长的监理工程师队伍，具有驾驭大型国际工程的资格。

1994年9月12日小浪底正式开工后，50多个国家和地区的700多名外国承包商、专家、工程技术人员和数千人的中国水电施工队伍云集小浪底。中国工程师也首次登上了国际工程监理的大舞台。在小浪底这个中外企业同场竞技的国际市场，FIDIC是竞赛规则，监理工程师就是赛场的裁判。

在开工初期，XJV三标——小浪底联营体不直接给参加联营体的中国水电工程局的工人发放工资，而是由中国水电工程局代发，由于环节多，工资不能按时到位，工人很有意见。1994年12月19日，三标联营体的中方职工全面罢工三天，造成三标工程建设处于半瘫痪状态。监理工程师们迅速召集工人代表座谈，充分听取意见，然后向XJV提出调解建议："只有直接向所雇的劳务发工资，才便于劳务管理，从而提高工人的劳动积极性。"在工程师的敦促下，XJV很快接受了这一诚恳的建议，实行了联营体内劳务统一管理。

数起类似事件的迅速平息给外商留下深刻印象，他们评价中国监理工程师："有威信，有能力！"

小浪底地下厂房为目前国内第一大地下厂房。厂房顶拱的稳固是设计师和工程师共同关注的焦点。原设计施工方案难度大，工期也长。1994年11月，设计院提出设计变更。按常规，设计更改本不该是监理工程师的职责，但为了排除施工干扰，便利施工，工程师代表李纯太和黄委设计院代表人员共同提出了调整方案：改用330根25 m长、150 t预应力锚索代替原来的支护方案。这一修改设计比原设计缩短工期4个月，节省投资540多万美元。地下厂房顶拱经历了发电设施等几十个洞室的爆破、开挖等多重扰动，固若金汤，安然无恙。

在顶拱坚实的"保护伞"下，厂房下挖进展顺利。当挖至124 m高程时，根据进度安排，厂房开挖需停工7个半月，给6条发电洞下平段斜坡段开挖让路。XJV为加快厂房的开挖进度，提出开凿17C号洞通过6条发电洞下平段的开挖方案。方案提交到三标工程师代表部，经过工程师认真的审查和研究，把17C号洞通过发电洞的下平段，改为从下平段以外通过，使施工变得更快捷、更方便。厂房工程师代表立即将此优化方案报请总监理工程师批准，从而实现了厂房与6条发电洞同步开挖，把厂房进度的控制权牢牢掌握在自己的手上。事后，因厂房顶拱支护的变更，增加了厂房开挖4个半月的工期，XJV提出1500万美元的索赔。监理工程师不予理睬："顶拱施工虽说耽误4个半月工期，但厂房的下部开挖又补给了你们7个半月的工期，哪还有索赔的道理？"1996年4月2日，李纯太在世行代表团会议上，将此事作了汇报。世行小浪底负责官员古纳先生非常赞同李纯太的见解，同时称赞："李纯太先生是最优秀的工程师！"

一个方案替业主节约540万美元，一次方案修改挽回1500万美元的索赔，小浪底的中国监理工程师不仅出色地应对了难题，也逐步具备了管理国际工程和监理大型工程的强劲实力。这批队伍中有教授级高工23人、高级工程师77人、工程师150人。拥有的100

余台（套）办公自动化微机，大多与业主计算中心联网，对项目实施及时有效的全过程目标控制，实现了合同、商务、质量、进度等管理的计算机化和网络化，走在了国内其他项目的前列。小浪底工程咨询有限公司目前已成为 FIDIC 协会和中国咨询协会的理事、国家甲级监理和甲级咨询单位，并获得 UKAS ISO 9002 国际质量体系认证证书，拥有了通行国际工程的"绿卡"。由此成长起来的一大批 40 岁以下、精通外语、熟悉国际工程管理、掌握现代化办公手段的优秀中青年工程师，也将是国内工程建设监理领域的一笔宝贵财富。

二、成功应对国际索赔

成功应对国际索赔，不但让小浪底节余大量资金，也为国内其他大型工程建设提供了许多成功的借鉴。建设中，国内的增值税政策出现了变化，一家德国承包商随即提出 1 个多亿的索赔。中国的监理工程师专门去税务部门咨询，研究以前的税法和现行税法的区别及对承包商的影响。在大量咨询后，终于搞清楚了税收变化对承包商的影响：基本持平的税负额，根本不应提出索赔。对于这一结果，德国承包商从本国请来两位专门研究中国税法的专家和业主商谈，并拿出了详细计算依据；中方相应做出一项计算，仅计算材料便多达 200 多页，结果显示税率变化对他们的影响是负 70 多万人民币。外商从此再也不谈索赔了。

国际长途电话费上涨，外商提出了 2 000 多万元的索赔。由于外商经常打国际长途与总部沟通，期间国内国际长途电话费大幅上调，导致外商电话费增加。一个标段的外商称其一年电话费增加 2 000 多万元人民币，要求业主补偿其中一部分。而其他两个标段的外商都在盯着这次的索赔结果。中方得知情况后，立即到邮电部门了解情况，并进行了深入研究。最终搞清国际长途话费上调是因为汇率的变化，上调的是人民币国际长途价格，但此时外方在国内仍然使用外汇券，现在美元价格并没有变化，所以外商根本没有损失。仅为此事，双方先后花费了 3 个月的时间，来往信函数十封，最后承包商也不提了。

虽然中方成功化解了这些索赔，但外国承包商极强的索赔和合同意识，给中国监理工程师留下深刻印象。小浪底建管局总经济师曹应超说，建设中除承包商能控制的，其他发生的意外费用都归业主负责。例如，有一次外商上百吨的设备分批运输到达，当地老乡不让吊车卸，一定坚持要采用人工方式卸货；自动卸沙机调配来了，他们还是坚持要以人工方式自己卸；但在协调的过程中，外商根本不着急，只写信给中方反映情况，每天写明：时间、地点、工程、什么阻挠、产生的费用、停班费、索赔费用及延工时间。每天上午发生，下午来信，不与中方碰面，全是英文，监理工程师只能记录事实，请业主协调。这些问题最后虽然得到了解决，但确实给大家上了一课：索赔实际是中性的，是正当的权利要求。这些因素不一定全是业主因素引起的，其他因素导致承包商发生额外费用的，承包商只能找业主要求正当的补偿。外商在索赔中，往往有充分依据，准备精心，这是对业主处理水平的一个大考验。

相比起来，应付工程方面的索赔更为复杂。由于前期勘探能力有限，小浪底施工曾遇到了较大困难，其中导流洞工期拖延达 11 个月之久，对于总工期才 3 年的这个工程，外商一度绝望了，但在业主的多方努力下，仍然做到了按期保质完工。但随后外商以"赶工"及设计变更等因素为由提出高额索赔，在争议最多的土建标二标，外商最高申请额达 82 亿元。

当时业主的观点是赶工费要分摊，而外商要求全部由业主承担。发生矛盾后，由业主和承包商双方请三位英国、瑞士、美国知名合同仲裁专家组成争议团即 DRB，参与了调解。最后否定了承包商的"总费用法"，并提出了"BUT FOR"的解决办法，将承包商的管理因素、低报价要索赔的因素、计划乐观因素等扣除，剩余由业主承担，大大降低了索赔费用。

三、谈出来的节余

在二标谈判中，外方和中方提出的要价差距一度达 20 多个亿，双方为此展开了艰巨的谈判。其中光技术谈判便达 1 年多，共 150 余次；召开了 9 次争议听证会，一次会便花费一两周时间。

在谈判中，外商拿出了他们的"重磅炸弹"——经会计事务所审计的成本账，向中方还价。中方谈判人员经过认真分析发现，这本账虽然基本数据正确，但在组合关系上动了手脚，该高的低了而该低的高了，于是中方据此列出了 10 个问题要求外商回答，但外商各个部门说法不一，项目经理也解释不清，对方谈判主角外商监事会主席因为不熟悉具体情况也无法回答，"重磅炸弹"失灵让外商异常尴尬。

外商还以提交国际仲裁对中方施加压力。仲裁意味着什么呢？通常一个争议至少要有几年时间才会有初步结果，而准备费用至少 2000 多万元，等于是一场旷日持久的"金钱战"，这个结果是中方不愿看到的，但同样也是外商不愿看到的。不过中方并没有因此妥协，2000 年 7 月，中方便开始了准备仲裁班子，并于 2001 年 5 月正式成立，有效地向外商传达了中方有理有据、不怕仲裁的信号。曹应超说，"我们成立仲裁班子，目的就是为了避免仲裁。"中方的仲裁班子由来自英国、瑞典、北京、香港等地的国际一流大律师组成，律师的开价中，国内律师开价最低：1 小时 250 美元，并且从离开办公室开始计价。由于准备充分，明确地向外商传达了不怕仲裁的信号和显示了实际行动，外商在谈判中不再提起仲裁。

经过艰苦的谈判，最后二标协议支付总计人民币 54.3 亿元，不但将协议支付总额控制到的概算范围内，并有部分节余。同时，通过这一协议也保护了中方联营伙伴及其分包商和供应商的经济利益，这一结果也得到了世界银行的肯定。在上百轮的谈判后，小浪底三个土建国际标的最终支付都控制在国家批复的概算范围内，19.4 亿元节余中 7 亿元专项预备费（专门用于应付可能会发生的索赔）一分未动，其中大坝工程节省 9.87 亿元，泄洪和发电工程分别节余 2.29 亿元和 0.78 亿元。

曹应超总结索赔问题时说："索赔这个东西，其实有助于双方提高管理水平，国内以前没有这个概念，只有调整概算、赔付等。在索赔中，对方实际就是在扣除己方管理不善、低效等因素带来的损失。"

小浪底工程 1997 年实现了大河截流，1999 年 10 月下闸蓄水，2000 年初首台 300MW 机组并网发电，防洪、防凌、减淤、供水、发电等功能已全部或部分发挥作用，已经初步发挥出了巨大的社会经济效益。全部工程将于第二年竣工。

三年中，为满足下游供水需要，小浪底每年都运用最低发电水位以下的水量向下游供水，造成机组停运达 160 多天，但成功保证了黄河下游连续三年未断流，完成了引黄济津水源库的任务。到今年 7 月，小浪底共拦蓄泥沙 9.13 亿立方米，减少了下游河道的泥沙淤积;7月结束的首次调水调沙试验,为进一步优化小浪底水库调度功能、减少下游河道泥沙淤积奠定了基础。

三年来,小浪底累计发电55.54亿度,在火电站占绝对比重的河南电网中承担调峰任务,大大提高了河南电网的供电质量,减少了环境污染。不但使得河南电网通过计算机遥控小浪底机组和小浪底电站实现经济运行两大目标均得以实现,也使河南电网的调峰、调频性能和河南、湖北两省联络线的运行条件进一步改善,增加了备用事故能力。这座治黄史上迄今规模最大的工程,使得黄河下游防洪标准从60年一遇提高到了千年一遇,也将给下游经济和社会发展产生巨大深远的影响。

(资料来源:新华网。入库时间:2004年11月19日。部分有删改。)

问题:
1. 通过此案例,请你分析影响项目采购管理的因素主要有哪些?
2. 从小浪底工程成功应对国际索赔的案件中,你认为应该如何理解索赔的含义?
3. 阅读上述案例后你有什么感想?

第九章

项目风险管理

Chapter 9　Project Risk Management

■ **本章主要内容**
- 概述
- 项目风险管理规划
- 项目风险识别
- 项目风险评估
- 项目风险应对
- 项目风险监控

■ **本章核心概念**
- 风险 Risk
- 项目风险 Project Risk
- 项目风险管理 Project Risk Management

■ **本章学习目标**
- 理解风险、项目风险和项目风险管理的涵义、特点；
- 理解项目风险管理规划的涵义、规划过程及技术和工具；
- 掌握项目风险识别的流程、依据、工具和方法及结果；
- 掌握项目风险评估的流程、工具和方法；
- 掌握项目风险应对的流程、策略和技巧；
- 理解项目风险监控的流程、依据、工具和方法及结果。

第一节　概　述

任何项目都存在着不能达到预期目的的风险，所以，为了使项目能够成功、顺利地完成，对项目进行风险管理尤为重要。风险管理起源于第一次世界大战中战败的德国，当时的风险管理强调风险的控制、风险的分散、风险的补偿、风险的转嫁、风险的预防、风险的回避与抵消等。风险管理于20世纪30年代，开始在美国兴起。直到20世纪50年代，风险管理才过渡到全面风险管理，此后逐渐发展为一门独立的学科。

一、风险

（一）风险的涵义

风险一词由英文 Risk 翻译而来，在字典中的解释是"损失或伤害的可能性"，通常人们对风险的理解是"可能发生的问题"。一般而言，风险的基本涵义是损失的不确定性。但是，由于人们理解的不同，对风险还未形成一个适用于各个领域的统一、公认的定义。目前，关于风险的定义，比较典型的主要有如下几种：

以研究风险问题著称的美国学者 A.H.威雷特认为："风险是关于不愿发生的事件发生的不确定性之客观体现。"

美国经济学家 F.H.奈特认为："风险是可测定的不确定性。"

日本学者武井勋认为："风险是在特定环境中和特定期间内自然存在的导致经济损失的变化。"

台湾省学者郭明哲认为："风险是指决策面临的状态为不确定性产生的结果。"

美国人韦氏（Webster）认为："风险是遭受损失的一种可能性。"

还有学者认为，风险是有害后果发生的可能性，是对潜在的、未来可能发生损害的一种度量；风险是在一定的时间和空间、在冒险和弱点交互过程中产生的一种预期损失；风险是一个统计概念，用于描述在给定的时间和空间中消极事件和状态影响人或事件的可能性等。

从上述的定义我们可以看出，风险一词有两方面的涵义：一是指风险意味着出现了损失，或者是未实现预期的目标；二是指这种损失出现与否是一种不确定性随机现象。因此，有一些专家试图从风险要素的交互角度去解释风险的本质，以下列出较具代表性的两种：

（1）美国人 Chicken 和 Posner 在 1998 年提出，风险应是损害（Hazard）和损害暴露度（Exposure）两种因素的综合，并给出了表达式：

$$R = H \times E \tag{9-1}$$

式中，R 为风险；H 为损害；E 为损害暴露度，它内含了风险发生的频率和可能性。

（2）我国杜端甫教授认为，风险是指损失发生的不确定性，是人们因对未来行为的决策及客观条件的不确定性而可能引起的后果与预定目标发生多种负偏离的综合，并给出如下数学公式：

$$R = f(P, C) \tag{9-2}$$

式中，R 为风险；P 为不利事件发生的概率；C 为不利事件发生的后果。

要更加全面地理解风险的涵义还需要进一步考虑以下问题：风险与人们的决策相关；客观条件的变化是风险的重要成因；风险是指可能的后果与目标发生的负偏离；风险虽然强调负偏离，实际中也存在正偏离。

（二）风险的特征

风险是普遍存在的现象，它具有客观性、可转化性、相对性、阶段性和风险与收益对称性的特征。

1. 风险的客观性

风险是客观存在的，不以人的意志为转移。只要决定项目风险的因素存在，那么无论项目主体是否能够意识到风险的存在，风险在一定情况下都将发生。因此，要减少和避免风险，就必须及时发现可能导致风险的因素，并对其进行有效管理。此外，由于产生风险的因素多种多样，而且很多因素本身就存在很大的不确定性，要完全消除或有效控制风险也是不可能的。

2. 风险的可转化性

项目本身或者环境发生变化，项目的风险也会随着转化。风险的可转化性一般包括：风险性质的转化、风险后果的转化和新风险的出现。例如，企业在生产经营管理中面临的市场就是一种处在不断变化过程中的风险，当市场容量、消费者偏好、产品结构等要素发生变化时，风险的性质和程度就会发生转化。

3. 风险的相对性

风险是相对不同的风险管理主体而言的，风险管理主体承受风险的能力、项目的期望收益、投入资源的大小等因素都会对项目风险的大小和后果产生影响。风险和任何其他事物一样也是矛盾的统一体，一定条件会引起风险的变化，风险的性质、后果等都存在可变性。例如，随着科学技术的发展，可以通过气象预报将因天气引起的风险进行较为准确的预测和估计。

4. 风险的阶段性

风险可以分成不同的阶段：

（1）风险潜在阶段——这一阶段的潜在风险对项目是没有危害的，但是如果放任其发展，它将会逐步成为现实的风险；

（2）风险发生阶段——此时风险已经发生，但是尚未对项目产生后果，如果不及时采取措施加以处理，它就会给项目带来危害；

（3）造成后果阶段——这一阶段的风险对项目已经造成了影响，而且其后果无法挽回，此时只能采取措施尽量减少它对项目的危害。

5. 风险与收益对称性

对于风险主体来说，风险和收益是对等的，即收益是以一定的风险为代价的。项目利益相关者为了获得一定的收益就要承担相应的风险。

二、项目风险

（一）项目风险的涵义

由于项目的不确定性要比其他一些社会经济活动（如运作）大很多，使得项目风险的识别和管理更加迫切。

项目风险是指由于项目所处环境和条件的不确定性，以及项目利益关系人受到主观上不能准确预见或控制的因素影响，使项目的最终结果与项目利益关系人的期望产生背离，并存在给项目利益关系人带来损失的可能性。

由风险的定义我们可以看出，由于利益关系人对事物的有关因素和未来情况缺乏足够的、准确的信息，因此，导致了风险的存在。一般来说，人们对事物的认识可基于三种状态：① 拥有完备信息的状态；② 拥有不完备信息的状态；③ 完全没有信息的状态。拥有完备性信息的状态是指人们能够确切知道某件事物发生或者不发生，并且还能够确定由此而产生怎样后果的一种状态。拥有不完备信息的状态是指人们只知道某事物在一定条件下发生的概率及各种可能的后果的一种状态。完全没有信息的状态是指人们对某事物发生的条件、概率和可能造成的后果都无法知道的一种状态。

在项目实施的过程中，确定性、风险性和完全不确定性事件都存在，而且项目的复杂性和人们认识风险的能力也会影响三种事件的比例。在这三种事件中，风险性事件和完全不确定性事件是项目风险产生的根源。

（二）项目风险产生的原因

项目风险是由于项目中存在不确定性事件造成的，而不确定性事件是由于信息的不完备性造成的，即是由于人们无法充分认识一个项目未来的发展和变化而造成的。

项目风险产生的原因如图9-1所示。

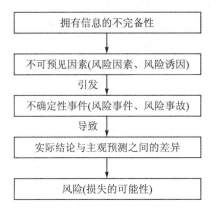

图9-1 项目风险产生的原因

既然项目风险产生的原因是由于信息的不完备性，那么我们是否可以通过努力规避所有风险呢？实践证明人们并不能通过主观努力将风险完全消除。其原因如下：

1. 人们认识能力的有限性

世间的任何事物都拥有各自的属性，人们是通过各种数据和信息对这些属性加以描述的，对项目也不例外。透过各种描述性的数据和信息，人们可以了解项目、认识项目并预见项目的未来发展和变化。但是由于人们认识事物的深度与广度的局限性，导致对某些事物的属性人们无法充分认识。从信息科学的角度来说，人们对事物认识的这种局限性，是由于人们获取数据和信息能力的有限性与客观事物发展变化的无限性之间的矛盾所致；从现象上来说，是由于人们对该事物所拥有的信息不完备所造成的。同样，人们对项目的认识也存在着认识能力上的局限性，并由此造成了不能确切预见项目未来的状况，从而形成了项目风险。

2. 信息的滞后性

信息科学理论指出，信息的滞后性客观规律，即信息的不完备性是绝对的，而信息的完备性是相对的。前已述及，世间所有事物的属性都是通过数据和信息来描述的，但是人们只有在事物发生以后才能够获得有关的真实数据，而且对数据必须进行加工处理才能产生有用的信息，所以有关事物的信息总是在该事物发生以后，经过加工才能产生。因此，由于数据加工处理需要一定的时间，从而使得信息滞后。从这个意义上说，完全确定性的事件是不存在的，对项目而言更是如此。这种信息的滞后性是造成信息不完备性的根本原因之一，是造成项目风险的根本原因。

（三）项目风险的分类

对项目风险进行分类是为了更加深入、全面地认识项目风险，以便采取不同的风险管理策略，有针对性地对它进行管理。按照不同的分类标准，对风险可以做不同的分类。

（1）按项目风险的影响范围分类，将其分为局部风险和总体风险。

总体风险是指那些存在于群体行为中的，其结果产生的影响范围涉及整个群体的风险。局部风险是指那些仅与某个特定个人行为相关的，其结果产生的影响范围也仅涉及有关特定个人的风险。局部风险相对于总体风险而言，其影响范围要小许多。

（2）按项目风险的后果分类，将其分为纯粹风险和投机风险。

纯粹风险是指那些只能带来损失的风险，它往往由外部的不确定因素引起，如战乱、自然灾害、连带责任等。纯粹风险只有"造成损失"和"不造成损失"两种可能的后果，它总是和不幸、损失、威胁等联系在一起。投机风险是指那些既能带来损失又能带来利益的风险，如市场状况的变化、天气情况的变化等。投机风险有"造成损失"、"不造成损失"和"获得利益"三种可能的后果。在一定条件下，纯粹风险和投机风险可以相互转化，我们应尽量避免投机风险转化为纯粹风险。

（3）按项目风险的来源分类，将其分为自然风险和人为风险。

自然风险是指由于自然力的作用，造成人员伤亡或财产毁损的风险，如洪水、地震、火灾等造成的损害。人为风险是指由于人们的活动所带来的风险，它可进一步细分为行为风险、经济风险、技术风险、政治风险和组织风险等。

（4）按项目风险的预警特性分类，将其分为无预警信息风险和有预警信息风险。

无预警信息风险是指没有任何预警信息而突然爆发的风险，人们很难对这类风险进行事前控制，因为人们很难提前识别和认识这种项目风险。人们只能在这种风险发生时采取急救措施来控制和减少其产生的后果。例如，某些人力不可抗拒和人们尚未认识的风险。有预警信息风险是指风险的发生存在一定的渐进性和阶段性。风险的渐进性是指项目风险并不是突然爆发的，而是随着环境、条件变化和自身固有的规律逐渐发生、发展而形成的。风险的阶段性是指风险的发展是分阶段的，不是一步发展完成的。

（四）项目风险的归属分析

为了更好地界定项目风险的范畴，对其实施有针对性的管理，故对项目风险做如下归属分析：

（1）按照风险的影响范围，项目风险归属于总体风险。

通常，一定时间内的项目活动是由相关群体从事的集体行为，其所产生的后果也是由这些与项目有关的人员所组成的集体承担的，所以说，项目风险属于总体风险的范畴。在项目风险管理中，我们要特别关注总体风险。

（2）按照风险的后果，项目风险归属于纯粹风险。

项目中的风险大部分都是纯粹风险，它是相对于投机风险来说的，也是项目风险管理的主要对象。

（3）按照风险的来源，项目风险归属于经济风险、组织风险和技术风险。

虽然项目风险中不仅包括经济、组织和技术风险，也包括自然风险和社会风险，但我们主要关注与项目有关的经济因素、组织因素、技术因素等引发的风险。

（4）按照风险的预警特性，项目风险归属于有预警信息风险。

在项目中虽然也存在一些无预警信息的风险，但是在项目管理中我们关注的主要是那些有预警信息的风险。并且要尽量使无预警信息的风险转为有预警信息的风险，这要求一方面提高风险预测的准确性，另一方面提高风险主体的管理水平。

三、项目风险管理
（一）项目风险管理的涵义

不同的组织和专家对项目风险管理有不同的认识。

美国国防部认为，风险管理是指应付风险的行动或实际做法，包括制定风险问题规划、评估风险、拟定风险处理备选方案、监控风险变化情况和记录所有风险管理情况。

根据美国项目管理学会的报告，风险管理有如下三种表述：第一种表述认为，项目风险管理是系统识别和评估风险因素的形式化过程。第二种表述认为，项目风险管理是识别和控制能够引起不希望的变化的潜在领域和事件的形式、系统的方法。第三种表述认为，项目风险管理是在项目期间识别、分析风险因素，采取必要对策的决策科学和决策艺术的结合。

综上所述，本书认为：项目风险管理是指通过风险识别、风险分析和风险评估去认识项目的风险，并以此为基础合理地使用各种风险应对措施、管理方法、技术和手段，对项目风险实行有效的应对和监控，妥善处理风险事件所造成的不利后果，以最低的成本实现项目总体目标的实践活动的总称。

项目风险管理的目标是控制和处理项目风险，防止和减少损失，减轻或消除风险的不利影响，以最低成本取得对项目安全保障的满意结果，保障项目的顺利进行。通常可将项目风险管理的目标分成两部分：一是损失发生前的目标，二是损失发生后的目标，两者共同构成了项目风险管理的系统目标。

（二）项目风险管理的基本原则

1. 经济性原则

风险管理要考虑成本因素，要以管理的总成本最低为目标，即要考虑风险管理的经济性。经济性原则要求项目管理人员以经济、合理的处理方法将控制风险损失的费用降到最低，对各种费用进行科学、合理的分析和核算。

2. "二战"原则

"二战"即战略和战术，此原则的含义是，在进行项目风险管理时要遵循战略上蔑视、战术上重视的原则。由于对风险的恐惧，特别是对于一些风险较大的项目，在风险发生之前，往往会造成人们心理和精神上的紧张不安，这种忧虑心理不仅会严重影响工作效率，而且会极大地阻碍人们的积极性。这时风险管理部门应通过有效的风险管理，让大家确信项目虽然具有一定的风险，但管理部门已做出了妥善的安排和处理，这就是战略上蔑视的原则。而作为项目的风险管理部门，则要认真对待每一个风险因素，杜绝松懈麻痹，即坚持战术上重视的原则。

3. 满意原则

无论在项目中投入多少人力、物力和财力，项目的不确定性是绝对的，而确定性却是相对的。所以，在项目风险管理的过程中，不能要求完全的确定性，要允许一定的不确定性存在，也就是说只要能达到一定的满意程度即可。

4. 社会性原则

在制定项目风险管理计划和实施项目风险管理措施时，必须考虑周围环境及与项目有关的一切单位、个人等对该项目风险影响的要求；同时，还要使项目风险管理的每一个步骤符合相关的法律、法规。

（三）项目风险管理的内容

项目风险管理并不是一个孤立的分配给风险管理部门的项目活动，而是项目管理活动的一个部分，其目的是要保证项目总目标的实现，更侧重于方法和过程的结合。风险管理与项目管理的关系表现在：

从项目的进度、质量和成本目标来看，风险管理和项目管理的目标是一致的，即通过风险管理来降低项目进度、质量和成本方面的风险，实现项目管理目标。

从项目范围管理来看，一方面可以界定项目范围，将项目的任务细分为更具体和更便于管理的部分，避免遗漏而产生风险；另一方面可以通过对项目范围变动的控制，识别和评价项目进行过程中因为变更带来的某些新的不确定性，从而向项目范围管理提出任务。

从项目计划的职能来看，风险管理为项目计划的制定提供了依据。这是因为项目计划主要考虑未来的情况，而未来必然存在着不确定因素。风险管理的职能之一就是减少项目整个过程中的不确定性，促进计划的准确执行。

从项目沟通控制的职能来看,项目沟通控制主要对沟通体系进行监督,特别要注意经常出现误解和矛盾的职能和组织间的接口,这些可为风险管理提供信息。反过来,风险管理中的信息又可以通过沟通体系传输给相应的部门和人员。

从项目实施过程来看,很多风险都在项目实施过程中由潜在变为现实。风险管理就是要在风险分析的基础上,拟定出具体应对措施,以消除、缓和、转移风险,利用有利机会避免产生新的风险。

一般认为,项目风险管理主要由项目风险管理规划、项目风险识别、项目风险评估、项目风险应对、项目风险监控五个阶段组成。如表 9-1 所示。这些阶段不仅相互作用,而且与项目管理的其他过程相互影响。

(1)项目风险管理规划——进行项目风险管理的一整套计划,是进行项目风险管理的第一步;

(2)项目风险识别——识别哪些风险可能影响项目并记录每个风险的属性;

(3)项目风险评估——评估风险以及风险之间的相互关系,以评定风险可能产生的后果及其影响范围;

(4)项目风险应对——制定增加成功机会和应对威胁的计划;

(5)项目风险监控——跟踪已经识别的风险,识别剩余风险和未出现的风险,保证风险应对计划的执行。

表 9-1 项目风险管理的内容

步骤	项目名称	具体任务
1	项目风险管理规划	项目风险管理计划
2	项目风险识别	风险来自何方 有哪几类风险
3	项目风险评估	风险事件的后果有多大 项目哪些部分会遭受风险 风险发生的可能性有多大 确定风险发生的先后顺序 评价风险之间的因果关系 评价风险损害的程度 评价风险转化的条件 确定项目整体风险水平
4	项目风险应对	风险应对的计划 风险应对的策略与技巧
5	项目风险监控	风险的监视 风险的控制 确定监控循环的时机

思考题

1. 用实例说明项目风险的特点。
2. 试举例说明项目风险管理的过程有哪些？
3. 对于一个新型手机开发项目而言，试分析该项目中可能存在哪些风险？

第二节 项目风险管理规划

一、概述

1. 项目风险管理规划的涵义

管理规划是一项非常重要的管理职能，一个组织中的所有活动均需要事先进行管理规划，通过评估管理规划工作质量的高低，可以评价一个组织的管理水平。

根据美国国防部的描述，风险管理规划是指确定一套全面、有机配合、协调一致的策略和方法，并将其形成文件的过程。人们在进行项目风险管理时需要编制一整套计划，这个编制计划的工作过程就是项目风险管理规划，它是进行项目风险管理的第一步。在这套计划中，规划和设计了在项目中如何进行风险管理活动的过程，具体包括定义项目组及成员风险管理的行动方案、方式，选择合适的风险管理方法，确定风险判断的依据等。

通过项目风险管理规划，我们可以辨识和跟踪风险区，拟定风险应对方案，持续进行风险评估，从而掌握风险变化的情况并为其配置充足的资源。项目风险管理规划是整个项目风险管理战略性的和全寿命期的指导性纲领。进行项目风险管理规划时，应考虑的影响因素有项目图表、风险管理策略、定义角色和职责、雇主的风险容忍度、风险管理模板和工作分解结构，由此引出的风险管理规划阶段要考虑的主要问题有：

（1）项目风险管理策略是否正确、可行；

（2）在项目风险管理中实施的策略和手段是否符合总目标的要求。

2. 项目风险管理规划的目的

项目风险规划是一个迭代过程，主要对项目风险的各种活动进行评估、监控和记录，通过制定风险规划，可以实现以下目的：

（1）尽可能及早消除风险；

（2）隔离风险并尽量降低其影响；

（3）制定若干应对风险的备选行动方案；

（4）为不可避免的风险及早建立时间和经费储备。

简言之，项目风险规划的目的就是明确有组织、有目的的风险管理思路和途径，以预防、减轻、遏制或消除不良情况的发生，避免对项目产生不利影响。

二、项目风险管理规划的流程

项目风险管理规划是一个系统的活动过程，它主要是将按优先级排列的风险列表转变为风险应对计划所需任务的活动。一般来说，项目风险管理规划的流程如图9-2所示。

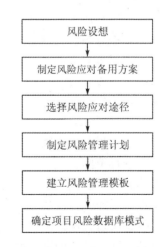

图9-2 项目风险管理规划的流程

1. 风险设想

风险设想是指对项目中可能导致风险发生的事件所进行的假设和考虑。在风险设想时,应考虑所有对项目成功有关键影响的风险事件,一般包括以下三个步骤:第一步是假设风险事件已经发生,考虑应该如何应对风险;第二步是考虑应该如何防范风险;最后一步是列示风险事件不会发生的情况。

2. 制定风险应对备用方案

风险应对备用方案是指制定的用于应对风险的各种备选方案。一般用接受、避免、保护、减少、研究、储备和转移的风险应对策略来制定风险应对的备用方案。

3. 选择风险应对途径

风险应对途径缩小了方案的选择范围,几种风险应对策略可以结合为一条综合途径,从而将精力集中在应对风险的最佳备选方案上。

4. 制定风险管理计划

风险管理计划将风险应对途径、风险应对所需的资源和批准风险应对方案的权力编写为文档,详细说明了所选择的风险应对途径。风险管理计划一般应包含下列因素:批准授权;负责人;所需资源;开始日期;活动;预计结束日期;采取的行动;取得的结果。

5. 建立风险管理模板

在项目实施的初期,风险评估倾向于识别那些至关紧要的风险,由于这些风险一般并不会立即发生,在项目风险管理计划中比较容易被忽视,在问题跟踪中也容易被遗忘,甚至可能出现无法补救的后果。为了避免这种情况的出现,可使用以定量目标和阈值为基础的触发器以做到尽早警告。风险管理模板就是一种很好的风险触发器。为了使风险管理标准化、程序化和科学化,风险管理模板规定了风险管理的基本程序、风险量化的基本目标、风险警告的级别、风险控制的标准等。

6. 确定项目风险数据库模式

项目风险数据库模式,一般是从项目风险数据库结构设计的角度来介绍项目风险数据库的。它一般包括两部分内容:数据库结构和数据文件。项目风险数据库中应该包括项目生命周期过程所有的相关活动,以便对项目过程活动有一个系统、全面的描述。

三、项目风险管理规划的依据

(1) 项目章程。

项目章程,有时也称为项目许可证,它是正式承认项目存在的一个特别文件,也可以用其他文件代替,如项目商业需求说明书、产品说明书。项目章程应由项目以外的负责人发布,它赋予项目经理为从事项目的有关活动而使用资源的权利。

(2) 项目范围说明书。

在项目范围说明书中详细说明了项目的可交付成果、为提交这些可交付成果而必须开展的工作和项目的主要目标,它能够使项目团队实施更详细的计划,是进行项目风险管理规划时可以利用的有效信息。

(3) 项目管理计划。

项目管理计划确定了执行、监视、控制和结束项目的方式与方法。

(4) 项目组织及成员所经历和积累的风险管理经验。

(5) 项目相关关系人对项目风险的敏感程度和承受能力。

(6) 项目风险管理样板。利用风险管理样板对项目进行管理，可以使风险管理标准化、程序化，从而使风险管理更有效。

(7) 工作分解结构。

四、项目风险管理规划的工具和方法

建立科学的风险管理机制，充分利用风险管理规划技术和工具，有助于实施有效的项目风险管理规划。

1. 风险管理规划会议

召开风险管理规划会议是项目风险管理规划的主要工具，项目经理和负责项目风险管理的团队成员都应该参加。项目风险管理的工具、方法、具体的时间计划以及报告与跟踪形式等内容，都可以通过风险管理规划会议来决定。

2. 风险管理图表

风险管理图表一般包含在项目风险管理计划中，它是将输入转变为输出的过程中所用的技巧和工具，以使人们能够清楚地获得关于风险的组织方式的信息。风险管理中的主要图表是风险核对表、风险管理表格和风险数据库模式。

风险管理表格是一种系统地记录风险信息并跟踪到底的方式，记录了对项目风险进行管理的基本信息。风险管理表格是一种比较方便的风险管理规划工具，它可以供任何人在任何时候使用，也可以采用匿名评阅的方式对风险进行规划。

为了理解风险的特点，风险核对表将各个侧重点进行了分类，它可以帮助人们彻底识别特定领域内的风险。例如，可以选用项目风险分类系统或项目分解结构作为核对清单，使关键路径上的项目组成一个亟待管理的进度风险核对清单。

风险数据库模式将风险信息按一定的方式组织起来，供人们查询、跟踪状态、排序和产生报告，从而表明了识别项目风险及其相关信息的组织方式。因为一个简单的电子表格就能自动完成排序、报告等，所以它可以作为风险数据库的实现。因为风险是动态的，并可随着时间的变化而改变，所以风险数据库的实际内容不是计划的一部分。

3. 工作分解结构

工作分解结构是将项目按照其内在结构或实施过程的顺序逐层进行分解而形成的结构示意图。它可以将项目分解成各个工作单元，也可以直观地将各个工作单元在项目中的地位与结构表示出来。

为了给项目的技术和管理活动提供支持，应在项目的早期及早建立 WBS。WBS 为实施项目、创造最终产品或服务提供了一个活动清单，这个清单包括了必须进行的全部活动。在项目的寿命周期过程中，使用部门不仅应将项目的 WBS 作为规划未来的系统工程管理、分配资源、预算经费、签订合同和完成工作的协调工具，还应依据项目的 WBS 来报告工程进展、运行效能、项目评估数据，为控制项目风险服务。

五、项目风险管理规划的结果

项目风险管理规划的结果是形成一份风险管理计划文件，这个文件中包括项目风险管理计划和项目风险规避计划。

1. 项目风险管理计划

在项目风险管理规划文件中，项目风险管理计划起控制作用，它详细说明了项目风险识别、项目风险评估、项目风险应对和项目风险监控的所有方面。在风险管理计划中还说明了项目整体风险评价的基准、使用的评价方法以及如何使用这些评价方法对项目的整体风险进行评估。风险管理计划表的一般格式参见表9-2。

表9-2 风险管理计划表

第Ⅰ部分：描述
  1.1 任务
  1.2 系统
    1.2.1 系统描述
    1.2.2 关键功能
  1.3 要求达到的使用特性
  1.4 要求达到的技术特性
第Ⅱ部分：工程项目提要
  2.1 总要求
  2.2 管理
  2.3 总体进度
第Ⅲ部分：风险管理途径
  3.1 定义
    3.1.1 技术风险
    3.1.2 计划风险
    3.1.3 保障性风险
    3.1.4 成本风险
    3.1.5 进度风险
  3.2 机制
  3.3 方法综述
	3.3.1 适用的技术
	    3.3.2 执行
	第Ⅳ部分：应用
	  4.1 风险辨识
	  4.2 风险估计
	  4.3 风险评价
	  4.4 风险监控
	  4.5 风险应对
	  4.6 风险预算编制
	  4.7 偶发事件规则
	第Ⅴ部分：总结
	  5.1 风险过程总结
	  5.2 技术风险总结
	  5.3 计划风险总结
	  5.4 保障性风险总结
	  5.5 进度风险总结
	  5.6 成本风险总结
	  5.7 结论
	第Ⅵ部分：参考文献
	第Ⅶ部分：批准事项

资料来源：沈建明《项目风险管理》：机械工业出版社，2004.1

在项目风险管理计划中，还应包括风险分解结构（RBS）。在风险识别过程之前，需要先在风险管理规划过程中对风险类别进行审查，而风险分解结构列出了一个典型项目中可能发生的风险分类和风险子分类。不同的RBS适用于不同类型的项目和组织。该方法的好处是可以提醒风险识别人员风险产生的原因是多种多样的。在PMBOK第三版中典型的风险分解结构如图9-3所示。

2. 项目风险规避计划

在风险分析工作完成之后就要制定详细的计划，这个详细的计划就是风险规避计划。项目不同，制定的风险规避计划也是不一样的，一般都会包括以下内容：

（1）识别风险来源，并分析每一来源中的风险因素。

（2）识别关键风险，并说明其对项目目标的实现产生的影响。

（3）评估关键风险，并评估其发生的概率和潜在的破坏力。

（4）评价已考虑的风险规避策略，并评估其代价。

（5）评价建议使用的风险规避策略。

（6）将各个单独的规避策略进行综合，经过分析之后制定出其他的风险规避策略。

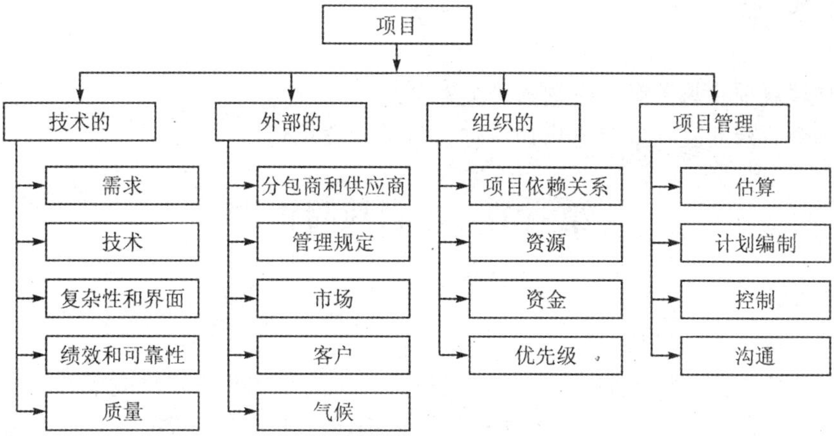

```
                            项目
        ┌───────────┬───────┴───────┬───────────┐
       技术的        外部的          组织的       项目管理
        │            │               │           │
       需求       分包商和供应商   项目依赖关系    估算
       技术         管理规定         资源        计划编制
     复杂性和界面     市场           资金         控制
     绩效和可靠性    客户           优先级        沟通
       质量         气候
```

图 9-3　风险分解结构图

（7）将项目风险形势估计、风险管理计划和风险规避计划三者进行综合分析之后制定出总的风险规避策略。

（8）制定实施规避策略所需资源的分配计划。

（9）安排实施规避策略的人员，并赋予其相应的权利与责任。

（10）实施风险管理的日期、时间和关键环节。

（11）制定评价风险规避成功的标准，并制定进行跟踪监控的时间和办法。

（12）制定应急计划，以便发生紧急情况时使用。

（13）项目组高层领导对项目风险规避计划进行认同并签字。

表 9-3 列举了进度延期风险的规避计划表。

表 9-3　进度延期风险的规避计划表[*]

	风险发生原因	规避计划
进度延期风险	系统分析工程师技术水平不高	招聘高水平的系统分析工程师，并在逻辑模型设计完成后聘请专家进行相应的设计方案评审，以确保技术的可实现性
	程序员素质不高	对程序员进行培训，并在培训时进行考核
	项目经理经验不足	项目经理多参考其他类似项目，并请专家进行辅助设计及指导
	资源分配不合理	在资源分配时参照类似项目的资源分配方法，听取施工队的意见，采用从上往下和从下往上资源分配相结合的方式
	实施过程资源变化	在项目进行过程中发生的动态资源变化，如材料费不足等，应预先留出一定的预备费，并严格控制资源需求按计划进行
	系统设计工程师水平不高	招聘高素质的系统设计工程师，并在系统物理模型设计完成后聘请专家进行相应的设计方案评审，以确保其技术可行性
	用户需求调整，实施技术需更改	严格跟踪用户需求的变化，并进行分析，尽可能减小需求调整带来的影响

---

[*] 白思俊. 项目管理案例教程. 北京：机械工业出版社，2005

思考题

1. 怎样理解项目风险管理规划的涵义？
2. 在一个新药开发项目中，应如何进行风险管理规划？

第三节 项目风险识别

一、概述

1. 项目风险识别的涵义

对项目可能面临的风险进行识别是项目风险管理的基础和重要组成部分。项目风险识别是指识别项目可能存在的风险及其产生的原因，描述这些风险的特征并对这些风险进行归类的过程。

风险识别需要确定的三要素为：风险来源、风险事件和风险征兆（风险征兆又称风险触发器，它是实际的风险事件的间接表现）。项目风险识别不是一次能够完成的，它应该在整个项目运作过程中定期而有计划地进行。

2. 项目风险识别的作用

项目风险识别是制定项目风险应对计划的依据，其主要作用表现为以下几点：

（1）帮助项目找出最重要的合作伙伴，为以后的风险管理打下基础；

（2）风险识别是风险分析的基础性工作，它为风险分析提供了必要的信息；

（3）项目的风险识别是系统理论在项目管理中的具体体现，是制定项目计划与实施项目控制的重要的基础性工作；

（4）通过项目风险识别，能够鼓励项目组成员树立项目成功的信念。

3. 项目风险识别的特点

项目风险识别具有如下特点：

（1）全员性。项目风险识别是由项目组全体成员参与并共同完成的任务，而不只是项目经理或项目组个别人的工作。

（2）系统性。项目风险无处不在、无时不有，风险识别的范围包括项目生命周期中存在或发生的风险，所以风险识别的范围具有系统性。

（3）动态性。由于项目内部条件、外部环境以及项目范围会发生变化，适时、定期对项目进行风险识别是非常必要和重要的。在项目计划、实施甚至收尾阶段都要进行风险识别，而并不是一次性进行的，必须贯穿于项目全过程。

（4）信息性。收集与项目相关的信息是众多风险识别基础性工作中的重要一项。项目风险识别的工作质量和结果的可靠性和精确性决定于信息的全面性、及时性、准确性和动态性，即项目风险识别具有信息依赖性。

（5）综合性。风险识别除了在人员参与、信息收集和范围等方面具有综合性特点外，风险识别的技术和工具也具有综合性，即风险识别过程中要综合应用各种风险识别的技术和工具。

项目风险识别还要考虑项目风险是属于内部风险还是外部风险。内部风险是项目团队可以控制或影响的一类风险，如项目团队成员委派和成本估算的风险。对于内部风险，项目团队可以采取一些控制措施来减少风险发生的可能性，如通过人力资源管理来进行人员配备，从而减少人员不胜任的风险。外部风险是在项目团队能够控制或影响范围之外的风险，如项目资源的市场价格波动和国家政策变化等。对于外部风险来说，项目团队只能尽力去识别它们以便对它们采取防范措施。

二、项目风险识别的流程

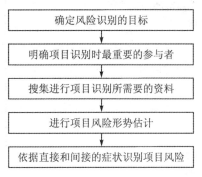

图9-4 项目风险识别的流程

项目风险识别的流程，简言之就是将项目的不确定性转变为可以理解的风险描述，主要包括图9-4所示步骤。

1. 确定风险识别的目标

根据项目的总目标和风险管理规划制定出项目风险识别的目标，这是项目风险识别首先要进行的组织工作。因为项目性质的不同、项目类型的差别都会使项目风险管理的侧重点产生不同，所以，在制定风险识别目标时要考虑这些因素的影响。

2. 明确项目识别时最重要的参与者

在项目中有很多参与者，如项目发起人、项目组、设计项目组、监理项目组、施工项目组、承包商项目组等，要根据项目风险管理规划确定各自项目风险管理的范围和侧重点，由此来确定参与项目风险识别的人员。参与项目风险识别的人员需要具有沟通的技巧和团队合作的精神，要善于分享信息。

3. 搜集进行项目识别所需要的资料

进行项目风险识别还要依据大量的资料，应该搜集的资料一般包括：

（1）项目产品或服务说明书。项目产品或服务性质的不确定性在一定程度上决定了项目可能遇到的风险种类。

（2）项目的前提、假设和制约因素。一般可以通过审查项目范围管理计划、人力资源与沟通管理计划、项目资源需求计划、项目采购与合同管理计划来识别出项目所有的前提、假设和制约因素。

（3）与本项目类似的案例。借鉴以前类似项目的经验和教训是进行项目风险识别的重要手段。可以通过查看项目档案、阅读公共出版的资料以及采访项目参与者的方式获取这方面的资料。

4. 进行项目风险形势估计

在项目风险识别阶段，应该根据风险分析的结果对项目风险形势进行估计，目的是为了明确项目的目标、战略、战术以及实现项目目标的手段和资源。在风险形势估计中要对已经选定的风险规避策略的有效性进行评价，着重分析可能取得的成果。风险形势估计的内容主要是：判断项目目标的明确性、可测性、现实性和不确定性；分析评价保证项目目标实现的战略方针、战略步骤和战略方法；彻底理清项目可以使用的资源，以评价战术方案的不确定性。为了更进一步明确上述内容，表9-4列示了项目风险形势估计的内容。

5. 依据直接和间接的症状识别项目风险

根据上述搜集的资料和对项目风险形势的分析，通过编制项目风险识别表将项目风险识别出来。项目风险识别表可以根据项目的不同而有不同的形式，表9-5列举了某邮电通信大楼建设项目的风险识别表。

表 9-4 项目风险形势估计的内容[*]

依据：项目计划、项目预算、项目进度等	
1. 项目及其分析	（1）为什么要搞这个项目？本项目的积极性来自何方 （2）本项目的目标说明 （3）将本项目的目的和执行组织的目的进行比较 （4）研究本项目的目的 　　① 明确项目目标，包括经济的、非经济的 　　② 说明对项目执行组织目标的贡献 　　③ 说明本项目的主要组成部分 　　④ 约束、机会和假设 （5）说明本项目同其他项目或项目有关方面的关系 （6）说明总的竞争形势 （7）归纳项目分析要点
2. 对行动路线有影响的各方面考虑（对于每一个因素都应该说明它对项目的进行产生怎样的影响）	（1）总的形势 （2）项目执行过程的特点 　　① 一般因素：政治的、经济的、组织的 　　② 不便因素：设施、人员、其他资源 （3）研究项目的要求 　　① 比较已有资源量和对资源的需求量 　　② 比较项目的质量要求和复杂性 　　③ 比较组织的现有能力 　　④ 比较时间和预算因素 （4）对外部因素进行评价 　　① 查明缺乏哪些信息资料 　　② 列出优势和劣势 　　③ 初步判定已有资源是否足够
3. 分析阻碍项目的行动路线	（1）阻碍项目成功的因素 　　① 列出并衡量妨碍项目实现其目标的因素 　　② 衡量妨碍因素发生的相对概率 　　③ 如果妨碍目标实现的因素发生作用，估计其严重程度 （2）项目的行动路线 　　① 列出项目的初步行动路线 　　② 列出项目行动路线的初步方案 　　③ 检查项目行动路线和初步方案是否合适，是否可行，能否被人接受 　　④ 列出保留的项目行动路线和初步方案 （3）分析阻碍项目的行动路线 以下步骤可反复进行，每次反复都经过这四步： 　　① 可能会促进上述阻碍项目成功的因素出现的行动 　　② 当上述阻碍项目成功的因素出现时，为了实施上述行动路线，仍然必须采取行动 　　③ 因上述两种行动而发生的行动 　　④ 针对上述行动的可能后果做出结论，以此为基础判断上述行动路线是否可行，能否被人接受，并将其优点与其他行动路线相比较
4. 项目行动路线的比较	（1）列出并考虑各行动路线的优点和缺点 （2）最后检查行动路线和初步方案是否合适，是否可行，能否被人接受 （3）衡量各行动路线相对优点并选定项目的行动路线 （4）列出项目的最后目标、战略、战术和手段

[*] 沈建明. 项目风险管理. 北京：机械工业出版社，2004

表 9-5　项目风险识别表[*]

项目名称		邮电通信大楼建设				
项目方		邮电大楼建设项目部	项目经理		×××	
业主方		邮电局				
项目进行阶段		施工阶段				
编号			填表日期		2003 年 1 月 1 日	
方面	类型	风险	识别			措施
			高	中	低	
环境	气象	可能不利的天气		√		接受
	公共服务	在进行建设施工时必须保持公共服务			√	减少
	财产损失可能	是否有制度和措施		√		回避
施工	进度	目标是否清楚			√	预防
		原材料供应情况			√	预防
		人员配备情况		√		接受
	成本	是否定期进行成本结算		√		预防
		成本与计划和预算相比情况			√	转移
	质量	目标是否清楚			√	预防
		是否对照质量计划进行检查工作			√	接受
技术	功能	在项目设备、材料订货和施工前，对所有可能的设计方案是否进行了细致的分析和比较			√	回避
管理	管理	项目目标是否清晰			√	减少
		项目业主是否积极			√	转移
		项目班子全体成员工作是否勤奋，对可能遇到的大风险是否都经过集体讨论			√	预防
		决策是否征求各方面的意见		√		减少
		是否对经验教训进行分析			√	预防

三、项目风险识别的依据

1. 项目风险管理计划

项目组进行风险识别的首要依据就是项目风险管理计划。项目风险管理计划是关于如何组织和进行风险识别、评估、量化、应对及监控的计划，而且这个过程贯穿项目的整个生命期。从项目风险管理规划中可以得到以下信息：

（1）风险识别的范围；

---

[*] 白思俊. 项目管理案例教程. 北京：机械工业出版社，2005

(2)获取信息的渠道和方式；
(3)进行项目风险识别时，成员的分工和责任分配；
(4)需要重点调查的项目利益关系人；
(5)项目组可以应用的识别方法及规范；
(6)应该何时由何人进行何种风险再识别；
(7)风险识别结果的形式、信息通报和处理程序。

2. 成果说明

成果说明是进行项目风险识别的主要依据，因为项目风险识别的最终目的是确定项目是否能够在规定的时间、规定的预算内，按照要求的质量，最终产生项目的可交付成果。所以，项目风险识别就要根据成果说明来确定可能影响项目目标实现的各种风险。

3. 历史资料

以前类似项目实际发生风险的历史资料，为识别现有项目的风险提供了非常重要的依据和参考，是项目风险识别的重要依据之一。我们可以从本项目或其他相关项目的档案文件中获取历史资料，也可以从公共信息渠道中获取对本项目有借鉴作用的风险信息。项目管理人员可以查阅过去项目的相关档案，也可以向曾参与过去项目的有关人员征集资料信息。在这些资料档案中常常详细地记录了一些事故的来龙去脉，这对识别现行项目的风险极有帮助。因此，任何可能显示潜在问题的资料均可以用于风险识别。一般来说，项目的历史资料来源于历史项目的各种原始记录、公用数据库、项目团队成员的经验等。

如在项目的进展中，项目风险的来源遍及项目管理的所有知识领域，如表9-6所示。

表 9-6 项目风险的来源分布[*]

知识领域	可能出现的风险
范围管理	目标不明确；范围不清；工作不全面；范围控制不恰当
进度管理	错误估算时间；浮动时间的管理失误；进度安排不合理
成本管理	成本估算错误；资源短缺；成本预算不合理
质量管理	设计、材料和工艺不符合标准；质量控制不当
采购管理	没有实施的条件或合同条款；物料的单价变高
风险管理	忽略了风险；风险评估错误；风险管理不完善
沟通和冲突管理	沟通计划编制不合理；缺乏与重要利益相关者的协商；冲突管理不完善
人力资源管理	项目组织责任不明确；没有高层管理者支持
整体管理	整体计划不合理；进度、成本、质量的协调不当

4. 项目计划的信息

项目风险识别过程中，要针对各项目计划中包含的风险进行识别。项目计划中包括了项目目标、项目任务、项目范围、项目进度计划、项目成本计划、项目资源计划、项目采购计划及项目承包商、业主方和其他利益关系人对项目的期望值等信息，这些信息都可以作为识

---

[*] 骆珣等. 项目管理教程. 机械工业出版社，2004

别项目风险的依据。如项目进度计划的信息是分析项目质量的重要依据,如果项目进度过快就可能保证不了项目的质量。

5. 项目风险的种类

不同的风险源可以产生各种各样的项目风险,这些风险的种类为风险识别提供了一个总括的框架。项目风险主要包括以下几种:项目技术风险、项目质量风险、项目组织风险、项目财务风险。项目所在行业及应用领域的特征也可以从项目风险的种类中反映出来,如果能够掌握各种类型风险的特征规律,那么也就掌握了识别风险的钥匙。

6. 制约因素和假设条件

项目的一些文件资料的估计和预测,如项目建议书、可行性研究报告、设计等项目计划和规划性文件一般都是建立在若干假设、前提条件下的,这些假设和前提在项目实施期间可能成立,也可能不成立。当项目的制约因素发生变化或假设条件不成立时,就很可能成为项目新的风险源。因此,项目的前提和假设中隐藏着风险。

由于项目总是处于一定的环境中,会受到许多内外因素的制约,其中的一些制约因素是项目活动主体无法控制的,因此,在这些制约因素中就隐藏着一定的风险。对项目的所有管理计划进行审查,可以明确项目计划和规划的前提、假设和限制。审查的内容主要包括以下几个方面:

(1)通过审查范围说明书,可以揭示出项目的成本、进度目标是否合适,而通过审查管理计划中的工作分解结构,可以发现隐藏的机会或威胁。

(2)通过审查人力资源与沟通管理计划中的人员安排计划,能够找出对项目的实施有重大影响的人员,并可以判断这些人员是否能够在项目过程中发挥其应有的作用,从而发现项目中存在的潜在威胁。

(3)通过审查项目采购与合同管理计划中有关合同类型的规定和说明,可以得到项目利益相关者承担的不同风险,外汇汇率对项目预算的影响,项目利益相关者的各种改革、并购及战略调整对项目直接和间接的影响。

四、项目风险识别的工具和方法

1. 头脑风暴法

头脑风暴法是最常用的风险识别方法。该种方法借助于专家的经验,从而获得一份该项目的风险清单,以备在将来的风险评估过程中进一步加以分析。头脑风暴法的优点是:善于发挥相关专家和分析人员的创造性思维,从而对风险源进行全面的识别,并根据一定的标准对风险进行分类。头脑风暴法一般具有如下过程:

(1)选择人员。一般主要由风险分析专家、风险管理专家、相关专业领域的专家以及具有较强逻辑思维能力和总结分析能力的主持人组成头脑风暴会议的与会成员。在头脑风暴会议中,主持人发挥着非常重要的作用,因为通过他的引导、启发可以充分发挥每个与会者的经验和激发每个与会者的智慧火花。对主持人的要求比较高,他要具有较高的素质,要反应灵敏,且具有较高的归纳力和较强的综合能力。在会议过程中,主持人不要喧宾夺主,要尊重他人,要善于鼓励组员参与,要理解力强并能够忠实地记录,要善于创造一个和谐开放的会议气氛。

(2)明确会议要讨论的中心议题,并醒目标注。与会的各位专家应集中讨论如下的议题:在承接某个工程、从事新产品开发或风险投资等项目时可能存在哪些风险;存在的风险的危害程度如何等。在会议中，可以请两位组员复述议题的内容，以确保与会者都正确地理解了议题的涵义。

（3）与会专家轮流发言，并记录发言的内容。参加会议的每一位人员都无条件地接纳任何意见，不加以评论。在轮流发言的过程中，任何一位成员都可以先不发表意见而跳过。主持人应尽量记录每条意见的原话，并且应一边记录，一边与发言人核对其表述是否正确。一般可以将每条意见用大号字写在醒目的地方。

（4）终止发言。轮流发言应当是一个可以循环进行的过程，但当所有与会人员都曾在发言中跳过（暂时想不出意见）时，即可停止发言。

（5）评价提出的所有意见。在停止轮流发言之后，与会人员共同评价每一条意见，并由主持人总结出几条重要的结论。这也说明了为什么头脑风暴会议要求主持人要有较高的素质和较强的归纳、综合能力。

在发言过程中不进行讨论并且不进行判断性评论，是应用头脑风暴法要遵循的一个重要原则。

2. 德尔菲法

德尔菲法是以匿名的方式邀请相关专家就项目风险这一主题，达成一致的意见。该方法的特点是：将专家最初达成的意见再反馈给专家，以便进行进一步的讨论，从而在主要的项目风险上达成一致的意见。由此可见，该方法的优点是：有助于减少数据方面的偏见，并避免由于个人因素对项目风险识别的结果产生不良影响。

应用德尔菲法的一般步骤为：

（1）从企业的内部、外部挑选相关专家组成专家小组，但是这些专家不会面，彼此之间互不了解；

（2）要求所有专家匿名对所研讨的所有问题进行分析；

（3）将所有专家的意见进行整理得到综合分析答案，并将综合分析答案发给所有专家。专家收到综合分析答案后，要在这次反馈的基础上重新分析。根据相关需要，该程序可重复进行。

3. 风险检查表

检查表是管理中记录和整理数据的常用工具。风险检查表是从以往类似项目和其他信息途径收集到的风险经验的列表，通过查找此表可以简便快捷地识别风险。其缺点是永远不可能编制一个详尽的风险检查表，而且管理者可能被检查表所局限，不能识别出该表未列出的风险，因此，其应用范围有一定的局限性。这种方法一般在项目初期使用，以便提早减少风险因素。

应用风险检查表的一般步骤为：

（1）对要关注的问题有一个准确的表述，以确保达到意见统一。

（2）确定资料来源和资料搜集者。资料来源可以是个体样本也可以是总体样本，资料搜集人要根据具体的项目而定，项目不同，搜集人也有所不同。在资料搜集过程中，搜集人要有一定的耐心、时间和专业知识，以保证资料的真实可靠；另外，要保证足够长的资料搜集时间，以保证搜集的数据能够体现项目风险规律。如果在总体中存在不同性质的样本，在抽样调查中要对这些不同性质的样本进行分类。

（3）根据搜集整理的资料，为项目设计出一个方便实用的风险检查表。经过系统地搜集资料，并进行初步地整理、分类和分析，制表人员就可着手制作风险检查表。

4. 流程图

流程图提供了项目的工作流程以及各活动之间的相互关系。通过对项目的流程进行分析，可以发现项目风险发生在哪项活动中，以及项目风险对各项活动可能造成哪些影响。

流程图法首先要建立一个项目的总流程图与各分流程图，以此来分析项目实施的全部活动。流程图可以用网络图来表示，也可以用工作分解结构图来表示。图9-5显示了某项目的简单流程，它存在以下的潜在风险损失：

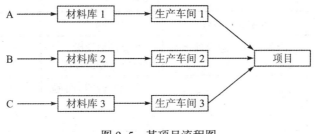

图 9-5　某项目流程图

（1）财产损失，如供应商在送货途中的运输损失、存储中货物损耗造成的损失，以及在产品与产成品的自然和人为损坏。

（2）责任损失，如由于残次品损害客户利益而导致的赔偿责任、由于产品不符合要求招致的罚款责任、由于施工不合格导致返工所带来的损失。

（3）人员损失，如由于采购人员的流失致使企业遭受的损失。

5. 系统分解法

系统分解法是一种将复杂的项目风险分解成比较容易识别的风险子系统，从而识别各个子系统风险的方法。比如在投资建造一个食品厂的项目中，可以根据项目风险的特征，将项目风险分解为：市场风险、经营风险、环境污染风险、技术风险以及资源供应风险等，然后再将这些风险进一步分解，如市场风险可以分解为竞争风险、价格风险和替代风险等。

6. 情景分析法

情景分析法就是利用有关数字、图表和曲线等详细描绘和分析项目未来的某个状态或某种情况，从而找出各种引发风险的关键因素及其影响程度的一种方法。情景分析法着重分析哪些事件可能引起风险及其发生的条件，而且还要说明当其中某些因素发生变化时，会出现什么样的风险，出现的风险会产生什么样的后果等。

情景分析法在识别项目风险时主要表现为以下四个方面的功能：

（1）提醒决策者识别出的项目可能引起的风险性后果；

（2）对项目风险的范围提出合理的建议；

（3）分析研究对项目有影响的主要风险因素；

（4）比较分析各种可能出现的情况，并从中选择出最佳结果。

情景分析法的程序如下：

（1）描述项目的状态；

（2）确定项目某种因素的变动对项目的影响；

（3）预测哪些风险会发生；

(4) 确定上述风险发生的后果。

五、项目风险识别的结果

项目风险识别的结果就是风险识别的目的所在，一般来讲，风险识别的结果包括：

1. 已识别的项目风险

已识别的项目风险是项目风险识别最重要的结果，它通过定性的项目风险清单来表示，该清单对项目风险的描述应该尽量简单、容易理解。参见表9-7。

表 9-7 风险估计表[*]

序号	风险名称	风险特征描述	风险原因	风险后果
1	项目被取消	因各种原因造成项目不能立项	社会环境原因 投资方经济原因	项目被取消，所投入资源全部作废
2	系统逻辑模型设计问题	因为系统分析不准确、不深入等问题造成的后果	系统分析能力不强 逻辑模型构建不合理	项目不能正常完成，或者出现大规模返工等重大问题
3	进度延后	因各种原因引起的不能按时完成项目总体进度	进度计划不合理 资源调度不合理 人力资源投入不够	项目进度不能按时完成，造成间接费用增加。如时间拖延过长，会造成项目取消等重大后果
4	总体费用超支	因各种原因引起的项目总费用增加，超过总体预算	硬件设备价格上涨 人员工资上涨 材料费用超支	项目费用超标，毛利率降低
5	人力不足的风险	因人力资源不足而造成的项目问题	公司项目过多造成人力资源分配不足 人员费用投入太少	项目不能按时完成，或出现质量隐患
6	软件编程漏洞	因程序本身存在漏洞等不安全因素造成的项目无法顺利实施	软件编程技术不过关 编程工具存在漏洞	造成项目局部停顿，影响项目整体完成
7	关键设备失效	因关键设备问题造成的项目问题	关键设备供货延迟 关键设备的技术出现问题	造成项目无法顺利进行，影响后期系统集成任务的进度，严重时会造成整体项目延迟
8	组织结构风险	因组织结构造成的项目实施问题	项目经理中途换人 公司上层架构发生重大变动，造成项目的组织结构发生问题	项目无法顺利进行，在费用、时间以及质量方面出现严重问题，严重时会造成项目取消

2. 潜在的项目风险

潜在的项目风险是没有迹象表明会发生，但是人们可以主观判断和预见的风险，如特殊技术人才流失的风险。当然，潜在的项目风险可能会发展成为项目的真正风险，因此也要给予一定的重视。项目团队应该根据风险来源进行适当的分类，并以表格或文字作清楚的描述，编制出潜在风险一览表，为风险管理的后续工作打好基础。

---

[*] 白思俊. 项目管理案例教程. 北京：机械工业出版社，2005

3. 对项目管理其他方面的改进

在项目风险识别的过程中，可能发现项目管理其他方面存在的问题，需要进行改进和完善。

◆ 思考题

1. 项目风险识别的特点及作用有哪些？
2. 试述在项目风险识别过程中使用的主要工具和方法。
3. 使用风险识别的工具和方法时应该注意的问题有哪些？

第四节 项目风险评估

一、概述

项目风险评估是在风险识别的基础上，运用概率和数理统计的方法对项目风险发生的概率、项目风险的影响范围、项目风险后果的严重程度和项目风险的发生时间进行估计和评价。

项目风险评估包括风险估计和评价。风险估计又称风险测定、测试、衡量和估算等，它是在有效辨识项目风险的基础上，根据项目风险的特点，采用定性和定量分析方法测量出已识别的风险发生的可能性和破坏程度的大小，对风险按潜在程度进行优先排序和评价的过程。在一个项目中存在着各种各样的风险，通过风险估计可以说明风险的实质。项目风险评价是在项目风险管理规划、识别和估计的基础上，建立起一个项目风险的系统评价模型，以便对影响项目的风险因素进行综合分析，并估算出发生某种风险的概率及其可能导致的影响程度，从而找出影响该项目的关键风险并最终确定出该项目的整体风险水平，为保障项目的顺利进行提供科学依据。简单地说，项目风险评价就是对影响项目的风险因素进行综合分析，并依据其对总目标的影响程度进行分级排序的过程。

二、项目风险评估的流程

项目风险评估的流程是将识别出来的项目风险转变成按一定顺序排列的风险列表，然后根据项目目标和评价标准，将识别和排列的结果进行系统分析，明确项目风险之间的因果关系，最后确定项目风险总体水平和风险等级的过程，具体包括以下步骤：

（1）系统地研究项目风险的背景信息；
（2）详细研究已辨识项目中的关键风险；
（3）使用风险估计方法和工具对项目可能存在的风险进行估计；
（4）对估计出的风险进行分析，确定其发生的概率及后果；
（5）根据以上分析做出主观判断；
（6）将识别和估计的风险按照一定的标准排列优先顺序；
（7）根据项目的目标、项目风险的特点和项目主体对每一种风险后果的可接受水平等确定进行项目风险评价的基准；
（8）使用风险评价方法综合所有单个风险之后确定项目整体风险水平；
（9）使用项目评价工具挖掘项目各个风险因素之间的因果联系，以确定影响风险的关键因素；

(10) 根据估计和评价的结果做出项目风险的综合评价，确定项目风险状态及风险管理的策略。

三、项目风险评估的依据

1. 已识别的风险

已识别的风险是项目风险评估的基础。

2. 项目的进展情况

项目所处的生命期阶段不同，风险的不确定性也会不同，也就是说在项目的不同阶段，所面临的风险程度是不同的。一般来说，随着项目的进展，项目风险发生的可能性就会逐步降低。

3. 项目的性质

由于项目的性质不同，风险对其影响程度也是不一样的。一般来说，简单的项目风险程度较低；复杂的项目或者高新技术项目的风险程度则较高。

4. 数据的准确性和可靠性

数据的准确性和可靠性都会影响项目风险评估的结果，所以也要对数据的准确性和可靠性进行评估。

5. 风险的重要性水平

风险的重要性水平是划分项目风险大小的重要依据，在风险重要性水平以内的风险就可能不会引起项目风险管理人员的注意。

四、项目风险评估的工具和方法

项目风险评估方法有定性和定量两类：专家的意见和项目管理者的估计是比较常见的定性方法；而定量方法则要求有十分完备的数据，数据的取得不太容易，所以在项目管理实践中，应用不是很多。在项目实施管理中，将专家与项目管理人员的估计和有限数据结合，成为项目风险评估中运用较多的方法。

（一）统计法

虽然项目是一次性的，但是在类似的项目当中，它们的风险也具有很大的相似性，因此，针对类似项目的历史资料进行统计分析，可以推算出该项目的风险。

统计法应用大数法则和类推原理，主要指标有分布频率、平均数、众数、方差、正态分布、概率等。

1. 分布频率

将收集到的类似项目风险的数据进行整理后，可以得出风险分布频率，从而可以推出该项目各种风险发生的可能性的大小。风险分布频率一般采用直方图来表示。

2. 平均数和众数

平均数和众数分别表示项目风险发生的平均水平和最可能发生的水平。

3. 方差

方差是表示项目风险离散程度的指标。离散程度是与项目风险平均水平的偏离程度。

4. 正态分布

假设项目的风险服从正态分布（事实也证明项目风险造成的损失金额服从正态分布），可以据此来推出风险未来的状况。

5. 概率

运用概率分布的原理和相关的数学原理可以推测出项目风险的范围。

（二）风险值法

风险值法首先估算出项目风险发生的概率和项目风险可能造成的后果，然后将两者相乘，得出一个风险数值，以此来度量项目的风险。即：

$$风险值 = 项目风险发生的概率 \times 项目风险可能造成的后果$$

使用该方法需要估算出项目风险发生的概率和项目风险可能造成的后果。项目风险发生的概率是通过上述统计方法得到的，有时由于难以获取样本数据，所以项目管理者只能根据自己的经验来估测项目风险发生的概率。项目风险可能造成的后果主要从四个方面来衡量：

（1）风险后果的大小和分布，即风险后果的严重程度及其变化幅度，用数学期望值和方差来表示；

（2）风险后果的性质，即风险的后果是属于技术性的，还是经济性的或其他方面的；

（3）项目风险的影响，即风险会对哪些项目利益相关者造成影响；

（4）风险后果的时间性，即风险是突发的，还是随时渐进的，以及风险发生的时间等。

（三）决策树法

决策树法是一种有效进行风险评价的定量方法，它根据项目风险的基本特点，在反映风险背景环境的同时，描述项目风险发生的概率、后果以及项目风险的发展动态。决策树法先找出风险的状态、风险发生的概率、风险的后果等因素，然后根据这些因素绘制出一个从左至右展开的树状图，主要有方块节点、圆形节点以及由这些节点所引出的分支组成的三角形节点。

方块节点是决策节点，并由此引出与方案数量相同的方案分枝。从决策节点引出的方案需要进行决策和分析，而且要在分枝上标注出方案的名称。

圆形节点是状态节点，又称机会节点。从状态节点可以引出状态分枝（或概率分枝），在每一个分枝上要标注自然状态名称及其出现的主观概率。在这个过程中需要注意，状态数量与自然状态数量应该是一致的。

三角形节点是结果节点，在它的右端将不同方案在各种自然状态下所取得的结果（如收益值）标注出来。

决策树的优点是：能够进行多级决策，并且能够使项目管理者有步骤、有层次地进行决策。同时，决策树也存在一些缺点：它不能把所有的因素全部考虑进去，如果分级太多，决策树图就会很复杂。

【例 9-1】 某项目准备投产生产两种产品甲和乙，分别需要投资 50 万元和 55 万元，两种产品的生产年限是一样的。经过市场调研后，预测新产品上市后，畅销的概率为 70%，滞销的概率为 30%。甲、乙两种产品在不同情况下的收益如表 9-8 所示。

表 9-8　甲、乙产品的收益情况表

产品＼情况	畅销（70%）	滞销（30%）
甲产品	160 万元	-80 万元
乙产品	180 万元	-120 万元

根据以上信息，可以运用决策树法进行分析。首先，画出该项目的决策树，如图 9-6 所示。

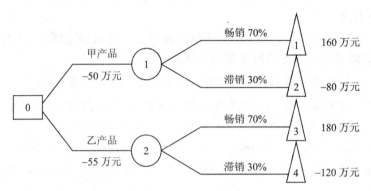

图 9-6 某项目的决策树

然后计算各状态节点处的风险后果。结果如下：

状态节点 1＝160×70%＋(–80)×30%＝88 万元

状态节点 2＝180×70%＋(–120)×30%＝90 万元

决策节点 0＝max{88-50，90 - 55}＝38 万元

所以，应选择投产甲产品。

（四）模拟法

模拟法是一种通过模拟实际运行情况，针对复杂系统进行研究的手段，它一般通过多次改变参数来模拟项目风险，得到模拟结果的统计分布，并以此作为项目风险估算的结果。由于这一过程非常复杂，一般都要借助于计算机来进行。

模拟法在项目风险管理中特别适合估算项目成本风险和进度风险，由于项目成本风险和进度风险是项目风险管理的核心，因此，模拟法在项目风险评估中的运用越来越广泛。

（五）专家判断法

专家判断法又叫主观评分法，它利用专家的经验等隐性知识，直观地将项目每一单个风险判断出来，并且给这些单个风险赋予相应的权重（如 0～10 之间的一个数，0 代表不存在风险，10 代表风险最大），然后把各个风险加权求和，再将结果与风险评价基准进行分析比较。专家判断常被用来替代或补充以上的项目风险估算技术。例如，项目专家对项目成本风险、项目进度风险和项目质量风险的判断常常是非常准确的，有时候甚至比根据实际数据计算出的结果还要准确。因此，在很多的情况下，运用专家的判断往往是其他项目风险评估方法很好的补充。

除了上述的方法以外，还有层次分析法、要素加权平均法、不确定性分析法、模糊综合评价法等方法，有些方法已经在其他章节详细说明，在此不再一一介绍。

五、项目风险评估的结果

项目风险评估最重要的结果就是量化的项目风险清单。该清单综合考虑了项目风险发生的概率、项目风险后果的影响程度等因素，因此可以对项目风险进行排序，从而为项目管理人员确定采取什么样的风险应对措施以及控制措施应采取到什么程度提供依据。项目风险清单包括以下内容：

（1）项目风险发生的概率大小；
（2）项目风险可能影响的范围；
（3）对项目风险预期发生时间的估算；
（4）项目风险可能产生的后果；
（5）项目风险等级的确定：
① 灾难级——这类等级的风险必须立即予以排除；② 严重级——这类风险会造成项目偏离目标，需要立即采取控制措施；③ 轻微级——暂时不会对项目产生危害，但也要考虑采取控制措施；④ 忽略级——这类风险可以忽略，不采取控制措施。

思考题

1. 试述在项目风险评估过程中使用的主要工具和方法。
2. 使用风险评估的工具和方法时应该注意的问题有哪些？
3. 试说明项目风险等级是如何划分的？

第五节 项目风险应对

一、概述

项目风险应对就是提出处置意见和办法以应对项目风险的过程。通过对项目风险进行识别、估计和评价，然后综合考虑项目发生风险的概率、损失造成的严重程度以及其他因素，就可得出项目发生风险的可能性及风险的危害程度。最后再将得到的信息与公认的安全指标相比较，就可确定项目的风险等级，从而决定采取什么样的措施加以应对并控制应对措施的实施程度。

通过项目风险评估，一般会有两种情况：一是项目风险超过了项目利益关系人能够接受的水平；二是项目风险在项目利益关系人能够接受的范围内。对于第一种情况，如果项目风险超出可接受水平很多，无论采取何种措施都无能为力，那么就应该停止甚至取消该项目；如果项目风险稍微超过可接受水平，可以通过采取措施以避免或减弱风险带来的损失。对于第二种情况，虽然项目风险在可接受的水平内，为了把项目风险造成的损失控制在最小的范围内，也应该采取积极措施加以应对。

二、项目风险应对的流程

项目风险应对的流程就是指通过执行风险行动计划，将项目风险降低到可以接受的水平上，具体包括以下步骤：
（1）根据项目风险评估的结果，进一步确认风险对项目产生的影响程度；
（2）考虑可能存在的风险，制定相应的风险应对策略和措施；
（3）借鉴以前的经验教训，认真研究风险应对策略和技巧；
（4）根据项目风险的情况，执行风险行动计划；
（5）提出进行风险防范和监控的建议。

进行项目风险应对时，可以对项目每个阶段的风险识别表上列举的检查内容进行讨论，制定具体的风险应对计划，如表9-9所示。

表 9-9 项目风险应对计划表[*]

方面	类型	风险	风险的应对措施
环境方面	气象	可能不利的天气	每天检查,及时安排,预防为主
	公共服务	在进行建设施工时必须保持公共服务	订立制度,严格执行,预防为主
	财产损失可能	是否有制度和措施	可以参加保险,转移为主,预防为辅
施工	进度	目标是否清楚	可以进行看板式目标管理 在项目的关键点采用挣值法进行分析,找出进度和费用偏差的原因,采取相应的措施 在项目实施前,相应制定风险应对的备用措,施如:预算应急费、技术后备措施、进度后备措施 减少和接受损失
		原材料供应情况	
		人员配备情况	
	成本	是否定期进行成本结算	
		成本与计划和预算相比情况	
	质量	目标是否清楚	
		是否对照质量计划进行检查工作	
技术	要求	是否进行设计会审、技术交底	施工前必须进行技术图样和合同评审,召开技术交底会,使施工和管理人员都熟知和了解项目的要求和标准 制定技术计划和施工组织设计,定期检查、考核 隐蔽工程严格检查、记录,签署意见,办理验收手续 预防和减少损失
		隐蔽工程检查和验收,施工预检	
		是否有技术措施计划和施工组织设计	
	功能	在项目设备、材料订货和施工前,对所有可能的设计方案是否进行了细致的分析和比较	
管理	管理	项目目标是否清晰	由项目经理负责,项目办具体实施;制定各种规章制度,认真落实执行;同时加强信息的沟通,总结经验,不断改进 预防和回避风险
		项目业主是否积极	
		项目班子全体成员工作是否勤奋,对可能遇到的大风险是否都经过集体讨论	
		决策是否征求各方面的意见	
		是否对经验教训进行分析	

三、项目风险应对的依据

1. 量化的项目风险清单

量化的项目风险清单是风险评估的主要结果,同时也是风险应对的重要依据。项目风险清单说明了项目风险性质及其大小、影响程度等。根据风险的性质、大小及其影响后果制定相应的应对措施。

2. 项目团队抗风险的能力

项目团队抗风险的能力决定了其面对风险可能采取的措施。对于相同的风险,资金实力雄厚、承受风险能力强的项目团队与资金实力弱、抗风险能力差的项目团队可以根据实际情

---

[*] 白思俊. 项目管理案例教程. 北京:机械工业出版社,2005

况采取不同的风险应对措施。

3. 可供选择的风险应对措施

可供选择的项目风险应对措施也会影响和限制项目团队针对项目风险所采取的措施。如通过市场研究和行业分析来减少市场风险；运用投资组合理论来降低项目的投资风险；通过控制投资规模来降低经营风险；通过制定应急计划来预防风险。

四、项目风险应对的策略和技巧

根据风险评估的结果，可以使用不同的方法来应对项目风险，一般来讲，项目风险应对的方法如图9-7所示。

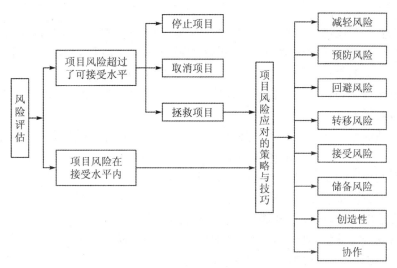

图9-7 项目风险应对的方法

（一）项目风险的应对策略

1. 减轻风险

减轻风险的目的是要降低风险发生的可能性，或者减小风险造成的损失，或者二者兼而有之。减轻风险是一种很重要的战略，它可能需要较高的成本或不需要什么成本，但多数情况下，采取风险减轻措施所需要的成本要比没有采取风险减轻措施所导致的损失要小。一般，可以根据不同的风险采取不同的策略：

（1）对于已知风险，项目团队可以在很大程度上加以控制以减小风险。如通过压缩关键活动的时间来减轻项目进度滞后的风险；

（2）对于可预测风险，可以采取迂回策略，将每个风险都减少到项目利益关系人可以接受的水平上；

（3）对于不可预测风险，要尽量使之转化为可预测风险或已知风险，然后加以控制和处理。

另外，也可以根据项目技术风险、成本风险和进度风险的分类采取不同的方法来减轻风险，如表9-10所示：

表 9-10 减轻项目风险的策略

技术风险	成本风险	进度风险
强调团队支持 改善问题处理和沟通 经常进行项目监督 咨询项目管理专家	经常进行项目监督 使用 WBS、PERT 或 CPM 理解项目目标 团队支持	经常进行项目监督 使用 WBS、PERT 或 CPM 选择最具经验的项目经理

2. 预防风险

预防风险是一种主动进行风险管理的策略，需要项目经理和成员积极参与，还需要创造一种预防风险的文化。预防风险的方法通常可以分为有形手段和无形手段两种。

有形手段主要是指以工程技术手段来消除物质性风险对项目威胁的工程法。它的主要特点是，每一种措施都与具体的工程技术设施相联系，同时又不过分地依赖它。工程法可以采取如下措施预防风险：

（1）项目活动开始前采取一定措施减少风险因素，以防止风险因素的出现；

（2）采取措施减少已存在的风险因素；

（3）在时间和空间上将风险因素同人、财、物隔离，以达到减少损失和伤亡的目的。

无形手段的主要形式是教育法。有些风险因素可能是由项目管理人员和其他有关各方的行为不当所造成的，要减轻这种风险，就必须对相关人员进行风险和风险管理教育。风险教育的内容包含安全、投资、城市规划、土地管理及其他方面的法规、规章、规范、标准和操作规程、风险知识、安全技能及安全态度等。进行风险教育的目的，是要让相关人员了解项目面临的种种风险，学习和掌握控制这些风险的方法，并且使他们意识到个人的任何疏忽或错误行为，都可能引起项目巨大的损失。

项目的损失也可能是因为项目活动的客观规律性被破坏造成的，这时就需要使用程序法。程序法是指以制度化的方式来减少不必要损失的风险应对策略。项目的程序性表现在项目管理组织制定了各种管理计划、方针和监督检查制度，这些一般都能反映项目活动的客观规律。因此，程序法要求项目管理人员一定要认真执行这些管理计划、方针和监督检查制度，执行项目要遵循基本程序，从战略上减轻项目风险。只想走捷径甚至弄虚作假的想法和做法都是产生项目风险的根源。

项目组织也可以通过合理地设计其形式来有效地预防风险。如果项目发起单位在人力、财力、经验、技术、管理或其他资源方面无力完成项目，那么便可以同其他单位组合经营，以预防自身不能克服的风险。

需要注意，使用预防策略时会在项目的结构或组织中加入多余的部分，增加了项目或项目组织的复杂性，进而又增加了项目的风险。

3. 回避风险

如果项目的实施将要面临巨大的威胁，而项目管理组又没有别的办法控制风险，保险公司也认为风险太大，拒绝给予承保。这时项目管理组就应当考虑是否应该放弃该项目，从而避免产生巨大的人员伤亡和财产损失。对于像水利枢纽工程、核电站、化工项目等大型建设项目都应该考虑这个问题。

回避风险包括两种具体的形式：主动预防风险和完全放弃。主动预防风险是从风险的来源出发，从而将风险的来源彻底消除。另一种策略是完全放弃，这种做法采用得比较少。完全放弃是一种最彻底的风险应对技术，但同时它也带来了一些消极的影响。简单的放弃风险，意味着不提倡创造性，意味着消极的工作态度，对组织今后的发展不利。与之相比，回避风险可以在风险发生之前，完全消除该风险可能带来的各种损失，而不是仅仅降低损失。采取风险回避措施时，要注意以下几个方面：

（1）风险发生的概率比较高、后果比较严重并且对风险的认识比较充分时，采用回避风险的方法会获得良好的效果；

（2）对于像自然灾害、自然死亡等风险不能采取回避方法；

（3）回避一种风险有可能会产生另一种新的风险；

（4）当采用其他方法应对风险效果不理想时，可以采用回避的方法。

4. 转移风险

转移风险也称为分担风险，一般风险的大小决定了采用风险回避策略所付出的代价的多少。采取转移风险的目的是在不降低风险发生概率和后果的情况下，借用一定的方式，将一部分风险损失转移给项目的第三方。转移风险可以分为财务性风险转移和非财务性风险转移，方式主要包括：保险、担保、出售、发包、开脱责任合同等。采用转移风险要注意的事项有：

（1）当项目风险发生的概率较小但导致的损失较大，而且项目团队很难应付这种风险时，采用转移风险的方法会获得较好的效果；

（2）在转移风险的过程中，必须让分担风险者，即项目的第三方，获得与其所承担的风险相匹配的利益；

（3）与项目团队一起分担风险的第三方必须有能力管理其所承担的风险；

（4）项目团队转移风险要付出一定的代价。

5. 接受风险

接受风险也称为自留风险，是指项目团队自己承担风险导致的所有后果。接受风险有主动和被动之分。主动接受是指当风险实际发生时，启动相应的风险应急计划；被动接受是指风险实际发生时，不采取任何措施，只是接受一个风险损失最小的方案。采用接受风险应该注意以下问题：

（1）对那些发生概率小且后果不是很严重的风险，采取接受风险的方式是可行的；

（2）当采用其他的风险应对方法产生的费用大于不采用风险应对方法所造成的损失时，就应该采用风险接受的方法。

6. 储备风险

储备风险也可以理解为制定风险应急措施，是指为应对项目实际进展与计划不符的状况而根据项目风险规律事先制定的应急措施和科学高效的项目风险计划。主要的项目风险应急措施有预算应急费用、进度后备措施和技术后备措施三种。

（1）预算应急费。预算应急费是一笔事先准备好的、用于补偿差错和疏漏及其他不确定性因素对项目费用预算影响的资金。预算应急费用一定会在项目进行过程中花出去，但是，应该用在何处、何时以及多少，在编制项目预算时还不知道。

预算应急费要单独列示在项目成本预算中，以免项目管理组织失去对应急费用支出的控制。预算人员在制定应急费用预算时要做到心中有数，不能盲目预留。

实施应急费和经济应急费是预算应急费的两种主要形式：实施应急费主要用于补偿估价和实施过程中不确定性对费用预算的影响；经济应急费主要用于应对通货膨胀和价格波动对费用预算的影响。实施应急费一般又包括估价质量应急费和调整应急费两种；而经济应急费主要分为价格保护应急费和涨价应急费。

（2）进度后备措施。项目管理班子要尽量在综合考虑有关各方要求的基础上，制定一个比较紧凑的项目进度计划，争取按时完成任务。进度后备措施常用的做法是在关键路线上设置一段时差或浮动时间。具体采用减少工序（活动）时间或改变工序间逻辑关系这两种方法来压缩关键路线各工序的时间。一般来说，进度后备措施需要增加资源的投入，这可能会给项目带来新的风险。

（3）技术后备措施。技术后备措施是事先准备好一段时间或一笔资金，专门用于应付可能产生的项目技术风险。一般分两种情况：技术应急费和技术后备时间。

（二）项目风险应对的技巧

项目风险应对技巧主要指创造性和协作，也是风险应对的两个基本组成部分。

1. 创造性

项目的复杂性、一次性和临时性决定了项目风险应对要具有创造性。创造性要求项目管理人员必须具有创新的思维模式，在实施风险应对行动计划时能够产生具有创意的想法。项目管理人员可以通过以下几种方式来实现创造性：

（1）视图化。可以先想象一个理想的结果，然后让这个结果引导你去实现梦想，这种方式比较注重最终结果。

（2）实验。实验尝试的方法，按照已知的过程获得可以重复的实际结果，这种方式强调发现事实、收集信息、然后测试想法。

（3）探索。探索通过类比的方式产生新的想法，这种方式可以发现新的处理问题的角度，为项目组寻求应对风险新方法提供了较大的潜力。

（4）校正。校正已有的方法或者已经经过事实证明的经验，每次将问题向前推进一步，这种方式为项目组提供了稳定和逐渐改进的方式。

2. 协作

协作是两个或更多个有互补性技术的个人通过互相沟通、相互交流、相互作用，力求达成共识的一种方式。在现实生活中，我们一般都是共同应对风险，很少孤立地行动，但是，由于人们之间缺乏理解而造成风险是常有的事。增加与其他人的沟通是降低风险的不确定性、获取知识和增加成功机会的最好方法之一。小组之间的协作、与小组中的其他人进行工作交流，是基本的风险应对要求。一个人的交流能力决定了他是否能够进行成功的协作。在与他人进行工作协作时，可能会出现的问题有：

（1）发送错误的信息。书面交流不明确、口头交流不清楚都可能产生错误信息，所以，当出现这两种情况时，一定要加强沟通。最常用的防止发送错误信息的方式是召开小组内部交流会。

（2）收到错误的信息。如果一个人不能很好地理解字里行间的暗示或没有看到肢体语言时，就可能收到错误的信息。澄清书面文件和口头问题，准确获取并传递信息可以事半功倍。

（3）交流环节的中断。通过一些渠道传递信息时，可能出现中间环节中断的情况。小组之间的交流应该保证一个小组发送的信息，使接受小组能够收到并理解。小组成员之间的交流也要保证发出的信息安全、准确地传递给接收方。

五、项目风险应对的结果

1. 项目风险管理计划

风险管理计划应该记录整个项目风险管理的过程和程序。项目风险管理计划除了记录风险识别和风险量化过程的结果外，还应该包括不同的风险管理的责任人、项目风险应对措施的实施、最初的风险识别和风险量化结果怎样维护以及储备怎样分配和安排等。

根据项目需求的不同，项目风险管理计划可以是正式的，也可以是非正式的；可以是很详细的，也可以是大致的框架。

2. 风险应急计划

风险应急计划是指当一个风险事件发生时，项目团队将要采取的预先制定好的措施。好的应急计划把风险看作是由某种"触发器"引起的，两者存在着因果关系。应急计划包括风险的描述、完成计划的假设、风险出现的可能性、风险的影响及适当的反应。

3. 风险应急储备

风险应急储备是指在项目计划中为了应付项目进度风险、项目成本风险和项目质量风险而持有的准备补给物（资金或物料），它可以用来转移项目的风险。

◆ 思 考 题

1. 项目风险应对的依据有哪些？
2. 试述在项目风险应对过程中使用的主要技巧及应该注意的问题。
3. 试举例说明针对一个项目应该采取怎样的风险应对策略。

第六节　项目风险监控

一、概述

项目风险监控是指根据项目的风险管理计划，对整个项目进程中的风险事件实施的项目风险控制活动。监控风险实际上是监视项目情况的变化，即项目的进展和项目环境。进行风险监控要达到以下两个目的：

（1）将风险管理策略和措施的实际实施效果与事先预想的进行核对，以评价管理策略和措施的有效性；

（2）寻找改善和细化风险规避计划的机会，并获取反馈信息，以便使将来的决策更符合实际。

简言之，风险监控就是及时发现新出现的风险和预先制定的策略或措施不见效或性质随着时间的推延而发生变化的风险，然后及时反馈给项目管理组的领导，并根据对项目的影响程度，重新进行风险管理规划、识别、估计、评价和应对，同时对每一风险事件制定成败标准和判断依据。

风险监控具体可以划分为风险监视和风险控制。因为时间的影响难以预计，风险的不确定性随着时间的推移会减少，所以风险监视是项目实施过程中一日都不可少的活动。为了改变项目管理组织所承受的风险程度，就需要采取风险控制技术以降低风险事件发生的概率和减小损失的幅度。

项目风险监控的流程如图 9-8 所示。

（1）建立项目风险监控体系。

为了使项目的风险控制更加程序化，在实施项目风险监控之前，要根据项目风险识别和项目风险评估的结果，制定出项目风险控制体系。项目风险监控体系包括项目风险监控的目标、项目风险监控的程序、项目风险信息报告制度、项目风险控制决策制度以及项目风险监控的计划和方案等。

（2）确定项目要监控的风险事件。

在项目风险监控中，通常需要根据项目风险事件发生的概率、风险后果的严重性以及项目团队风险控制的资源来确定要控制的风险事件。

（3）落实项目风险监控的责任。

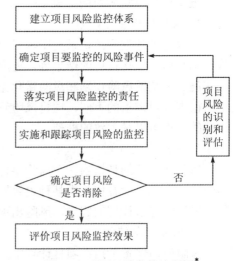

图 9-8　项目风险监控流程图*

在项目风险监控中，需要实施监控的项目风险应该落实到具体的负责人员身上，这些人员必须对自己监控的风险负相关的责任。

（4）实施和跟踪项目风险的监控。

按照项目监控目标、项目监控计划和安排来实施项目风险的监控，并且跟踪项目风险活动的效果就可以反馈项目控制的信息，从而进一步指导项目控制方案的具体实施。

（5）确定项目风险是否消除。

根据项目风险控制的目标，来确定项目风险是否已经消除。如果项目的风险已经消除，则项目的风险控制工作已经结束；如果项目的风险没有消除，则需要对该项目风险实施新一轮的风险控制。

（6）评价项目风险监控效果。

项目风险监控效果的评价是对项目风险监控方案的效果进行的科学评价，这主要是对项目风险监控技术的实用性以及项目风险监控收益的分析和评价。

二、项目风险监控的依据

1. 项目风险管理计划

项目风险管理计划是项目风险监制的主要依据。

2. 项目风险应对计划

项目风险应对计划为项目风险监制提供了现成的方法。

3. 项目沟通文档

在项目沟通中使用的文档包括事件记录、行动规程和风险预报等。

4. 其他的风险识别和分析

在进行项目评估和报告时，随着项目的进展，可能会发现以前没有注意到的风险，需要对这些风险进行管理。对于这些后发现的风险需要继续执行风险识别、估计、量化和制定应对计划。

---

* 骆珣等. 项目管理教程. 机械工业出版社，2004

三、项目风险监控的工具和方法

1. 附加的风险应对计划

如果计划好的应对措施不足以解决新的项目风险事件，或者项目风险事件后果比预期的要大，那么就需要重新制定风险应对计划，使项目得以顺利进行下去。

2. 核对表

在项目风险的控制过程当中，为了明确地显示出项目风险的进展情况和项目的预计情况，可以运用核对表以便更有效地进行项目风险的控制。

3. 偏差分析技术

偏差分析技术是指将项目计划工作和实际已经完成的工作进行比较，从而找出两者之间的偏差，然后预测这种偏差发展趋势的一种技术。经过分析，对于偏差大的需要制定进一步的风险控制程序。偏差分析技术需要收集和计算的基本数据包括计划工作的预算成本、已完工作实际成本和已完实际工作量。成本偏差是指计划工作的预算成本与已完工作实际成本之间的差值，差值小于零表示项目超支。

4. 定期的项目风险评估

随着项目的进展，风险发生的概率和后果的影响程度会发生变化，所以需要对项目的风险进行定期的分析和评估，这样有利于对项目的风险实行及时、准确的控制。

四、项目风险监控的结果

1. 新的项目风险应对措施

在项目风险的控制过程中，可能会采用事先没有计划好的应对措施，应该将这些风险应对措施编制到项目风险管理计划中，以便为以后管理风险提供参考。

2. 变更申请

如果在项目中实施应急计划，常会导致对项目风险管理计划进行变更。

3. 控制风险活动

控制风险活动是指按照事先做好的风险管理计划、风险应对计划等对项目的风险活动进行控制管理。

◇ 思考题

1. 以一个具体项目为例，请你说明风险监控的流程应如何进行？
2. 你认为项目风险监控的主要工具和方法有哪些？
3. 你认为在使用风险监控的工具和方法时应注意的问题有哪些？

本章小结

● 本章首先对项目的风险管理进行了概述，主要讲述了项目风险的涵义、特点、分类及归类分析。而项目风险管理的涵义也有不同的表述，进行项目风险管理时主要遵循经济性原则、"二战"原则、满意原则和社会性原则。

● 项目风险管理主要包括项目风险管理规划、项目风险识别、项目风险评估、项目风险应对和项目风险监控。项目风险管理规划就是进行项目风险管理的一整套计划，是进行项目风险管理的第一步。
- 项目风险识别是指识别项目可能存在的风险及其产生的原因，描述这些风险的特征并对这些风险进行归类的过程。
- 项目风险评估是在风险识别的基础上，运用概率和数理统计的方法对项目风险发生的概率、项目风险的影响范围、项目风险后果的严重程度和项目风险的发生时间进行估计和评价。
- 项目风险应对就是提出处置意见和办法以应对项目风险的过程。
- 项目风险监控是指根据项目的风险管理计划，对整个项目进程中的风险事件实施的项目风险控制活动。项目风险管理中的每个阶段都有其依据、工具和方法、结果等几个方面的内容。

练习与讨论

某公司准备投标于 Q 项目，并已了解到此时有一种新工具很快要投放市场。如果公司采用这种新工具来控制项目的进度，该公司可以盈利 20 万元，否则将会损失 4 万元。新工具投放市场的概率为 30%。试用决策树法为该公司进行投标决策的风险分析。

案例研究

高速双轨铁路项目建设中的风险管理

某国打算建设一个横穿本国的高速双轨铁路项目，该项目总长超过 1230 公里，火车时速可达 300 公里。主体工程总费用按照当时的价格估算为 230 亿美元。该国政府打算采用 BOT 方式，利用民间资金进行建设。政府还希望通过这种方式由某个民间组织负责管理该项目的全过程，政府给予全免支持。以民间组织为主的项目公司可充分利用国有铁路公司的经验对建成后的高速铁路项目进行经营管理。

采用 BOT 方式本身，就是因为政府试图将该项目的风险转移给民间。

该项目是政府和民间财团合资，比例是 4:6；其资金结构是借款高达 90%，而资本金仅占 10%。

该项目的主要经验是对 BOT 的组织方式适当变通，让政府和民间财团共担风险，同享利润。

项目公司在该项目中识别出的风险划分为三大类：
（1）财务风险，包括总收益、融资的可能性、汇率和利率的变化。
（2）施工风险，包括超支、竣工时间拖延。
（3）经营风险，包括经营成本增加、政府法规变化等。

对于以上风险，首先采取了转移策略，通过协议在项目的各参与者，即政府、民间财团、债权人、民间财团的股东、承包商和经营公司之间进行了分配。当然，政府总是企图把尽可能多的风险推给民间财团，民间财团的股东企图让承包商和经营公司尽可能多分担风险，承包商总是想把尽可能多的风险让分包商承担，而债权人（银行）则希望自己不

承担任何风险。分配的最后结果是:
(1) 政府承担通货膨胀和汇率变动的风险;
(2) 承包商承担超支和竣工误期的风险;
(3) 经营公司承担经营成本增加的风险。

采取的第二种风险规避策略是减轻风险。例如,充分调查现场水文地质等各方面的条件、精心编制施工组织计划、制定好应急方案等。

项目各参与者在明确了自己承担的风险后,都需要采取最好的办法来管理自己的风险。

问题:如果请你来为项目的各方参与者制定风险应对措施的话,你将怎样做?

附 录

练习与讨论答案

第四章

1. 答案：该项目的工作结构分解图如图 1 所示。

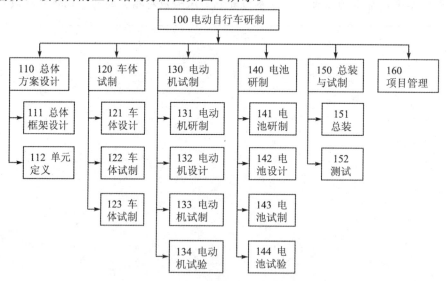

图 1　电动自行车研制项目工作分解结构图

第五章

1. 答案：

（1）关键线路是：F—K—M—N

（2）活动 L 的最早开始时间为 15，最早完成时间为 17

（3）活动 D 的最迟开始时间是 4，最迟完成时间为 12

（4）活动 G 的自由时差为 6

2. 答案：

（1）项目的关键线路为：A—D—G

（2）在关键线路上，关键活动为 A、D、G。各活动的单位时间加急成本计算如下：

$$\Delta C_A = \frac{CC_A - CN_A}{DN_A - DC_A} = \frac{16-10}{9-6} = \frac{6}{3} = 2$$

$$\Delta C_D = \frac{CC_D - CN_D}{DN_D - DC_D} = \frac{19-9}{8-6} = \frac{10}{2} = 5$$

$$\Delta C_G = \frac{CC_G - CN_G}{DN_G - DC_G} = \frac{23-8}{5-2} = \frac{15}{3} = 6$$

现活动 A 工期缩短一周需要成本为 2，活动 D 工期缩短一周需要成本为 5，活动 G 工期缩短一周需要成本为 5。因此，如果项目工期缩短 1 周，需要增加最小成本是 2。

第六章

1. 答案：项目进行到第 3 个月末时，使用挣值法所需的三个中间变量的数值分别为：

项目计划完成工作的预算成本（$BCWS$）= 10 000 + 10 000 + 15 000 = 35 000（万元）

项目已完工作的实际成本（$ACWP$）= 10 000 + 7 500 + 11 000 = 28 500（万元）

项目已完工作的预算成本（$BCWP$）= 10 000 + 10 000 + 15 000 × 50% = 27 500（万元）

项目成本偏差 $CV = BCWP - ACWP = 27\ 500 - 28\ 500 = -1\ 000$（万元）< 0，说明此时项目成本已经超支 1 000 万元。

项目进度偏差 $SV = BCWP - BCWS = 27\ 500 - 35\ 000 = -7\ 500$（万元）< 0，说明此时项目进度已经拖延 7 500 元。

进度执行指数 $SPI = BCWP/BCWS = 27\ 500/35\ 000 = 0.79$，小于 1，说明项目进度处于不利状态，表明到了第 3 个月末，项目只完成了预算工作量的 79%，所以，项目经理应密切关注 CPI 和 SPI 的走势，并分析原因，采取相应的措施。

成本执行指数 $CPI = BCWP/ACWP = 27\ 500/28\ 500 = 0.96$，小于 1，说明项目成本处于稍微不利状态，即耗费了 100 元，只获取了 96 元的收益。

该项目此时的临界指数 = $CPI \times SPI = 0.79 \times 0.96 = 0.7584$，小于 1，说明项目已处于不利的状态。

2. 答案：项目进行到两年时，使用挣值法所需的三个中间变量的数值分别为：

项目计划完成工作的预算成本（$BCWS$）= 400（万元）

项目已完工作的实际成本（$ACWP$）= 200（万元）

项目已完工作的预算成本（$BCWP$）= 100（万元）

项目成本偏差 $CV = BCWP - ACWP = 100 - 200 = -100$（万元）

项目进度偏差 $SV = BCWP - BCWS = 100 - 400 = -300$（万元）

进度执行指数 $SPI = BCWP/BCWS = 100/400 = 25\%$

成本执行指数 $CPI = BCWP/ACWP = 100/200 = 0.5$

从以上计算结果可知：

➢ 项目成本偏差为负，表明项目已完工作的实际支付成本超过计划预算成本，项目处于超支状态，超支额为 100 万元。

➢ 项目进度偏差为负，表明在项目实施的前两年里项目的预算成本没有足额完成，项目施工进度落后于计划进度，落后额为 300 万元。

➢ 进度执行指数小于 1，表明计划工期的实际完成程度只有 25%，在项目实施的两年时间里只完成了两年工期计划完成工作量的 25%，即对应的是 0.5 年工期的计划完工量。

➢ 成本执行指数等于 0.5，表明同样的工作量实际发生的成本是预算成本的 2 倍。

3. 答案：项目完成时预算（BAC）= 50（万元）

项目已完工作的实际成本（$ACWP$）= 32（万元）

项目已完工作的预算成本（$BCWP$）= 40（万元）

成本执行指数 $CPI = BCWP/ACWP = 40/32 = 1.25$

$EAC = 32 + (50-40) / 1.25 = 40$（万元）

按照上述方法，整个项目都是 1.25 的效率。由此方法得到的完工估算为 40 万元，为项目预算总成本节省 10 万元。

第七章

1. 答案：分析导致飞机延误的因素，将其分为人力、设备、过程、物料和其他五类，作为因果图的主枝，在每一个主枝下列出具体的原因。因果分析如图 2 所示。

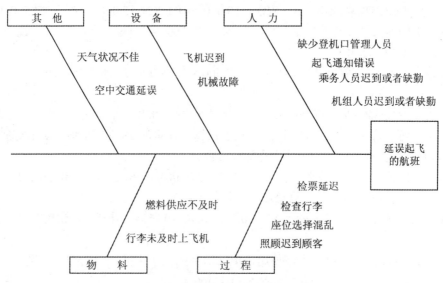

图 2　延误航班起飞的因果分析图

2. 答案：零件的缺陷帕累托图如图 3 所示。

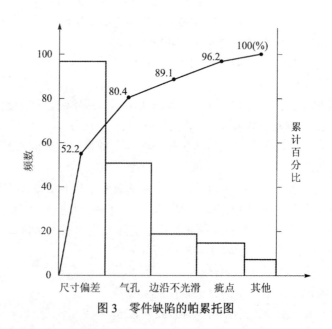

图 3　零件缺陷的帕累托图

根据缺陷类型在总缺陷中所占比例不同,将缺陷分为 A、B、C 三级,如表 1 所示。

表 1 零件缺陷归类表

缺陷类型	频率/%	等 级
尺寸偏差	52.17	A
气孔	28.26	A
边缘不光滑	8.70	B
疵点	7.07	B
其他	3.80	C

所以,首要解决缺陷项目是尺寸偏差和气孔。

第八章

1. 答案:假设该零件自制与外购的盈亏平衡点的数量为 x,则

$$800x = 700x + 30\,000$$
$$x = 300\text{(件)}$$

当公司新项目需要甲零件 200 件时,
自制的成本 = 700 × 200 + 30 000 = 170 000(元)
外购的成本 = 800 × 200 = 160 000(元)
因此,当公司新项目需要甲零件 200 件时,应该选择外购。

2. 答案:该题的结果如表 2。

表 2 要素加权分析表

要 素	权重	单项得分			加权得分		
		A	B	C	A	B	C
在类似项目中的经验	4	3	2	4	12	8	16
技术方案	3	4	3	3	12	9	9
进度计划	3	3	5	4	9	15	12
成本	2	4	2	4	8	4	8
总加权得分					41	36	45

从表 2 可以看出,C 方案得分最高。是否选择 C 方案则由客户根据实际情况或市场情况来决定。

3. 答案:① $Q^* = \sqrt{\dfrac{2KD}{A}} = \sqrt{\dfrac{2 \times 10 \times 2000}{4}} = 100(\text{件})$

② $N^* = \sqrt{\dfrac{DA}{2K}} = \sqrt{\dfrac{2000 \times 4}{2 \times 10}} = 20(\text{次})$

$t^* = \dfrac{360}{20} = 18\text{(天)}$

经过上述计算可以得出：① 该种物料的经济订货量为 100 件；② 该种物料每年的订货次数为 20 次，最佳订货周期为 18 天。

4. 答案：

（1）卖方（承包商）履行合同完毕时的实际成本为 20 万元，低于 40 万元的合同价格上限，因其比合同目标成本 30 万元节约了 10 万元（30–20），此节约额卖方（承包商）分摊的比例为 40%，所以，此时买方（项目组织）将支付给卖方（承包商）的利润为两部分：一部分是其应得的目标利润 4.5 万元，另一部分是目标成本节约额奖励 10×40% = 4 万元，二者之和为 4.5 + (10 × 40%) = 8.5 万元，买方（项目组织）将支付给卖方（承包商）的总金额为 20 + 8.5 = 28.5 万元。

（2）卖方（承包商）履行合同完毕时的实际成本为 39 万元，虽低于 40 万元的合同价格上限但其比合同目标成本 30 万元超支了 9 万元（30–39 = –9），所以，卖方（承包商 4.5 万元的目标利润将减少，其应负担的超支损失为 9 × 40% = 3.6 万元，此时，买方（项目组织）将支付给卖方（承包商）利润为 0.9 万元 [4.5–(9 × 40%)]，买方（项目组织）将支付给卖方（承包商）的总金额为 39.9（39+0.9）万元。

（3）卖方（承包商）履行合同完毕时的实际成本为 45 万元，由于其已超出 40 万元的合同价格上限，因此，买方（项目组织）不会支付卖方（承包商）任何利润奖励。与此同时，买方（项目组织）也不会支付卖方（承包商）所有的成本，买方（项目组织）实际支付卖方（承包商）的总金额为 40 万元，此时卖方（承包商）的实际损失为 5 万元（40–45 = –5）。

第九章

答案：根据题目中的信息，可以运用决策树法进行分析。首先，画出该项目的决策树，如图 4 所示。

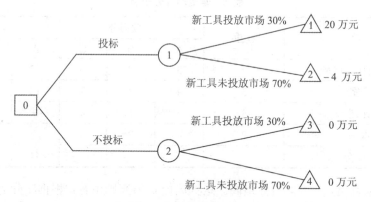

图 4　某项目的决策树

然后计算各状态节点处的风险后果。结果如下：

状态节点 1= (–4) ×70%+20×30% = 3.2 万元

状态节点 2=0 ×70% + 0×30% = 0 万元

决策节点 0=max{3.2，0}=3.2 万元

所以，应选择进行投标。

参考文献
REFERENCE

1. PMI Standard. A Guide To The Project Management Body of Knowledge, Third Edition. PMI，2004
2. R. E. Westnet "Total Cost Management: AACE — I Vision for Growth". COST ENGINEERING，1992
3. Harold Kerzner. Project Management: A systems Approach to Planning, Scheduling, and controlling．John Wiley & sons , Inc.，2001
4. Frame，J.D.，The New Development of Project Management[A]. Project Management International Forum，china，2000
5. Abbasi, G. Y. Crashing PERT Networks Using Mathematical Programming [J]. International Journal of Project Management，19(2001)：181～188
6. 骆珣等．项目管理教程．北京：机械工业出版社，2004
7. 毕星等．项目管理．上海：复旦大学出版社，2000
8. 白思俊．现代项目管理（上）．北京：机械工业出版社，2002
9. 白思俊．现代项目管理（中）．北京：机械工业出版社，2002
10. 白思俊．现代项目管理（下）．北京：机械工业出版社，2002
11. 邱菀华等．项目管理学——工程管理理论、方法与实践．北京：科学出版社，2001
12. 刘荔娟等．现代项目管理．上海：上海财经大学出版社，1999
13. 机械电子工业部机械科学技术情报研究所．美国人谈工程项目管理．北京：机械工业出版社，1989
14. 甘华鸣．项目管理．北京：中国国际广播出版社，2002
15. 傲姿时代项目管理教材开发项目组．项目管理基础．北京：清华大学出版社，2001
16. 纪燕萍等．21世纪项目管理教程．北京：人民邮电出版社，2002
17. 戚安邦．现代项目管理．北京：对外经济贸易大学出版社，2001
18. 王立国等．工程项目可行性研究．北京：人民邮电出版社，2002
19. 左美云等．实用项目管理与图解．北京：清华大学出版社，2002
20. 柴宝善等．项目管理学．北京：中国经济出版社，2001
21. 苏伟伦．项目策划与运用．北京：中国纺织出版社，2000
22. 朱宏亮．项目进度管理．北京：清华大学出版社，2002
23. 梁世连．工程项目管理．大连：东北财经大学出版社，2001
24. [美]凯西·施瓦尔贝等．IT项目管理．王金玉等．北京：机械工业出版社，2002
25. [美]杰克·吉多等．成功的项目管理．张金成等．北京：机械工业出版社，1999
26. [美]杰克·R·梅瑞狄斯．项目管理：管理新视角．郑晟等．北京：电子工业出版社，

2002
27 [美]哈罗德·科兹纳．项目管理案例与习题集．杨爱华等．北京：电子工业出版社，2002
28 [挪威]厄林·S·安德森等．直接目标项目管理．何来喜等．北京：中国经济出版社，1999
29 [美]罗伯特·K·威索基等．有效的项目管理．李盛萍等．北京：电子工业出版社，2002
30 [美]布鲁斯·巴克利等．客户驱动的项目管理．毛尧飞等．北京：清华大学出版社，2002
31 邱菀华等．现代项目管理导论．北京：机械工业出版社，2002
32 纪燕萍等．中外项目管理案例．北京：人民邮电出版社，2002
33 [英]罗德尼·特纳．项目管理手册．任伟等．北京：清华大学出版社，2002
34 张三力．项目后评价．北京：清华大学出版社，1998
35 袁义才等．项目管理手册．北京：中信出版社，2001
36 张鸣．投资管理．大连：东北财经大学出版社，2001
37 白思俊．项目管理案例教程．北京：机械工业出版社，2004
38 毕星等．项目管理精要．北京：化学工业出版社，2002
39 余志峰等．项目组织．北京：清华大学出版社，2000
40 冯之楹等．项目采购管理．北京：清华大学出版社，2000
41 王立文等．现代项目管理基础．北京：北京航空航天大学出版社，1997
42 注册咨询工程师考试教材编写委员会．工程项目组织与管理．北京：中国计划出版社，2003